青年学术丛书·经济

YOUTH ACADEMIC SERIES-ECONOMY

转型与跨越：

"十二五"时期提高我国产业竞争力研究

李江涛 著

人民出版社

组稿编辑:王世勇
责任编辑:李椒元
装帧设计:肖　辉
责任校对:夏明朗

图书在版编目(CIP)数据

转型与跨越:"十二五"时期提高我国产业竞争力研究/李江涛著.
-北京:人民出版社,2011.7
ISBN 978 - 7 - 01 - 010118 - 7

Ⅰ.①转⋯　　Ⅱ.①李⋯　　Ⅲ.①产业-竞争力-研究-中国-2011～2015
Ⅳ.①F121.3

中国版本图书馆 CIP 数据核字(2011)第 154801 号

转型与跨越:"十二五"时期提高我国产业竞争力研究
ZHUANXING YU KUAYUE SHIERWU SHIQI TIGAO WUOGUO CHANYE JINGZHENGLI YANJIU

李江涛　著

人民出版社 出版发行
(100706　北京朝阳门内大街166号)

北京世纪雨田印刷有限公司印刷　新华书店经销

2011 年 7 月第 1 版　2011 年 7 月北京第 1 次印刷
开本:700 毫米×1000 毫米 1/16　印张:13.75
字数:209 千字　印数:0,001 - 3,000 册

ISBN 978 - 7 - 01 - 010118 - 7　定价:26.00 元

邮购地址 100706　北京朝阳门内大街 166 号
人民东方图书销售中心　电话 (010)65250042　65289539

目　录

前　言

　　《国民经济和社会发展第十二个五年规划纲要》指出,要推进"转型升级,提高产业核心竞争力"①。这深刻表明,我国已经站在了"实现产业转型,跨越式提高我国产业竞争力"的十字路口。由此,一系列问题迫切需要回答:党中央和国务院为什么提出这一重大历史任务?"十二五"时期提高我国产业竞争力面临怎样的战略背景和战略意义?应当建立怎样的理论框架和目标体系,选择怎样的路径和方法实现我国产业竞争力的跨越式提升?等等。

　　应该说,改革开放以来,在经济高速增长的同时,我国产业竞争力有了长足的提高,但总体而言,与发达国家相比,整体产业竞争力低下的局面并没有得到根本性改变。例如,2007 年我国增加值率为 28.89%,与 2002 年日本的 53.9% 和美国的 55.9% 仍有较大差距;我国不仅 R&D 投入占 GDP 比重低,而且 2/3 的大中型企业没有自己的研发机构,3/4 的企业没有科研开发活动,完全依靠照抄或模仿别人的产品;我国工业产品新开发的技术约有 70% 属于外援性技术;由于缺乏自主知识产权,我国生产的计算机售价的 30%,数控机床售价的 20%—40% 要向国外专利持有者支付专利费。产业竞争力的长期低下已经和正在给我国经济社会的长期发展造成严重损害。

　　同时,产业竞争力构成了国家竞争力的核心,是实现我国经济长期可持续发展的根本性动力,是打造"产业强国"的关键。在这里,需要强调,装备制造业对我国产业竞争力的提升具有至关重要的作用,现阶段新能源产业的产业深化创新滞后将对我国未来产业竞争力的提高构成严重的威胁。

　　"十二五"时期提高我国产业竞争力的背景和环境正在发生着战略性变化。例如,我国人均 GDP 将达到 4219—5933.6 美元,经济发展正在跨入创新

---

　　①　参见《国民经济和社会发展第十二个五年规划纲要》第三篇。

驱动、投资驱动和资源驱动并存的阶段；我国仍将处于重化工业化时期，但居民消费将向更高消费需求层次发展，对消费品的质量、档次等要求均发生着质的改变，这种居民消费结构升级为提高我国产业竞争力提供了巨大的需求动力；国际金融危机极大地压缩了我国传统产业的利润空间，弱化了我国产业竞争力，凸显出我国继续通过传统模式和路径提高产业竞争力的道路已经进入了死胡同；十大产业调整和振兴规划的实施正在为"十二五"时期提高我国产业竞争力奠定一定的基础。

实际上，产业竞争力低下是发展中国家的一个普遍现象。其重要根源之一就是，发展中国家长期以基于发达国家经济实践的传统产业竞争力理论为指导，如比较优势理论、资源禀赋学说、竞争优势理论、全球价值链理论等，而面临自身的理论匮乏困境。

笔者认为，应以产业深化理论重构"十二五"时期提高我国产业竞争力新的理论基石。20世纪80年代以来，新增长理论的内生技术进步模型已经为产业深化发展提供了理论基石。产业深化是指国际分工客观存在背景下，一国产业总体状态上或者某一产业内部的加工和再加工程度逐步纵深化发展，实现高加工度化与技术集约化的趋势。产业深化发展的表现形式至少包括产品品种的增加、产品质量的提高、产品工艺的改进、生产价值链环节的提升等。产业深化理论的提出，使发展中国家和发达国家在理论上实现产业发展伦理的平等，为解决传统产业竞争力理论中竞争优势的存在性和多层次性之间的矛盾提供了理论基础；实现了提高我国产业竞争力的"外生性"需求和"内生性"要求的统一。

笔者提出，"十二五"时期提高我国产业竞争力的总体目标，应表述为："在跨越式推进重化工业产业深化创新的基础上，实现我国总体产业竞争力接近中等发达国家或新兴工业化国家水平"。根据一定时期不同产业的竞争力提升对一国和地区经济发展贡献率或总体竞争力提高的不同作用和意义，可将国民经济各产业划分为战略性产业、基础性产业、民生性产业、资源性产业四类。"十二五"时期，上述四类产业竞争力的提升有着各自不同的目标。同时，在上述差异性作用的影响下，不同类别产业的竞争力提升的机理和方法有着较大的区别。

笔者认为，产业深化创新应该成为"十二五"时期跨越式提高我国产业竞争力的总体路径。在总体路径下,六种方法至关重要。

方法Ⅰ:构建国家层面的产业集群政策体系,促进产业集群全面发展。产业集群的自身优势、发达国家的先进经验、我国东部沿海地区的探索、主体功能区的内在要求等均表明,"十二五"时期,建立国家层面的促进产业集群发展的机制,已经成为跨越式提高我国产业竞争力的重要途径。

方法Ⅱ:促进产业政策体系的转型和再造,构建产业深化创新政策体系和产业集群政策体系。打造包含产业结构政策、产业深化创新政策、产业集群政策、产业组织政策等系统的产业政策体系,是"十二五"时期跨越式提高我国产业竞争力的内在要求。

方法Ⅲ:R&D 投入规模和机制改进。受国际金融危机重大冲击的影响,在"十一五"期间,R&D/GDP 预期性目标 2% 的实现难度急剧提高,可能性大大缩小。尽管如此,但这并不意味着 R&D/GDP 由此进入衰减时期,建立创新型国家和"十二五"时期跨越式提升我国产业竞争力的战略任务决定了全社会 R&D 投入规模应实现跨越式提升,到 2015 年,即比 2020 年提前 5 年,R&D/GDP 达到 2.5%(《国家中长期科学和技术发展规划纲要(2006—2020 年)》提出,到 2020 年,R&D/GDP 达到 2.5%)。

方法Ⅳ:打造公共技术平台。在国家《2004—2010 年国家科技基础条件平台建设纲要》和《"十一五"国家科技基础条件平台建设实施意见》颁布后,国家和地方公共技术平台建设工作取得积极进展,对国家重大创新活动的支撑作用日益凸显。但总体而言,还存在诸多问题,如,缺乏整体规划,缺乏国家、区域、地方的功能定位;相关法律政策不到位或者缺位;市场化程度有待提高,运行机制有待创新等等。为此,要积极探索建设公共技术平台的多种手段、多种模式。

方法Ⅴ:强化财税政策和金融政策的支持。积极配合产业政策,系统化产业税收优惠政策体系。可开辟新的税种,开征"创新税",实行先征后返,累进返还制度,退税比例与企业的研发投入占销售收入比例及相关产业深化创新行为挂钩。应加大力度设立行业性"消化吸收基金",借鉴国际经验,大幅度提高消化吸收费用占技术引进费的比例。强制性设定并大幅度提高企业消化吸收资金投入比例。积极探索完善金融支持产业深化创新的多种途径和方式。

　　方法Ⅵ:产业组织体系的差异化重构。坚持分类指导,体现行业差异。鼓励和引导企业实施价值链环节差异化战略,推进产业深化创新。完善和加强反垄断法执法工作,维护市场公平竞争秩序。淘汰落后产能,促进节能减排。防止各级政府在推进产业调整进程中的本位主义倾向。

　　案例研究是跨越式提高我国产业竞争力研究的重要手段,也是"战略背景和战略意义→理论基石→战略目标→路径和方法"逻辑链条之后的必然选择。尤其地,根据前述对国民经济四类产业的划分,具体、深入研究各类产业的竞争力提升机理和途径具有十分现实的意义。

第一章 "十二五"时期提高我国产业
竞争力的战略背景和战略意义

第一节 我国产业竞争力基本评价

提高产业竞争力是在激烈的国际竞争压力下一国或地区不断追求和强化的重大经济行为,并构成国家或地区经济生活极端重要的组成部分。在充分展开"提高我国产业竞争力研究"这一重大课题研究之前,需要对产业竞争力的基本理论问题和我国的现状作一基本评价。

一、产业竞争力的基本界定

自产业竞争力理论诞生以来,关于各国产业竞争力的理论研究成果和实践探索经验层出不穷,形成了充满争议而又丰富多彩的局面。例如,目前,理论界对产业竞争力概念还没有公认的界定。第一位从产业层次研究国际竞争力的学者迈克尔·波特也没有直接给"产业竞争力"下一个简单明了的定义,而是以国际竞争力为着眼点,把产业作为国家竞争力的决定因素,强调产业竞争力是在一定贸易条件下,产业所具有的开拓市场、占据市场并以此获得比竞争对手更多利润的能力。中国社会科学院的金碚认为,"产业竞争力是一国的某一产业能够比其他国家的同类产业更有效地向市场提供产品或者服务的综合素质",是市场经济占主体的工业社会阶段,一国特定产业通过在国际市场上销售其产品而反映出的生产力。中国社会科学院裴长洪指出:"产业竞争力是指属地产业的比较优势和它的一般市场绝对竞争优势的总和。"尽管如此,在一些产业竞争力重要问题上,基本达成了共识。

1. 产业竞争力研究是基于全球化背景下展开的,国际比较构成其基本内涵,也就是说,产业竞争力研究实际上就是产业国际竞争力研究。

2. 产业竞争力的研究对象是不同国家之间同一产业之间的竞争力比较。在这里,"产业"是指以"同类产品及其可替代产品"为基本内容的产品的集合、生产活动的集合和企业的集合,即狭义上的"产业"概念,如汽车产业、纺织产业等。

3. 产业竞争力研究虽然以不同国家之间处于国际竞争中的同一产业为研究对象,但是研究者实际观察的是构成各个产业的产品和企业。首先,研究产业竞争力要划清产品和企业的国家界限,因为只有分清国籍,才能讨论国际竞争。其次,确定产品的国籍不能简单地实行生产地原则,而要通过确定企业的国籍来认定产品的国籍。确定企业的国籍也不能以企业的注册地为准,而应以企业所有权的归属和技术控制权的归属为主要原则。而且,由于世界经济的国际化趋势越来越强,国际竞争中的技术因素越来越具有决定性意义。但是,在目前的情况下,以企业所有权的归属为原则更具有可行的经济分析意义。

4. 产业竞争力的研究对不同产业的关注度是不同的,从国际比较的重要性角度区分不同的产业就成为一项重要的内容。但是,需要强调,对一些具有重要国际比较意义的产业的重视,并不应忽略相关及辅助产业的状况。因为非贸易品产业作为本国可贸易产业的相关支持及辅助产业,也会在产业国际竞争中发挥重要作用。所以,尽管产业竞争力研究有其特定的主要关注产业群,但原则上并不把任何产业排除在视野之外。

二、产业竞争力的评价方法

对产业竞争力的评价是研究产业竞争力的重要内容,主要体现在两个方面:一是构建产业竞争力的评价指标体系;二是对特定产业(如农业、建筑业、高新技术产业、银行业等)的国际竞争力进行评价。但是,目前还没有建立起一个公认的、完善的评价体系。

国际上影响比较大的是波特提出的产业竞争力模型,即"钻石模型"。其基本观点是:一国的特定产业是否具有竞争力,取决于生产要素(包括人力资源、自然资源、知识资源、资本资源、基础设施等,其中,特别强调的是"要素创造"而不是一般的要素禀赋)、需求条件(包括市场需求的量和需求结构、消费者的行为特点等)、相关与辅助产业的状况和企业策略、结构与竞争对手四个基本因素。此外,政府和机遇也是两个不可或缺的因素。在一个国家的众多产业中,最有可能在国际竞争中取胜的是其国内这四个关键因素特别有利的那些产业。WEF 和 IMD 的指标体系主要是针对国家层面竞争力设计的,对特定产业层面的竞争力的评价不太合适。

我国学者比较注重产业竞争力、区域竞争力评价指标体系的构建。20 世纪 90 年代中期,中国社会科学院工业经济研究所课题组(主持人金碚)曾对中国工业的国际竞争力状况进行了较系统的综合评价,发表了《中国工业国际竞争力分析》和《中国工业国际竞争力——理论、方法与实证研究》两个研究成果。在 2003 年出版的《竞争力经济学》一书中,金碚研究员延续之前的研究方法,从工业品的市场占有率和盈利状况及其直接和间接决定因素的分析入手,通过对我国工业生产能力与供求、工业品整体出口竞争力、出口商品竞争力的结构、工业品市场占有率、单位产品价格变动所反映的制成品质量水平、进出口商品价格比较所反映的质量水平、工业制成品的贸易结构、工业品的贸易竞争指数和变差指数等八个方面的分析,构建了工业品国际竞争力基本分析框架,评价了我国工业截止到 2001 年的竞争力水平。其研究认为,虽然从总体统计指标上,我国制造业国际竞争力持续提高,但是其中的问题很多。首先,中国出口工业品中,竞争力比较强的仍然是附加值比较低的劳动密集型产品,如纺织品、服装、玩具等。其次,中国高新技术产业的数量扩张很快,但是,附加值高的技术或资金密集型产业的出口竞争力尚处于劣势。再次,我国工业品同进口产品的价格比总体上看呈下降趋势。尽管机械电子类产品的贸易竞争指数不断上升,但其竞争力主要表现在低价格上。即使在大多数人认为我国具有很强竞争力的家电行业中,我们的优势也主要在于加工制造环节,大部分家电产品的核心部件仍然需要从国外进口或需要依靠国外技术生产。所以,从总体上看,我国工业品仍然以中低档为主,质量和附加价值仍然缺乏竞争优势。化工、石化等产业的竞争力同国外同行业的差距还有进一步扩大的趋势。最后,外商投资企业生产的产品在中国工业品出口额中的比重逐年增加,如果扣除外商投资企业生产的产品,中国民族工业国际竞争力(中国企业)的增强有限。

中国人民大学竞争力与评价研究中心的赵彦云根据瑞士洛桑国际发展管理学院(IMD)的国际竞争力理论和迈克尔·波特教授的产业竞争力理论构建

了包括制造业竞争力实力、成长竞争力、市场竞争力、成本竞争力、创新竞争力、投资竞争力和管理竞争力七大要素的制造业竞争力评价框架。其得出的结论是:我国制造业产业在1999—2003年实现了一定的技术升级,技术结构得到优化,但在全球市场上我国产业的技术含量仍不容乐观,且我国所谓"高技术产业"的核心技术保有率也是不容乐观的。实际上我国许多高技术企业仍然只具备着高技术产品的加工功能,因此,加强自身的技术创新能力仍是提升我国制造业产业竞争力的关键环节。

中国社会科学院裴长洪在借鉴产业组织理论和西方学者研究成果的基础上,建立了行业分析、市场类型(结构)和价值链三种方法相结合的产业国际竞争力的经济分析框架:(1)行业分析方法。国际竞争力问题应从行业角度来考察。而集中度高的行业中,行业分析往往离不开对某些大企业的考察。(2)竞争市场分类方法。依据竞争方式和竞争主体的结构差异,竞争市场可以划分为四类:全球性竞争市场、多国竞争性市场、大宗贸易竞争市场、纯国内竞争市场。(3)价值链分析和国际分工位次方法。引入价值链分析方法对参与国的国际分工位次加以排序,才能比较各个国家在该行业中的竞争力。

从特定产业评价国际竞争力的研究中,比较有代表性的是商务部在2005年发表的《中国汽车产业国际竞争力评价研究报告》,该报告通过对全员劳动生产率、经济规模水平、R&D水平、自主开发能力、新产品推出能力等指标的评估,得出中国汽车产业国际竞争力的综合评价指数为0.53,是美国的41.7%,日本的42.4%,德国的47.3%,韩国的61.6%。通过从市场业绩、效益与效率、研发能力和规模等四大方面共八项指标的对比分析来看,该报告认为,"我国汽车企业与跨国公司存在巨大差距,国际竞争力十分低下"。

三、国际比较下的我国产业竞争力现状

改革开放以来,我国产业结构体系不断优化和完善,产业技术水平有了较大提高,产业组织体系趋向合理,但是我国整体产业竞争力低下的局面并没有根本性改变。例如,我国工业增加值率、盈利能力、研发投入水平(它决定了产业的技术水平)以及核心关键技术的控制等方面,与发达国家相比,均长期

表现出较大的弱势态势。

1. 产业增加率水平低

我国产业增加值率不论是在整体水平方面,还是在具体行业方面,仍然与主要发达国家之间存在一定差距。2007年,我国规模以上工业企业增加值率为28.89%,①即使与2002年日本的53.9%和美国的55.9%相比,还有较大差距。②从分行业数据来看,我国大部分行业的增加值率水平都要低于主要发达国家。比如纺织业,从总体上看,我国纺织品增加值率仍然低于美国、日本、德国、英国和法国等发达国家,甚至在部分领域低于墨西哥和印度(参见第五章案例Ⅰ)。再比如,2007年我国化学原料及化学制品制造业增加值率是27.39%,远低于日本2003年化工行业35.6%的增加值率水平。其他行业数据也呈现出类似的特征。

2. 产业盈利能力弱

从产业盈利能力的角度看,世界企业500强的净利润是中国企业500强的8.4倍;世界企业500强的净资产收益率高出中国企业500强2.09%,虽然差距已有缩小但仍然存在。再从单个企业比较看,同样是行业的领军企业,中国第一汽车集团公司的利润水平是日本丰田汽车公司的9.5%;联想集团是美国惠普公司的4.1%;娃哈哈集团是可口可乐公司的6.8%。③由此可见,无论是在传统行业,或是在高技术含量的现代制造业中,我国制造业企业与国外优秀企业相比,利润水平上也存在着巨大的差距。

3. 研发投入水平低

研发投入是提高产业技术创新能力和竞争力的重要手段。我国的研发投入不论是从国家整体上看,还是从企业的角度看,都比较低。首先从国家层面看,2007年我国R&D经费总支出为3710.24亿元,比上年增加707.14亿元,增长23.5%。但是,R&D经费与GDP之比为1.49%,与同期世界平均2.30%的水平还有较大差距。而同期,日本的R&D经费与GDP之比为

---

① 参见国家统计局编:《中国统计年鉴(2008)》,中国统计出版社2008年版。

② http://www.sei.gov.cn/ShowArticle.asp? ArticleID=73286。

③ ·中国企业联合会、中国企业家协会编:《2008中国500强企业发展报告》,企业管理出版社2008年版。

3.40%,韩国为3.23%,美国为2.61%。

其次,从2008年中国500强企业的统计数据来看,企业的研发投入不论是在总量方面,还是在研发投入占销售收入的比重方面,都远低于世界级大企业。2008年中国500强企业平均研发费用为5.68亿元,研发费用占营业收入的比例平均为1.32%;2008年中国企业500强的研发费用/销售收入超过10%的只有中国航天科工集团和中国第一航空科技集团2家企业,在5%—10%之间的为30家,在3%—5%之间的有46家,在1%—3%之间的有121家,有232家的研发投入比小于1%。国家统计局资料显示:我国2/3的大中型企业没有自己的研发机构(也有一些企业建立了研究院、博士后流动站),3/4的企业没有科研开发活动,完全依靠照抄或模仿别人的产品。20世纪90年代后期,OECD以研究开发经费占销售收入的比重超过3%作为划分高技术产业的标准(国外大企业研发费用一般不低于收入的5%),而我国制造业大类行业中这一比重最高的长期不足1%,虽然自2001年起,这一指标已经超过1%,但先进工业国大多在10%以上,差距仍然相当明显。从2004—2007年中国企业500强及制造业500强R&D经费占销售收入比重看,制造业500强的研发费用一直在稳步上升,且其R&D经费占销售收入比重要高于500强企业和国家的总体水平,但仍然小于国际上3%—5%的门槛值。2007年研发费用比重还有所下降。尽管比重下降有着其他原因,但这种状况会制约中国制造业的升级与转型。①

4. 核心技术缺乏

与其他主要国家或地区相比,我国制造业企业普遍缺乏核心技术,自主创新能力低下,对技术进口的依赖较高。一方面,我国制造业在技术方面的一个主要弱点就是依赖加工组装,创新意识不强,研发能力差,关键技术受制于人。从产业自身发展来看,加工贸易比重高是产业发展水平低,产业竞争力低的突出表现。改革开放以来,我国加工贸易出口占出口总额的比重稳步上升,从20世纪90年代中后期以来,该比例基本上处于一个高且稳定的状态。虽然进入新世纪以来,加工贸易出口的比重有所下降,但降幅微小,2007年仍然高

---

① 中国企业联合会、中国企业家协会编:《2008中国500强企业发展报告》,企业管理出版社2008年版。

达 50.7%，比同期加工贸易进出口占进出口贸易总额的 45.4% 高出 5.3%。部分行业加工贸易出口比重更高。以高新技术产业为例，2007 年，加工贸易占我国高新技术产品出口的 85.4%，较 2006 年的 87.3% 小幅下降 1.9 个百分点①，但是加工贸易仍然是我国高新技术产品出口的主要部分（见图 1 - 1）。

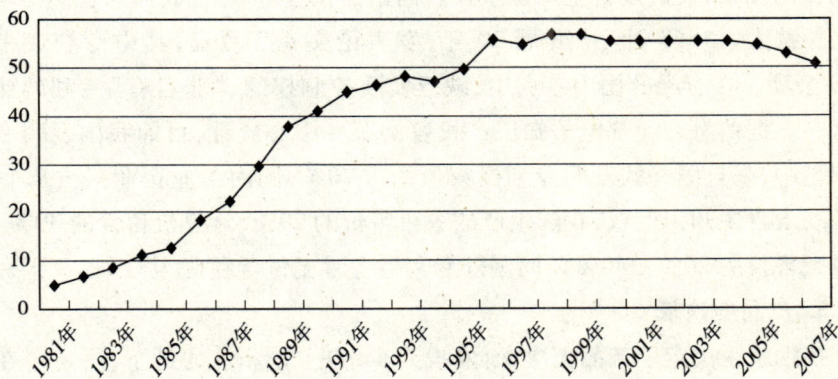

图 1 - 1   1981—2007 年我国加工贸易出口占出口总值的比重
资料来源：中国社会科学院经济学部编：《中国经济年鉴（2008）》，中国社会科学出版社 2009 年版。

另一方面，改革开放以来，我国制造业结构升级一个极其重要的特点是依靠外资引进所带来的先进技术设备，而且多以生产线和最终设备为主的格局，对制造业的升级影响突出地表现为制造业技术依赖进口。权威统计表明，我国制造业技术来源一半以上（对外技术依存度 50%）要靠进口，而发达国家均在 30% 以下，美国和日本则在 5% 左右；我国工业产品新开发的技术约有 70% 属于外援性技术；我国每年的发明专利数占世界的比重不到 3%，与美国和日本等发达国家，以及韩国等新兴工业化国家相比，存在很大差距。在 UNDP 公布的 72 个国家技术成就指数中，世界平均值为 0.374。排在前 10 位的美国、日本、韩国、英国分别为 0.733、0.698、0.666 和 0.606；我国为 0.299，排在第 45 位。近年来成长迅速的许多行业与 500 强企业也存在制造技术和

———————

① 张晓强主编：《中国高技术产业发展年鉴（2008）》，北京理工大学出版社 2008 年版，第 10 页。

产品开发能力较弱的问题。例如,我国是家用电脑的生产大国和销售大国,但我国生产的每台计算机,从芯片到操作系统、应用软件,完全要靠进口,绝大多数利润被掌握专利技术的跨国公司拿去了,卖1台电脑仅得微利。联想控股有限公司2007年的利润率只有1.5%。由于没有专利,号称产量最大的我国DVD生产企业,每年要花10亿元人民币购买专利许可。我国制造业需要从质到量的飞跃,关键是自主知识产权。而正是在这一点上,我国与发达国家相比差距甚大。"863计划"开展20年,发表论文4.7万篇,其中专利成果仅2000余项。在有限的国内专利中,缺乏实质控制权的、"非自有"专利的比例非常高。据信息产业部电子知识产权咨询服务中心统计,目前我国发明专利授权量中,来自国外的发明专利授权量约占70%,国内工业企业只占9.1%。由于缺乏自主知识产权,我国生产的手机售价的20%,计算机售价的30%,数控机床售价的20%—40%要向国外专利持有者支付专利费。①

5. 产品档次低

技术水平决定了产品档次,研发投入少,自主创新能力低下,决定了在一些核心技术领域难以达到国际先进水平,这是我国产品质量和品质低的重要原因。以钢铁行业为例,改革开放以来,我国钢铁行业取得了显著成就,钢铁行业总产量持续增长,部分品种钢材产量已经居于世界前列。但是钢铁行业低档产品多、产量大的问题仍然比较严重。2007年,我国共生产钢材56460万吨,其中,冷轧薄宽钢带、冷轧薄板、镀层板(带)、涂层板(带)和电工钢板(带)等五种高技术含量、高附加值品种钢材合计仅占10.26%(见图1-2)。其他行业也有类似情况。

第二节 "十二五"时期提高我国产业竞争力的战略背景

全球经济社会的发展无时不在发生着深刻的变化。"十二五"时期提高我国产业竞争力,正在面临着诸多新的战略性背景。

---

① 中国企业联合会、中国企业家协会编:《2008中国500强企业发展报告》,企业管理出版社2008年版。

56460.81

（万吨）
60000
50000
40000
30000
20000
10000
0

5791.48

10.26%

钢材总产量　　　　　　　高技术含量钢材产量

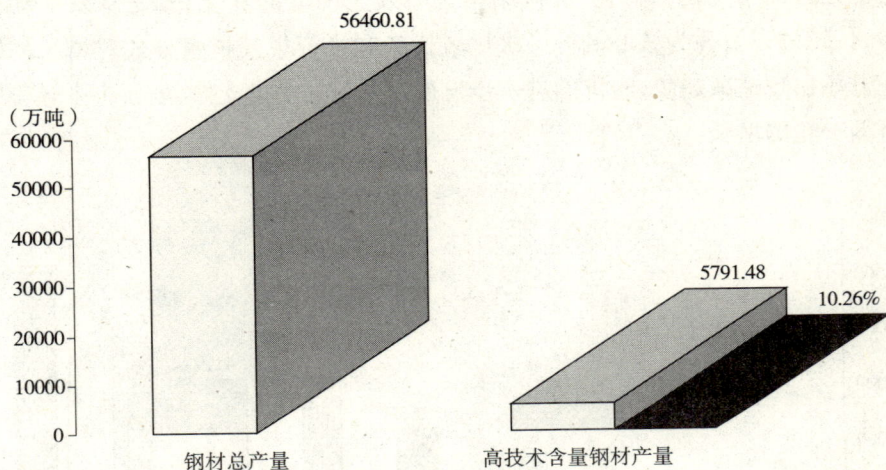

图1-2　2007年我国钢铁行业产量对比情况

数据来源：中国发展门户网：《中国钢铁行业月度运行报告（2007年12月）》。

一、我国正在跨入资源驱动、投资驱动和创新驱动并存的经济发展阶段

根据一国产业竞争力在不同阶段表现出的不同竞争态势，迈克尔·波特将国家经济发展划分为资源驱动、投资驱动、创新驱动和财富驱动四个阶段。前三个阶段是国家竞争优势发展的主要时期，通常带来经济上的繁荣，第四个阶段是经济的转折点，经济可能衰退。根据该阶段划分理论，一个重大判断是，我国正在跨入资源驱动、投资驱动和创新驱动并存的经济发展阶段。

自改革开放以来，中国经济一直持续保持着较高的速度增长，按2005年修订后的GDP数据计算，1979—2004年GDP年均增长率为9.6%，①以1978年为基期，2008年为终期计算的人均GDP几何平均增长率为8.9%（见附录Ⅰ-1）。如图1-3所示，2008年我国人均GDP已经突破3000美元，达到了3266.8美元。经验表明，人均GDP达到3000美元是一个经济体发展阶段的重要转折点。这有两个层面的含义：一是随着人均GDP的快速上升，需求结构将显著地以满足温饱为中心的必需品消费阶段向非必需品消费阶段转化，

---

① http://www.stats.gov.cn/zgjjpc/cgfb/t20060307_402309437.htm。

适应这种需求结构的变化,经济结构也将发生明显的变化;二是从发展动力看,传统的以资源为核心的低层次比较优势和投资规模扩张方式对增长的效应开始出现递减趋势,经济的进一步发展需要新的动力支撑,创新将主导着经济新一轮的增长。

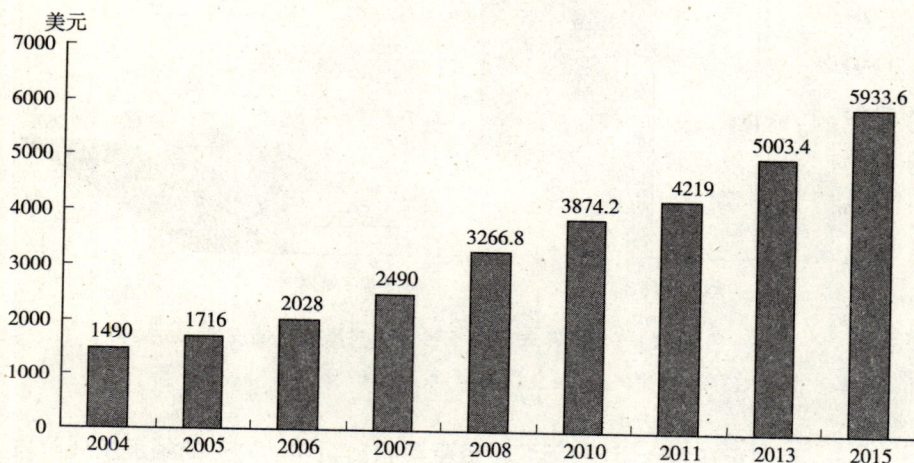

图1-3 2004—2015年人均国内生产总值

数据来源:根据国家统计局编:《中国统计年鉴(2008)》(中国统计出版社2008年版)相关数据计算,汇率按年均汇率。

我国东、中、西部发展不平衡,人均GDP有很大的差异(数据见附录I-2)。其中,东部地区经济发展水平较高,2007年人均地区生产总值已经突破4000美元,达到4455.2美元(如图1-4所示)。北京市初步核算,2008年全市人均GDP达到9075美元①;上海市2008全年实现生产总值13698.15亿元,当年上海人均GDP达到10529美元,已经突破万元大关②;而早在2007年深圳市人均GDP达到10628美元,③成为我国内地目前首个人均GDP过万美元的城市。按世界银行的划分标准,我国东部地区已处在中等偏上收入水平,产业竞争力较强,处于从投资驱动向创新驱动转换的经济发展阶段。相比较

---

① http://www.stats.gov.cn/tjgb/ndtjgb/dfndtjgb/t20090211_402548981.htm。

② http://www.shanghai.gov.cn/shanghai/node2314/node2315/node4411/userobject21ai317374.html。

③ http://www.sztj.com/main/xxgk/ywgz/tjfx/200801282413.shtml。

而言,中、西部地区的发展则相对滞后。2007 年中部地区人均 GDP 为 2023.6 美元;2005 年西部地区人均 GDP 突破 1000 美元,2007 年达到 1734.1 美元。中部、西部地区处于资源和投资驱动并存的发展阶段。综合全国情况,我国正在跨入创新驱动、投资驱动和资源驱动并存的阶段。

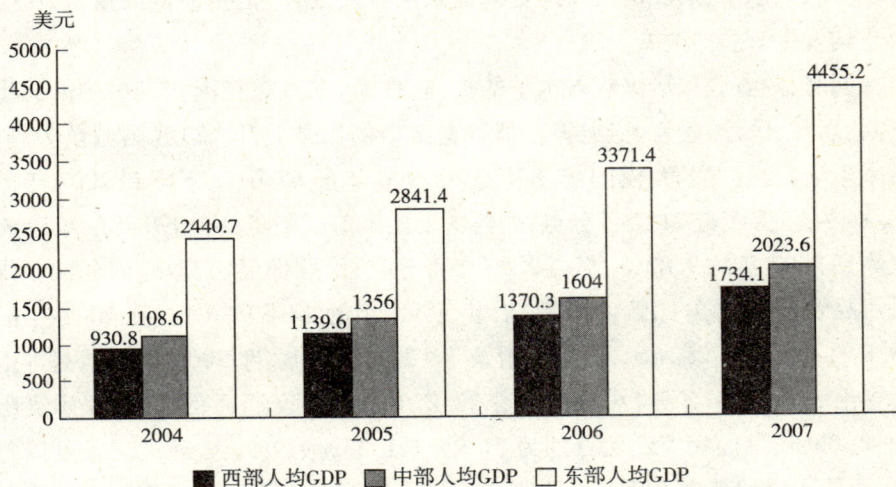

图 1-4　2004—2007 年我国东中西部地区人均国内生产总值

数据来源:根据国家统计局编:《中国统计年鉴(2005、2006、2007、2008)》(中国统计出版社 2005、2006、2007、2008 年版)相关数据计算。

按照前文计算的人均 GDP 年均增长 8.9% 的速度,在"十二五"期间(2011—2015 年),我国人均 GDP 将达到 4219—5933.6 美元(见附录Ⅰ-1)。加速产业升级,提高产业竞争力是我国经济发展进程中一个具有强烈紧迫性的重大选择。

二、居民消费结构升级为提高我国产业竞争力提供了巨大的需求动力

(一)国民经济的不断发展为居民消费结构升级提供了基础,进而为提高我国产业竞争力提供了巨大的市场需求动力

"十一五"规划提出了推进西部大开发、振兴东北地区老工业基地、促进中部地区崛起、鼓励东部地区率先发展、支持革命老区、民族地区和边疆地区发展、健全区域协调互动机制的区域发展总体战略,这些战略的实施对缩小人民生活水平差距、协调区域发展具有重大作用。2007 年,我国中部地区人均 GDP 超过 2000 美元;2005 年,我国西部地区人均 GDP 突破 1000 美元,2007 年已经达到 1734.1 美元。中西部地区居民收入的稳步增长,为消费结构升级提供了基础。同时,东部地区 2007 年人均 GDP 为 4455.2 美元,已经跨入中等偏上收入水平,居民消费将向更高需求层次发展,对消费品的质量、档次等要求均发生着质的改变。

同时,随着我国居民收入水平的提高,食品、衣着类在消费支出中的比重下降,居住、医疗、教育、交通等在消费支出中的比重上升。以我国城镇为例,基本生活(食品、衣着合计)支出比重从 1990 年的 67.61% 下降到 2007 年的 46.14%,下降了近 21 个百分点;居住支出比重不断提高,从 1990 年的 6.98% 提高到 2007 年的 9.83%,提高 2.85 个百分点;医疗保健、交通通信和文教娱乐用品及服务支出比重明显提高,由 1990 年的 14.33% 增加到 2007 年的 33.87%(如图 1-5 所示,数据见附录 I-3)。同一时期,2006 年美国基本生活支出比例为 13.52%,居住支出占 22.27%,医疗、交通通信、文教娱乐支出为 41.06%;韩国相应比例分别为 21.9%、21.33%、29%。[①] 通过比较可以看出,我国居民的基本生活支出虽然已经有较大幅度的下降,但还有较大的降低空间,居住支出和医疗、交通通信、文教娱乐支出还有较大的提升空间。所以,我国居民的消费层次仍有较大提升空间,可为我国产业竞争力的发展提供持久的需求动力。

(二)"十二五"时期中国仍将处于重化工业化阶段

重化工业的加速发展是经济发展规律的客观要求,也是工业化进程中产业结构演进的必然趋势。美国、日本等发达国家在全面实现工业化的过程中都先后经历过重化工业高速发展阶段,其主导产业也大致相同,主要是汽车、机械、钢铁、石化等。1950 年,美国第一产业的就业比例降为 12.8%,进入重化工业大发展阶段。1970 年,美国 GDP 总量达 1 万亿美元,城市化率超过 87%,逐步向"后工业时代"转变。日本在二战后把钢铁、煤炭作为经济恢复时期的先导产业,通过各种激励政策促进重化工业的发展。1955—1970 年是日本经济高速增长时期,这一时期也是其重化工业发展的高峰期(1965—

---

① http://www.stats.gov.cn/tjsj/qtsj/gjsj/2007/t20080630_402489064.htm。

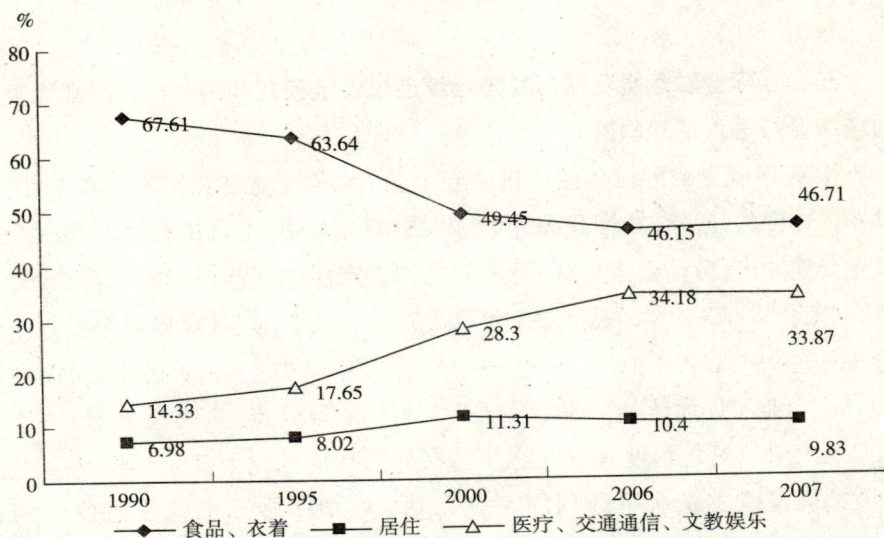

图 1-5 1990—2007 年我国城镇居民平均每人消费支出构成

数据来源:根据国家统计局编:《中国统计年鉴(2008)》(中国统计出版社 2008 年版)相关数据计算。

1973 年)。此后,在石油危机的冲击下,日本大力发展节能技术产业和高技术产业,开始从资本密集的"工业化型结构"向知识、技术密集的"后工业化型结构"转型。二战后美国、日本的重化工业持续了 20 余年大发展,成为整个经济体系的基石。①

2003 年,我国人均 GDP 达到 1090 美元,突破 1000 美元的门槛,这标志着我国的财富积累已经能够促进社会消费需求发生实质性变化。从产业结构和工业内部结构看,2000 年我国第二产业在国民经济中的比重首次超过 50%,达到 50.9%,在全年完成工业增加值中,重化工业所占比重为 59.9%;2001年,重化工业所占比重进一步超过 60%,达到 60.5%,2003 年又跃升至64.3%。② 根据上述指标,可以基本确定我国已经处于工业化中期的重化工业阶段。根据前述国际经验,笔者认为,我国的重化工业化阶段将至少持续到

① 单洪清:《关于发展重化工业问题》,《当代石油石化》2004 年第 12 期。
② 杨万东:《中国重化工业问题讨论综述》,《经济理论与经济管理》2005 年第 1 期。

2020 年左右,这就意味着,"十二五"时期,我国仍将处于重化工业化阶段。

三、国际金融危机凸显出我国继续通过传统模式和路径提高产业竞争力的道路已经进入了死胡同

2008 年爆发的国际金融危机席卷全球,世界消费需求大幅下降,中国高对外依存度的经济现实使我国受到巨大影响。其中,出口依存度较高的产业率先受到冲击,劳动密集型、低附加值的初级产品的产业受影响深重,大量企业破产倒闭。2008 年国民经济和社会发展统计公告显示,规模以上工业企业的利润在 9—11 月下降了 26.2%;亏损企业亏损额达 4879 亿元,同比增长 1.8 倍;企业亏损面达到 18%,同比扩大 3.6 个百分点。① 分行业看,由于纺织服装产业市场化程度高、产能过剩,在外部环境恶化下,2008 年 1—8 月份 70% 的规模以上企业平均利润率只有 0.1%,700 多万个就业岗位受到影响。② 据中国钢铁工业协会 2009 年 2 月 23 日发布的数据显示,在钢材市场价格下跌和钢铁生产原燃料高价位的双重影响下,钢铁企业盈利大幅下滑。2008 年下半年,大中型钢铁企业整体亏损 164.09 亿元,特别是 12 月份当月亏损额达到 291.22 亿元,产品销售利润率为 -17.44%,创历年来的新低。③

上述状况表明,我国的产业竞争力已经被极大地弱化。其根源除发达国家和我国自身的双重经济周期耦合在了一起这一内生因素外,还包括人民币升值、新劳动合同法实施等重大因素的影响。尤其需要指出,我国产业长期低端化倾向,已经形成了产业利润率的长期低水平状态。在本次金融危机中,多种因素的交织在一起,使本来已经很低的产业利润率空间继续被大大压缩,几乎趋近于零甚至为负数。尽管出口退税政策等手段的实施,在一定程度上缓解了这种产业利润率恶化态势,但应该看到,在未来的经济发展进程中,人民币升值、新劳动合同法实施等重大因素不可能出现逆向发展情形,也就是说,人民币未来出现大幅贬值和废止新劳动合同法的可能性几乎为零,由此,单纯

---

① http://www.stats.gov.cn/tjgb/ndtjgb/qgndtjgb/t20090226_402540710.htm。

② 王海峰:《2009 年我国纺织服装产业进入战略调整期》,http://www.acs.gov.cn/cms/www/news/2474304469124.cgp。

③ http://www.acs.gov.cn/cms/www/news/2471966909048.cgp。

依赖出口退税等政策虽然能够使已经恶化的产业利润率有所回升,但已经不可能恢复到本次金融危机之前本来已经很低的产业利润率。这样,要使传统产业能够得以生存和继续发展,传统模式和路径已经不可持续,必须另辟蹊径提高产业竞争力。

在这方面,日本的做法值得借鉴。20世纪70年代初,第一次石油危机沉重打击了严重依赖外来能源输入、高能耗的日本经济。之后,日本大力推广节能技术,调整产业内各类结构,迅速实现了国民经济的节能化。到第二次石油危机,日本经济几乎未受影响,"日本制造"反而以此为契机开始行销全世界。

四、十大产业调整和振兴规划将为"十二五"时期提高我国产业竞争力奠定一定基础

为应对金融危机,防止中国经济加速下滑,实现2009年保"8"目标,我国从2009年1月起陆续出台了十大产业调整和振兴规划。相关细则也在渐次推出。该规划主要有以下几个方面:从改善供给和刺激需求两个方面促进价格回暖;通过促进资产重组实现产业整合;通过退税、财政补贴、专项资金等方式加大对部分困难企业的支持;通过节能减排、淘汰落后产能,加强自主创新、技术改造。

产业内联合重组、淘汰落后产能、提高产业集中度有利于产品更新换代,有利于产业做大做强,是产业长久发展的方向,规划对汽车业、钢铁业、装备制造业、电子信息业、有色金属业、轻工业、物流业均有涉及。我国钢铁产业中,粗钢生产企业平均规模不足100万吨,排名前5位的企业钢产量仅占全国总量的28.5%。针对钢铁产业集中度低的现状,规划中完善了企业重组政策,计划三年打造若干个具有较强自主创新能力和国际竞争力的特大型企业,国内排名前5位钢铁企业的产能占全国产能的比例达到45%以上,沿海沿江钢铁企业产能占全国产能的比例达到40%以上。[①] 钢铁产业作为国民经济的重要支柱产业,积极推进企业重组,提高产业集中度应成为持续性的发展战略。

---

① 参见《钢铁产业调整和振兴规划》,中央政府门户网站:www.gov.cn,2009年3月20日。

财税、金融政策是支持产业升级的重要力量,规划中在纺织业、轻工业、物流业、石化业中均有提及。针对纺织业,一方面,继续提高纺织品服装出口退税率。另一方面,加大对纺织企业的金融支持:金融机构要加大信贷支持力度,允许将到期的贷款适当展期;对中小纺织企业贷款实行税前全额拨备和提供风险补偿,拓展企业融资渠道;鼓励担保机构为中小纺织企业提供信用担保和融资服务等等。

自主创新是钢铁业、汽车业、装备制造业、纺织业、船舶业、电子信息业的调整和振兴规划中广泛提及的概念。自主创新在于发展自主品牌,提高产品竞争力,占领国内国际市场,具体体现在加大技术改造和研发力度。针对汽车业,计划三年在新增中央投资中安排 100 亿元作为技术进步、技术改造专项资金,重点支持汽车生产企业进行产品升级,提高节能、环保、安全等关键技术水平;开发填补国内空白的关键总成产品;建设汽车及零部件共性技术研制和检测平台;发展新能源汽车及专用零部件。针对装备制造业,计划在新增中央投资中安排产业振兴和技术改造专项,建立使用国产首台(套)装备风险补偿机制。装备制造业是为国民经济各行业提供技术装备的战略性产业,是国家综合实力的集中体现,国家长期性地给予它进行自主创新的各项支持,是实现产业全面升级、技术不断进步的重要动力。

综上,尽管十大产业调整和振兴规划主要着眼于短期扩大内需,但仍有相当一部分措施具有长远性和前瞻性,特别是,其三年(2009—2011 年)实施期限,将和"十二五"重合一年时间。也就是说,十大产业调整和振兴规划将为"十二五"时期提高我国产业竞争力奠定一定的基础。

第三节　"十二五"时期提高我国产业竞争力的战略意义

一、产业竞争力是国家竞争力的核心

产业竞争力是一国国家竞争力的核心。IMD 认为,国家间的竞争是处于特定环境下的产(企)业的竞争,因此,把国内经济实力、国际化、政府管理、金融体系、基础设施、企业管理、科学技术、国民素质八个方面的因素作为评价提升产业竞争力的环境因素纳入到评价体系中,并以此评价国家的竞争力。美

国哈佛大学的波特把研究国家竞争优势的角度也定位在产业(行业)和企业，把国家作为影响产业和企业竞争力的一个重要因素。他认为"一国的竞争力依赖于它的产业创新与升级能力"，产业竞争力决定着国家竞争力，同时，国家又通过"环境的塑造"来影响产业竞争力。我国学者裴长洪认为产业竞争力暗含的主体就是国家，这与波特的看法是一致的。

从现实的角度看，国家之间的竞争最主要、最直接的表现就是各个国家的产业在国际市场上的实力较量。而各产业在国际市场上的占有率和盈利率则是竞争结果的最终表现。具有国际竞争力的产业，在国际市场上占有较高的占有率和盈利率。如果一国的产业缺乏出口能力，也无力对抗进口产品，那么国家的生产力就受到了严重打击。因此，国家竞争优势从根本上来说是若干产业的竞争优势问题，国家竞争优势的分析应从产业的角度着手。

具有竞争优势的产业对一个国家的竞争优势具有决定性作用。首先，具有国际竞争力的产业以产业集群形态出现，会带动相关性和支持性产业的发展，有利于科技创新、基础设施建设和人力资源投资，推动生产率提高。其次，具有竞争优势的产业及其产业集群带动了整个国家经济的发展和生产率的提高。再次，具有竞争优势产业及其产业集群对整个国家的国际竞争力具有决定性作用。最后，产业竞争力是国家竞争力最主要的内容，对其他竞争力具有决定性作用。产业竞争力虽然有赖于科技进步，但科技发展要取决于 R&D 资源的投入，最终是取决于一个国家生产力发展水平所能承受的限度。所以，产业竞争力是国家竞争力的最核心部分。最具代表性的是 20 世纪 80 年代日本制造业的发展对国民经济发展和生产率提高的带动作用。1985 年日本最具竞争力的机械机器、金属及其制品、化学制品，占全国的出口比重达 86.7%，占制造业增加值的 63.5%。1981—1985 年，最具有竞争力产业对制造业增加值增长的贡献率，电气机械为 29.9%，运输机械为 15.1%，一般机械为 12.9%，化学制品为 9.3%，合计为 77.1%。在这期间，相对劳动生产率化学制品上升 24.5%，运输机械上升 11.8%，精密机械上升 8.4%，电气机械上升 2.6%，一般机械上升 1.9%，都是制造业各行业中最高的。①

----

① 陈建安等:《日本产业结构调整与政府的经济政策》，上海财经大学出版社 2002 年版。

二、提高产业竞争力是在"十二五"时期乃至更长时期内实现我国经济可持续发展的根本性动力

"可持续发展"已经成为国际普遍接受的发展战略。在科学发展观指导下,实现经济的可持续发展最重要的方面,就是实现经济由以资源驱动和投资驱动为主向创新驱动转变,实现经济发展方式的转变。

提高产业竞争力,即意味着提高高层次产品的市场占有率和盈利率。依靠资源驱动和投资驱动是无法提高产业竞争力的,产业竞争力的提高需要通过研究与开发投入的增加,提高高附加值产品比重,实现产品质量升级,提高工艺水平,实现生产价值链攀升,由此实现经济的内生增长。而且,依靠资源和投资驱动的经济增长是有极限的,依靠技术进步提高产业竞争力的创新驱动的经济增长则是可持续的。"十二五"时期,立足于扩大内需形成的巨大市场需求,推进产业体系向高端化发展,提高我国产业的国际竞争力是实现经济可持续发展的根本性动力。

三、提高产业竞争力是"十二五"时期打造"产业强国"的关键

改革开放30年,从总量上来说,我国已经成为名副其实的产业大国。加入WTO以后,我国进出口总额从2002年的6207.7亿美元增长到2007年的21737.3亿美元,年均增长28.5%,占世界贸易总额的比重也由4.7%提高到7.7%。中国进出口贸易总额居世界位次已由1978年的第29位跃升到2007年的第3位。[1]

虽然我国已经成为产业大国,但与产业强国还有很大差距。我国产业大国地位是以资源的巨大消耗、环境的污染为代价的。根据测算,2004年中国的单位国内生产总值能耗是世界平均水平的3倍,美国的4倍,日本的7倍(见附录Ⅰ-4)。然而,我国以巨大代价换取的利润率又是很低的。2007年我国平均工业成本费用利润率只有7.43%,其中纺织业的利润率只有4.46%(见附录Ⅰ-5)。在进出口贸易中,越来越多的利润被外商拿走。在进出口总额中,外商投资企业货物进出口总额占我国进出口总额的比例从1993年的

---

[1] 国家统计局:《改革开放30年报告之十六:国际地位和国际影响发生了根本性的历史转变》,国家统计局网站,2008年11月17日。

34.3%上升到2007年的57.7%。① 如何由产业大国向产业强国转变,实现经济增长方式由粗放向集约转变已经成为我国经济发展中的主要矛盾。在前述的战略背景下,"十二五"时期成为打造"产业强国"的重要时期,其基本途径就是跨越式提升我国产业竞争力。

四、装备制造业对我国"十二五"时期产业竞争力提升具有至关重要的作用

装备制造业是为国民经济各行各业的发展提供技术设备的基础性和战略性产业,其发展水平反映了一国向科技、工艺、材料、加工制造等行业提供配套设备的能力,是国民经济综合实力的集中体现,是其他各行业推进产业深化创新,提高技术水平的重要保障。我国装备制造业已经过将近60年的发展,形成了独立完整、门类齐全、具有相当规模和一定水平的装备制造体系,在部分行业如发电设备、重型机械、中低档数控机床等,我国已经达到或接近国际先进水平,但是在大型石化通用设备、高级数控机床、关键零部件等方面与发达国家之间还存在较大差距。"十二五"期间,我国仍将处于重工业化阶段,因此,装备制造业对于相关产业,如汽车、钢铁、石化等进行产业深化创新,对于国民经济可持续发展具有重要意义。

首先,装备制造业所提供的技术装备为"十二五"时期提高其他各个产业的竞争力提供物质基础。科学技术是第一生产力。产业竞争力归根结底在于产业的生产力,而生产力的提高主要通过利用先进的技术装备和科学的经营管理,把先进科学技术转化为现实生产力来实现。提高产业竞争力,促进产业深化创新,加快产业优化升级,都有赖于装备制造业的振兴。例如,对于船舶工业来说,"船用配套设备发展滞后、海洋工程装备开发进展缓慢"已经成为我国船舶工业面临的重要问题之一。高技术新型船舶和海洋工程装备及重点配套设备的发展是振兴船舶工业的重要措施。在其他产业,如汽车、石化、钢铁、轻工业等,提高自主创新能力,加快技术改造,都是产业振兴的重要任务和措施。而这些都需要装备制造业所提供的先进技术装备。

---

① 根据国家统计局编:《中国统计年鉴(1994、2008)》(中国统计出版社1994、2008年版)相关数据计算。

其次,装备制造业是电子信息技术等高新技术产业发展的基础。从发达国家的工业化历史进程看,信息化是在工业化之后才实现的。而我国的工业化则是在全球化时代进行的,是在信息技术已经获得了巨大发展的情况下进行的。我国经济的工业化必定是信息化与工业化相互融合的过程。党的十六大为我国产业发展确立了"走新型工业化道路"的目标和方向,要坚持以信息化带动工业化,以工业化促进信息化,走出一条科技含量高、经济效益好、资源消耗低、环境污染少、人力资源优势得到充分发挥的新型工业化道路。装备制造业与电子信息技术等高科技产业是相辅相成的。没有电子信息产业的发展,装备制造业就不可能达到今天的水平;反过来,没有装备制造业的技术装备,电子信息产业的发展就会缺乏物质基础,就会成为无源之水。装备制造业所提供的技术装备是电子信息产业发展的物质基础和载体。"十二五"时期,我国电子信息产业将会继续快速发展,将会对重大高新技术设备提出更高的需求,装备制造业的基础性和战略性作用将得到更为突出的表现。

第三,装备制造业所提供的技术装备为"十二五"时期提高其他行业自主创新能力提供强有力的支持,有助于提高产业竞争力和为维护国家经济安全提供重要保障。改革开放以来,我国充分利用国内国际两个市场、两种资源,积极引进外资,引进外国先进技术和设备,这对国民经济发展产生了积极的作用。然而,随着我国整体技术水平的不断提高,与发达国家之间的技术差距不断缩小,进一步引进技术遇到了前所未有的困难。出于经济、政治等各方面因素的考虑,发达国家纷纷干预技术输出,限制我国引进一些先进、核心的技术,他们只愿意向我国输出商品,而不愿意出口高新技术。在国际产业结构大调整中,跨国公司把一些劳动密集型的产品转移到我国来生产,我国则变成了一个巨大的生产车间,没有研发能力,没有核心技术。发展装备制造业能够为我国技术发展和进步提供物质保障,只有拥有强大、自主的装备制造业,才能真正实现跨越式发展,提高产业竞争力,维护国家经济主权和经济安全。

五、新能源产业的产业深化创新滞后将对我国未来产业竞争力的提高构成严重的威胁

能源是国家发展和安全的物质基础。能源安全不是单纯的能源问题,也不仅仅是一个国内保障供应的问题,而是一个涉及国家安全、国家利益和对外战略等多层面的国家战略问题,也是一个关乎国际能源供求和能源地缘政治的国际战略问题。能源是经济的命脉,是发展国民经济和提高人民生活水平的重要保障。应该看到,新能源产业的发展很可能成为继信息产业之后引领新一轮全球产业结构重大演进的发动机。尽管它在改变社会生产、生活的方式、途径、机制等方面,和信息产业存在较大的区别,但二者之间存在巨大的相似点,即创造一个全新的国际产业分工链条。世界产业结构演进趋势表明,新能源产业的跨越式发展将决定我国未来产业竞争力的态势。

为应对国际金融危机,重新提振美国经济,奥巴马政府推出了美国复兴和再投资计划。该计划非常重要的一个方面,就是把新能源产业作为新一轮经济长期增长内生动力源,实现经济的战略性长期增长规划和短期扩张性经济政策的有机结合。奥巴马已公布的新能源产业发展规划和政策主要有:(1)未来十年投入1500亿美元资助替代能源研究,并为相关公司提供税务优惠,资助风能、太阳能和其他替代能源公司。(2)大幅减少对中东和委内瑞拉石油的依赖,计划到2012年,美国发电量的10%将来自可再生能源等,这个额度在2025年将达到25%。(3)促使政府和私营行业大举投资于混合动力汽车、电动车等新能源技术,减少美国的石油消费量。以7000美元的抵税额度鼓励消费者购买节能型汽车,动用40亿美元的联邦政府资金来支持汽车制造商,力争到2015年实现美国的混合动力汽车销量达到100万辆。(4)支持强制性的"总量管制与排放交易"制度,力争在2050年之前实现二氧化碳减排80%,低于1990年的水平。目前有关初期投资资金已经明朗,根据美众议院2009年1月15日公布的奥巴马团队8250亿美元经济刺激计划的细节方案,政府将向能源项目投入逾500亿美元,其中用于改造老化的美国电网的投资金额为110亿美元,国会也将为可再生能源发电和输电项目提供80亿美元的贷款担保。清洁能源已经成为美国能源的重中之重,美国积极发展风电、水电、核电、太阳能、地热等可再生能源的战略已不可逆转。通过把握住新能源这一新的国际产业分工链条,彻底改造能源结构,美国可能永久处于控制整个世界的高端。可以说,掌握清洁的可再生能源的国家将领导21世纪。

当前扩大内需的政策体系,一个重大缺陷就是,没有将发展新能源产业作为抢占世界战略性新兴产业制高点的主要方面。应该看到,一方面,新能源产业很可能成为世界经济进入新一轮经济长期增长周期的主要动力;另一方面,尽管我国也迈出了发展新能源产业的步伐,但总体而言,我国新能源产业的产业深化创新极端滞后,大量核心技术尚没有实现突破,生产成本高昂。如果不能够适应世界产业结构重大演进趋势,在"十二五"时期跨越式加快新能源产业的产业深化创新步伐,很可能在若干年之后,造成本来在当前全球主要国家的新能源产业发展水平还没有形成过大差距的局面再次恶化,进而导致我国的整体产业竞争力更加弱化、经济长期增长的内生动力更加弱化。

第二章 "十二五"时期提高我国
产业竞争力的理论基石

第一节 传统产业竞争力理论批判

自 20 世纪 80 年代以来,在日趋激烈的国际竞争压力下,提高产业竞争力一方面成为人们关于产业发展的理论研究热点和重点,另一方面也构成了各国致力于在国际产业竞争中实现或保持优势的重要实践行动。尤其地,针对自身和发达国家之间不断扩大的产业竞争力差距,广大发展中国家如何摆脱理论匮乏困境和跳出低产业竞争力陷阱,是其必须着力解决的双重重大历史任务。特别是对于前者,无论是基于发达国家经济实践的传统产业竞争力理论,如比较优势理论、资源禀赋学说、竞争优势理论、全球价值链理论等,还是与发展中国家实践相结合的传统理论具体化,都不能够为后者提供坚实的支撑。

一、传统的产业竞争力理论存在着发展中国家产业竞争力提升的经济伦理悖论

现阶段,在将大量传统产业竞争力理论应用于发展中国家时,可以发现,一个非常突出的特征是,根据传统理论,经济全球化和国际分工背景下发展中国家的产业发展存在着遵循比较优势和要素禀赋的内生要求。例如,发展中国家的劳动力资源丰富,应该大力发展加工组装型产品;相反,发达国家技术与知识密集程度较高,应着力发展产业内的"高、精、尖"等技术密集型产品,因为这类产品需要更多的研发投入和技术存量,而发展中国家恰恰不具备这些条件。这就是说,发展中国家只有按照其比较优势和要素禀赋优势发展本国的各个产业,使其保持在相应的阶段,而并不必然向着高级阶段攀升,唯有如此,才能实现产业利润最大化。

事实表明,传统产业竞争力理论的上述逻辑要求,已经严重损害了发展中国家的根本利益。应当承认,比较优势和要素禀赋的差别在发达国家和发展中国家之间确实存在,并且在一定时期内,据以比较优势和要素禀赋条件能够促进发展中国家经济的快速增长。但是,新增长理论的研究成果以及 20 世纪后期以来的世界经济发展都已经证明,知识和技术的规模报酬递增性已经导致发达国家与发展中国家越来越大的产业和经济发展差距,而且知识和技术积累能力的自增强机制使发展中国家落入追赶发达国家的"陷阱"。造成这种状况的更深层根源在于,基于发达国家经济实践的传统产业竞争力理论蕴涵着发展中国家与发达国家之间非平等性发展的经济伦理,即它们是在国际产业发展中极力强化发达国家利益的中心和主导地位,经济伦理观倾向于发达国家的不平等理论。因此,探索具有符合发展中国家根本利益的经济伦理基础,使发展中国家拥有同发达国家一致的产业发展权利、发展手段以及发展秩序等的产业竞争力理论势在必行。

二、传统产业竞争力理论中,在竞争优势的存在性和多层次性之间有着巨大矛盾

竞争优势理论是近年来各国产业竞争力研究的主要理论基础。一些学者根据该理论对中国的产业竞争力进行了考察,发现与发达国家相比,中国在各产业的加工制造环节确实具有相当的竞争优势,例如,发达国家针对中国的大量反倾销案,从另一个角度反映出中国产品的低成本优势和巨大的国际市场占有率,但是,长期以来发达国家向发展中国家的产业转移过程本身就说明,竞争优势具有多层次性,前者放弃低技术水平和低附加值产业领域或环节的目的在于,它们努力在高技术水平和低附加值产业领域或环节获取竞争优势,以核心技术或高端环节控制全球产业发展态势,而不屑于在低端产业领域或环节和发展中国家展开竞争。如何解决这种竞争优势的存在性和多层次性之间的巨大矛盾,传统产业竞争力理论并没有给出答案。

三、在传统产业竞争力理论的具体应用中,注重国际比较的"外向性",而忽略了在国际先进产业标准下国内生产生活需求高级化引致的提高产业竞争力的"内生性"要求

一般认为,产业竞争力是指各国产业的国际竞争力。然而,大量关于产业竞争力的具体研究表现出明显的"外向性"特征,也就是说,人们经常以某国出口产品在国外市场的相关指标表现作为该国产业竞争力的考察结果,从而使各国产业竞争力的提高成为激烈的国际竞争压力下的"外生性"需求,成为打造经济增长外部动力的需求。这种研究思维的缺陷是,它忽略了进口产品在国内市场上与国内产品竞争中的"内向性"国际比较,而恰恰国际比较的"内向性"反映出,产业竞争力的提高是在国际先进标准下各国国内生产与生活需求高级化的"内生性"要求。由此,如何实现"内生性"要求和"外生性"需求的统一,是产业竞争力理论需要回答的问题。

四、传统竞争力理论存在目标状态的理想化和具体路径的复杂性之间的巨大矛盾

传统竞争力理论认为,通过不同国家和地区各自优势的发挥,使其既有的产业竞争力得到充分释放,即使存在产业竞争力的差异,也能够在市场机制的作用下,最终实现各国产业竞争力的均衡,同时实现经济共同发展的目标。或许,在不设期限的长期内,上述理性化的目标状态能够达到,但问题是,由于期限的不可控,提高产业竞争力的具体路径变得十分复杂,因为制约产业竞争力提高的因素会随着时间的变化而发生改变。例如,在世界范围内科技水平总体处于"量变"阶段,或者说,在不出现重大科技革命的情况下,能够在加工制造环节充分发挥竞争优势的发展中国家,在相当程度上可以通过技术的引进和消化吸收,渐次提高其产业竞争力,然而,作为波特竞争优势理论辅助因素的机遇往往会发生,20世纪90年代的信息技术革命通过启动一次新的重大产业结构调整、提高社会生产效率、产业组织的扁平化等,使这场革命的先发国家的产业竞争力获得远远高于后进国家的大幅度提升,进而在相当长时期内,在高端产业领域或环节,发展中国家产业竞争力超越发达国家的可能性基本趋于零。

第二节　产业深化理论——打造新的
产业竞争力理论基石

为克服传统产业竞争力理论的缺陷,笔者在相关研究的基础上提出,以产业深化理论重构新时期提高我国产业竞争力新的理论基石。

一、产业深化理论的理论基础

(一)问题的提出

现代经济发展实践表明,后进国家特别是发展中国家工业化进程中的产业发展应包括两个方面:第一,产业间结构的动态优化和高级化;第二,产业自身的纵深化发展,即产业深化。前者反映了国民经济中不同性质产业的时空布局,后者反映了同一性质产业在不同时空下的存在状态。然而,现有的理论研究主要集中在前者,后者则没有被明确提出来,即使涉及一些具体内容时,也经常被纳入到前者之中①,例如,人们在研究某一产业内的产品结构不合理问题时,一般将其视为产业结构问题。实际上,这种研究方法是不合理的,它混淆了"产业的结构分析"和"产业结构的分析"之间的区别。"产业结构"指的是产业之间的比例关系,因此,在进行"产业结构分析"时,应限定在产业之间的比例关系分析方面。既包含产业之间比例关系分析,又包含产业内部产品之间比例关系分析的"产业结构分析",实质上是在进行"产业的结构分析"。这就是说,"产业的结构分析"和"产业结构的分析"在内涵上有着很大不同。前者包括两个方面:产业之间的结构分析和产业内部的结构分析。产业之间的结构分析即为产业结构的分析。在技术创新和技术进步条件下,产业内部的结构分析即为产业深化分析。

忽略产业自身发展问题的理论研究,经常导致一些自相矛盾的结论。例如,根据经典理论的标准,发展中国家的很多产业已经达到成熟甚至衰退水平,人们由此而满足于各国产业发展现状。然而,如果在国家之间进行比较,就可以发现,发展中国家这些产业的发展水平和发达国家相比,不可同日而语,形成了所谓的"衰退悖论"②,中国钢铁工业即为一例。可以说,这种理论缺陷已经成为制约发展中国家经济进一步发展的重大瓶颈,其工业化"质量"及经济发展水平和发达国家的差距越来越大。例如,进入20世纪以来,从"我国是否成为世界工厂"的讨论到当前经济运行中的"产能过剩"问题,无不

---

① 李江涛:《"世界工厂"的理论框架应修改》,《经济参考报》2003年9月3日。
② 李江涛:《"衰退悖论"与产业深化》,《中国经济时报》2003年10月23日。

透出中国低水平产业自身发展状况的尴尬境地,凸现出产业自身发展的重要性。

由于占据传统理论主要篇幅的产业结构理论并不能覆盖发展中国家的全部产业发展实践,但同时传统理论的不足和理论创新的匮乏,导致现有的理论研究又不得不依赖于产业结构理论,涉及产业深化发展方面的经济实践,或者被纳入到产业结构理论展开研究,或者另辟蹊径,运用全球价值链理论、竞争优势理论等来解释。

面对上述产业发展理论的不足,提出产业深化理论①,打造适合发展中国家工业化实践的产业发展模式的要求非常迫切。在这里,一个重大理论问题浮现出来,"产业深化"的理论基础是什么? 笔者认为,20 世纪 80 年代以来,新增长理论的内生技术进步模型为产业深化发展提供了理论基石。

(二)垄断竞争条件下,内生技术进步过程中的产品品种增加和产品质量升级

1. 内生技术进步——经济增长和产业发展的根本动力

20 世纪 80 年代,以《收益递增与长期增长》(罗默,1986)和《论经济发展的机制》(卢卡斯,1988)两文的发表为标志,新增长理论诞生了。新增长理论认为,技术进步具有内生性,它构成了经济增长的根本动力。尤其地,对发展中国家经济增长而言,内生技术进步具有十分重要的意义。在新增长理论中,内生技术具有收益递增的效应,同时内生技术进步的表现形式是多种多样的。从全经济范围内,内生技术进步表现为边干边学、知识积累、人力资本积累、产品品种增加、产品质量升级和技术模仿等,然而,经济总体是由众多产业组成的,在各个产业内部同样存在着内生技术进步,或者说,内生技术进步构成了产业自身发展的根本性动力,这尤其地表现在产品品种增加和产品质量升级两类技术进步上,特别是在工业化过程中,各个产业的进步时刻伴随着该产业内产品品种的不断增加和产品质量的不断提高。

2. 垄断竞争条件下,内生技术进步过程中的产品品种增加和产品质量升级

在亚当·斯密的思想中,体现为分工的技术进步是经济增长的源泉,而

① 李江涛:《双重标准工业化阶段理论批判》,《财经研究》2004 年第 1 期。

且,"劳动分工取决于市场范围",但斯密的"分工"是指职业分离,它等同于工人用于生产同一种产品的专业化程度的加深。艾林·扬(1928)指出,这只是分工的形式之一,还有其他形式分工的存在,其中最为重要的是生产迂回程度的增强,也就是说,在初始投入和最终产品之间插入了越来越多的中间产品,生产链条越来越长。根据艾林·扬的观点,以罗默为代表的新增长主流理论认为,产品品种增加形式的分工和技术进步是直接同一的。其中,产品品种增加包括了中间产品品种增加和消费品品种增加。

中间产品品种增加型技术进步主要体现在罗默的知识驱动模型中(1990)。模型假定,经济中存在三个部门:研究与开发部门、中间产品生产部门、最终产品生产部门。在垄断竞争市场中,由于知识和技术具有非竞争性和部分排他性特征,所以,厂商有从事技术研究与开发,从而获取垄断利润的内在动力,为此,厂商进行有意识地投资。研发部门生产的知识与技术,一方面,用于中间产品的生产,从而扩大了中间产品的数量和种类,进而提高了最终产品部门的产出率;另一方面,知识与技术增加了总知识存量,并通过溢出效应提高了研究部门的生产率,降低了研究部门的生产成本。可见,这两个方面均表现出收益递增,由此经济实现长期增长。在这里,罗默描述的是一种源于产业研究的外溢效应,是对单一部门具有技术变化的新古典增长模式地扩展。

消费品品种增加型技术进步主要体现在格罗斯曼—赫尔普曼模型(1991)和阿尔文·扬模型中(1993)。格罗斯曼—赫尔普曼模型假定经济中存在两个部门:研究部门和消费品生产部门。研究部门研究新型消费品的设计,消费品生产部门向研究部门购买新型消费品的设计,并将之投入实际生产过程。消费品品种的增加产生两种外部效应:一是新型设计的增加,使得知识得以积累,从而降低了研究部门的研究成本,提高了研究部门的新型设计生产率;二是尽管单个消费品生产厂商并不因消费品品种的增加而实现规模收益递增,但是消费品品种的增加使得消费品总指数增加,代表性消费者的瞬间效用,从而消费者的满足程度得到提高。由此,经济实现内生增长。

技术进步不仅表现为产品品种增加,产品质量的提高也是技术进步的表现之一。产品质量升级型内生技术进步模型中,在垄断竞争条件下,产品质量升级是厂商进行研究与开发的结果;同时,技术创新是一个"创造性破坏"过程,技术创新者趋向于让其先驱者的垄断租金逐渐消失,获得技术创新带来的垄断租金,为此,它们通过技术研发,用较高质量的产品淘汰较低质量产品。产品质量的提高意味着比上一代产品更多更好的服务,经济由此实现内生增长。需要指出的是,在格罗斯曼和赫尔普曼模型中,经济可以实现平稳增长;但在阿格亨—豪伊特模型中,研究与开发是否能够成功是不确定的,所以,在创新推动经济内生增长的同时,创新的不确定性可能导致经济的周期性波动。

(三)产业深化的理论机理

从产品品种增加和产品质量升级角度研究内生技术进步,开始于20世纪90年代。由于这类新增长理论模型抛弃了完全竞争假设,强调垄断竞争假设,因此,它们更加符合经济世界的现实状况。新增长理论的研究方法是动态一般均衡分析,研究对象是国民经济总体,然而,产品品种的增加和产品质量的升级既可以表现在全经济范围内,也是各个产业内部产出内生增长的重要表现形式,换句话说,各个产业通过产品品种增加和产品质量升级两种形式的内生技术进步不断实现产出增长。在这个意义上,90年代以来,新增长理论的新发展为研究产业深化的理论机理提供了借鉴。

1. 基本假设

假设一,垄断竞争市场。现代市场经济是各个产业经历了充分竞争的综合体,市场上存在一定的垄断力量,这有利于有效竞争的展开。因此,假定产业内市场为垄断竞争市场。

假设二,较为完善的专利保护制度。一般地,企业为追求利润最大化而不断进行研究与开发,但无论是规模较大的企业,还是规模较小的企业,要使它们不断进行产业技术创新,则必须存在保护其能够占有技术研发带来的利润的专利保护制度。

假设三,产业技术进步的表现形式同时包括两个方面:产品品种不断增加和产品质量不断提高。其中,这里的"产品"指在市场进行出售的各类产品,它既包括高端核心产品,也包括低端非核心产品;既包括中间产品,也包括最终产品或消费品。

2. 产业深化的理论机理

生产或经济增长的根本目的,是创造出更多的能够满足经济发展和人们需要的产品。经济增长的载体是各个具体产业的产出增长,具体产业产出增长的首要表现是产业产值的不断提高,产业产值提高的途径是各个产业不断地创造出更多种类、质量更好的产品。由于更多种类和更好质量要通过技术进步来实现,因而,市场交换中实现了的物化在新型产品中的附加值得以提高,产业产值必然增加。可见,产业产出增长从而经济增长最终要归结为产业内部产品品种增加和产品质量升级的演进过程。在一个新兴产业出现之时,该产业往往只能生产一些具有简单技术的产品,或者仅仅是对原材料进行简单加工,产品品种较为单一,而且质量较差。随着产业自身技术的创新,产品品种必然逐步扩大,产品质量也不断提高。所以,各个产业产品品种增加和产品质量升级过程,本质上反映了产业内部供给的纵向发展过程。

第一,产业深化过程中内生技术进步的动力

无论是实践还是理论都已经证明,作为经济增长的源泉——内生技术进步,也是产业自身发展的主导因素。然而,产业自身发展过程中,内生技术进步的动力在初始阶段可能只是生产经验的积累或者劳动分工越来越专业化。随着市场的扩大和现代企业的发展,专门的研究与开发开始进入产业自身发展过程,而且,表现在宏观面上,研究与开发费用在国内生产总值中的比重越来越大。当更多的新产品品种和更高质量的产品越来越依赖于这些专门的研发活动的时候,研究与开发成为产业内生技术进步的主要动力。

第二,产业的"创造性毁灭"机制使产业自身发展过程呈现出阶段性

熊彼特认为,创新是一个"创造性的毁灭过程"。在产业的自身发展过程中,同样存在着"创造性毁灭"机制。一般而言,资源的稀缺性决定了一国用于某一产业的生产要素是有限的。投入到某一产业的有限生产要素不可能分布到所有不同等级技术发展水平的产品品种和产品质量的生产上去,必须有所取舍。产业技术的发展具有累积性,当技术的总存量累积到一定程度,产业技术开始发生质变,从而导致产品品种和产品质量发生质的飞跃,由于发生质变的产品品种和产品质量具有较高的市场交换附加价值,有限的资源不再投入到技术水平较低的产品品种和较低质量产品的生产,也就是说,在某一产业市场上,产业技术创新的结果是新产品将旧产品淘汰出生产市场。当技术先进产品品种和较高质量的产品生产在整个产业的生产中达到一定规模时,该产业的发展便进入一个新阶段,连续若干阶段使得产业发展过程呈现出阶段性特征。

第三,专利制度的完善和人力资本的高质量要求,提高了创新技术的排他

性程度,使得一国资源集中于特定产业发展阶段成为可能

生产厂商进行产业技术创新的目的在于获得由此带来的垄断利润。在完全竞争的市场中,技术具有非竞争性和非排他性特征,厂商的技术创新成果极易被其他厂商模仿、复制,并由此不能获取预期的超额利润,这就使进行技术创新的厂商失去了创新的激励。缺乏技术创新的产业丧失了产出增长的源泉。所以,发明专利制度,使创新技术具有一定排他性是非常必要的。现代经济中,各产业市场一般表现为垄断竞争市场,除规模经济等因素引致的垄断外,专利制度从无到有、逐步得到完善,也从技术角度强化了竞争中的垄断,也就是说,它在相当程度上提高了创新技术的排他性程度,允许创新厂商在一定时期内拥有技术垄断权,占有超额利润,激发了厂商技术创新的原动力。正是由于专利制度的完善,使一国资源能够集中分配到一定的产业发展阶段,并通过对该阶段产业技术的垄断权,提高对产业的长久控制力,以在最大期限内获得最大的产业利润。

第四,垄断竞争条件下,产业内不断的"创造性毁灭"形成了产业深化过程

一个产业内的厂商以生产经验的积累、专业化分工劳动或者专门的研究与开发为动力,在专利制度的保护下,为追求利润最大化,则必须不断开发新产品品种和提高产品质量,"创造性的毁灭"旧产品品种和低质量的产品。在较长时期内,当产业不断从一个"创造性的毁灭"阶段走向另一个"创造性的毁灭"阶段时,产业自身的纵深化发展则表现为产业深化,若干连续的"创造性的毁灭"阶段形成了产业深化过程。

二、产业深化的基本内涵和表现形式

产业的内生技术进步是产业自身发展的主导因素。要实现内生技术进步,则必须不断进行产业技术创新。根据创新的强度和结果,产业技术创新包括两个方面:根本性创新和渐进性创新。前者是指建立在基础性研究基础之上,由新的科学原理的突破性进展而带来的技术创新,其结果往往是新兴产业的出现。例如,电磁效应的发现催生了电子技术,从而推动了电子工业的崛起。后者是指以现有知识存量和经验积累为基础,不断对现有技术进行改造或者把现有若干技术进行综合而导致的技术创新,创新的结果可能导致产业

内部产品品种的增加、产品质量的提高、劳动生产率的提高等等。如钢铁工业中,转炉技术对于平炉技术的替代使得钢铁产品的质量大大提高。

显然,在渐进性技术创新作用下,产业自身将沿着纵深化方向发展:从只能生产初级产品或加工原材料,到能够生产高技术产品;从只能生产较为粗糙的、低质量产品,到能够生产高质量产品等等。产业自身的纵深化方向发展实质上是一个产业深化过程,这是任何一个国家的各个产业发展所努力追求的,也应成为衡量产业发展质量的基本依据。

(一)"产业"的界定

1. 传统产业理论对"产业"的界定

"产业"概念是居于微观经济的细胞(企业和家计)与宏观经济的单位(国民经济)之间的一个"集合概念"①。产业经济学是一门需要对现实经济生活中诸多问题进行回答和解决的应用经济学。所以,所要解决的现实问题不同即研究对象不同,"产业"概念的界定也就有所差异。产业组织理论研究对象是同一商品市场中的企业关系结构,因此,它认为"产业"是指生产同一类产品(或者提供同一类服务)的生产者(厂商)的集合②。所谓"同一类产品(或服务)",是指具有可替代性的产品(或服务)。而产业联系理论和产业结构理论的研究对象是国民经济中由不同类经济活动组成的一定的产品集合部门之间的关系结构,也就是说,它们将"产业"界定为同类"产品"的集合体。具体地说,产业联系理论研究的是由同类"产品"组成的各个部门之间的投入产出等经济关系结构,所以,它将"产业"立足于"生产技术和工艺的相似性"。产业结构理论的研究对象是经济发展过程中,资源在国民经济各部门之间的分配。所以,它常常根据需要,对国民经济的经济活动进行粗细不同标准的归类,形成不同的产业分类方法,如三次产业分类法、标准产业分类法、生产结构产业分类法、工业结构产业分类法等。

2. "产业深化"中关于"产业"的界定

"产业深化"思想是在发展中国家工业化过程中,基于主流理论关于产业发展内涵界定中的片面化特征而提出的,它主要考察发展中国家工业化进程

---

① 杨治:《产业经济学导论》,中国人民大学出版社 1985 年版,第 16 页。
② 金碚:《产业组织经济学》,经济管理出版社 1999 年版,第 2 页。

中,产业发展的另一方面核心内容——产业自身发展问题,换句话说,"产业深化"是和"产业结构演进"一个问题的两个方面。在这个意义上,"产业深化"与"产业结构理论"关于"产业"的界定是同一的,即"产业"是同类"产品"的集合体,因此,"产业结构理论"中所有的产业分类方法在"产业深化理论"中同样适用。

(二)产业深化的基本内涵和表现形式

产业的产生和发展、消亡最终是由需求决定的,只要需求存在,则产业就必然存在。从世界产业种类构成的现状看,产业革命以来所形成的各类产业,绝大部分还没有消亡,尽管很多产业在国别之间已经发生了或者正在发生着空间转移,但诸多传统产业在发达国家依然存在。不仅如此,由于人们的需求不断多样化和高级化,各类产业已经摆脱了最初的初级存在状态,它们所能够提供的产品日益丰富多彩。这充分表明,需求存在的长期性决定了现有产业存在的长期性,需求的日益升级决定了现有产业必然不断向着纵深化方向发展。同时,国家的存在决定了不同利益共同体的存在,并保持着人们需求和消费的相对独立性,从而各个国家或地区的产业均有实现产业自身在一定程度上的纵深化发展的必要性。

当然,需求只是产业产生与发展的刺激和诱因,并不能直接导致产业的产生和发展。产业的产生和发展要由技术创新和技术进步来更为直接的决定。技术创新和技术进步主要造成了产业供给能力和水平的提高,由此成为产业产出增长的最主要决定因素,对此,新增长理论进行了理论揭示。所以,研究产业自身的纵深化发展的角度是产业供给及其效率。

1. "产业深化"概念提出的国际分工客观背景

现实世界中,资源的稀缺性、各个国家工业化进程的不同历史起点、各国之间不同的区位优势和技术优势等多种因素,导致产业发展过程中国际分工已经形成的客观现状。就国际分工本身来讲,它包括水平分工和垂直分工两方面内容。前者主要分布于具有相同经济发展境况的国家之间,即发展中国家内部国家之间和发达国家内部国家之间;而在发展中国家与发达国家之间,后者占据了国际分工总量的绝对份额。发展中国家工业化过程中的产业发展问题主要涉及垂直国际分工的客观内容,为此,本文的国际分工主要是指垂直分工。

产业发展过程中的国际分工包括两个方面:一是产业之间的国际分工,即传统产业与劳动密集型产业的生产在发展中国家的集中化,以及资本密集型和技术密集型产业的生产在发达国家的集中化;二是各个产业内部的国际分工,即产业内部低端生产向着发展中国家的不断转移,而高端生产越来越被发达国家所垄断。产业之间的国际分工形成了各个国家不同的产业结构;各个产业内部的国际分工则构成了产业自身纵深化发展的客观背景,也就是说,"产业深化"概念的提出以承认产业内国际分工事实为前提。

2. 产业深化的基本内涵和表现形式

产业深化是指国际分工客观存在背景下,一国产业总体状态上或者某一产业内部的加工和再加工程度逐步纵深化发展,实现高加工度化与技术集约化的趋势。产业深化发展的表现形式至少包括:

第一,产品品种的增加

新增长理论表明,产品品种的增加是经济增长的重要源泉。事实上,对于单个产业而言,产品品种,特别是高附加值、高技术水平产品品种的增加,在最终内化为经济增长源泉之前,首先成为产业高加工度化与技术集约化的重要表现,成为产业深化发展的重要表现形式。

第二,产品质量的提高

在新增长理论中,作为技术进步的重要表现形式之一——产品质量的提高,也构成经济增长的重要源泉。产品质量升级是厂商进行研究与开发的结果。通过技术研发,用较高质量的产品淘汰较低质量产品。产品质量的提高意味着比上一代产品更多更好的服务,产品所从属的产业获得了技术集约化发展,进而促进经济的内生增长。

第三,产品工艺的改进

现代经济体系中,产品生产工艺的改进、重组,或者先进生产技术的引进,能够大大改善某一产业内的投入产出效率,从而促进该产业再加工程度的纵深化发展。

第四,生产价值链环节的提升

产业内,特别是产品内分工,是当代国际分工的大趋势,跨国公司的中间品贸易不断增加,跨越多个国家或地区的垂直贸易链不断延长,每个国家或地区往往只在商品生产的特定阶段或工序进行专业化生产,从而形成了"研发—设计—生产—加工组装—营销—……"的生产价值链体系。处于高端环节的研发,内含的知识和技术含量最高,从而附加值和市场利润率最高;而处于低端环节的加工组装,主要体现为劳动密集型,附加值和市场利润率最低。更为重要的是,高端环节的掌控者能够凭借其知识和技术的垄断,控制整个全球价值链所有环节,使较之低端环节的国家和地区长期处于依附地位,严重削弱着这些国家和地区的产业竞争力乃至国家竞争力。如何改变这种分工状态,实现生产价值链环节的提升,成为后进国家产业深化发展的重要追求目标。

三、产业深化理论的提出对提高我国产业竞争力的重大意义

(一)产业深化理论的提出,使发展中国家和发达国家在理论上实现产业发展伦理的平等,为解决传统产业竞争力理论中竞争优势的存在性和多层次性之间的矛盾提供了理论基础

产业深化理论认为,发展中国家在产业发展权利、发展手段以及发展秩序等方面,应当拥有与发达国家一致的、平等性发展的国际经济伦理,它有助于根除发达国家关于在国际经济活动与秩序中的以"自我利益"为中心和主导地位的理论。当然,这并不否认现有的国际分工事实,而是在承认已经存在的国际分工事实基础之上,探索有利于发展中国家长期利益的产业发展理论。从而,尽管发展中国家有其自身的产业竞争优势,但提升竞争优势层次是其自身产业发展的应有之义,是发展中国家应当完成的重大历史使命。

(二)产业深化理论的提出,实现了提高我国产业竞争力的"外生性"需求和"内生性"要求的统一

随着我国工业化进程的推进和经济发展阶段的跨越式发展,社会生产和人民生活对产品需求的品种、质量、档次等等都有了巨大的飞跃,然而,大量高技术、高附加值产品的内生需求在国内市场得不到满足而不得不过度依赖于国外进口;同时,出口产品的技术与附加值含量过低,导致产品对国内资源、能源、环境、劳动力等耗费过度,而经济社会效益极其低下。传统理论不能够满足提升产业竞争力过程中"内生性"需求和"外生性"需求内在统一的要求,是造成产业竞争力低下的重要原因。对此,产业深化理论的提出,将克服传统理论的这一缺陷,为我国产业竞争力的提升奠定二者相统一的理论基石。

第三节 产业深化创新指数体系基本构成

在对一国产业深化发展进行理论和定性研究的基础上,对其进行量化研究很有必要。量化研究产业深化的最重要方面在于测量不同时期的产业深化创新"度",这就需要借助一定的评价指标和评价方法。

一、选择产业深化定量分析指标的原则

产业深化定量分析指标的选择应遵循如下原则:

1. 合理性。真实、合理地反映出各个产业的纵深化发展状况是评价指标的基本要求,同时,指标要符合经济理论和数学理论的基本原理。

2. 层次性。评价指标应能够从不同层次体现出各个产业的纵深化发展状况,这是因为产业深化发展过程本身往往具有层次性。

3. 系统性。从某种意义上,各个产业的纵深化发展过程构成了一个动态发展系统,不同时期的产业深化总体状况也构成一个比较静态系统。因此,评价指标应能够组成体系,系统、全面地反映出产业纵深化发展状况。

4. 可比性。进行产业深化研究的重要目的在于,通过特定产业在不同国家之间的发展水平比较,发现该产业中后进国家滞后和先进国家领先的根源,并为前者提供促进产业发展的有益借鉴。为此,评价指标应能够用于国别比较。当然,也应当兼顾到某一国家不同时期之间的比较。

二、产业深化创新指数体系基本构成

本质上,产业深化过程是一个动态过程,但是产业深化程度要通过其静态表现来测量。产业深化的四种表现形式为基本指标的确定奠定了比较静态基础。市场经济中,产业深化程度最终要通过市场交换内容来表现。通过市场交换,使得产业深化创新呈现出阶段性。在不同阶段,各个指标的表现存在着较大差异。

(一)产业深化创新指数体系基本构成

1. 反映产品品种增加的指标

(1)高技术含量与附加值产品贸易指数

经济全球化使得各个国家之间的经济依赖度越来越大,国际贸易规模日益增长。由国内外市场需求决定的产品进出口,反映了国内产业对于该类产品的生产能力,从而体现出产业深化创新程度。高技术含量与附加值产品贸易指数可分为进口指数和出口指数。进口指数是指在产业总进口中,高技术含量与附加值产品所占的比重。出口指数是指在产业总出口中,高技术含量与附加值产品所占的比重。

设 E_j 为 j 产业一定时期总进口,T_e 为 j 产业一定时期内高技术含量与附加值产品的进口规模,则进口指数:

$$e_j = T_e / E_j$$

I_j 为 j 产业一定时期总出口,T_i 为 j 产业一定时期内高技术含量与附加值产品的出口规模,则出口指数:

$$i_j = T_i / E_j$$

(2)产品结构指数

产业技术水平的差异决定了一国产业必然存在着某种产品结构,其中,何种技术含量和附加值产品占主导地位反映出产业的纵深化发展状况。

设 C_j 为 j 产业一定时期生产的高技术含量和附加值产品规模,Y_j 为该时期 j 产业总产值;则该时期 j 产业产品结构指数 c_j 为:

$$c_j = C_j / Y_j$$

2. 反映产品质量提高的指标

(1)进出口商品价格指数

产品质量的不同,所形成的国际贸易中的商品价格也就不同。一般地,同一产业内的高质量产品的进出口价格必然大于较低质量产品的进出口价格。因此,在一定程度上,进出口商品价格指数能够反映出产品质量程度。设 P_{ej} 为 j 产业一定时期出口商品平均价格,P_{ij} 为 j 产业一定时期进口商品平均价格,则进出口商品价格指数 p_j 为:

$$p_j = P_{ej} / P_{ij}$$

当 $p_j > 1$ 时,则表明国内 j 产业生产主要集中在高质量产品领域;当 $p_j < 1$ 时,则表明国内 j 产业生产主要集中在较低质量产品领域。

3. 反映工艺水平提高的指标

(1)产业技术的国际先进程度系数

由于产业深化创新的主要决定因素是产业技术的发展,产业技术的国际先进程度系数在一定程度上能够反映出一国产业的工艺水平。

产业技术的国际先进程度系数是指,一定时期内一国的产业技术水平在国际产业技术水平序列中的位置。它可用达到国际先进水平的产业生产设备占整个产业生产设备的比重来表示。

设 M_{vj} 为 j 产业一定时期内达到国际先进水平的产业生产设备价值额,M_j 为整个 j 产业生产设备价值额,则产业技术的国际先进程度系数 m_j 为:

$$m_j = M_{vj}/M_j$$

4. 反映生产价值链环节提升的指标

(1)产业增加值率

当一国产业处于较高生产价值链环节时,该产业的增加值率往往较高,这必将表现出产业深化创新程度较高。

设 P_j 为一定时期内 j 产业增加值,Y_j 为该时期 j 产业总产值;则该时期 j 产业增加值率 p_j 为;

$$p_j = P_j/Y_j$$

(2)产业利润率

与产业增加值率不同,产业利润率反映了市场上最终实现的产业深化创新程度。一般地,无论一国产业居于生产价值链的哪个环节,均需经过市场的最终检验,而且,只有经过了市场检验的产业深化才能够真正反映该产业的纵深化发展状况。

设 B_j 为一定时期内 j 产业利润,X_j 为该时期 j 产业销售总收入;则该时期 j 产业增加值率 b_j 为;

$$b_j = B_j/X_j$$

(3)自主品牌产品市场占有率

自主品牌产品在某产业内的国内市场上的占有率在相当程度上反映了该产业在激烈国际竞争中提升生产价值链的产业深化创新程度。

设 Z_j 为一定时期内 j 产业自主品牌产品产量,N_j 为该时期 j 产业的总产量;则该时期 j 产业的自主品牌产品市场占有率 z_j 为:

$$z_j = Z_j/N_j$$

5. 其他综合性指标

（1）研究与开发投入率

经济发展经验表明，R&D 投入是促进产业技术发展，从而促进产业发展的重要推动力量。研究与开发投入的水平在相当程度上决定了产业深化创新程度。不同国家由于 R&D 投入水平的差异，导致了一般技术水平的巨大差别，使得它们在产业链条的位置出现了明显的不同。可见，各个产业的研究与开发投入率必然成为衡量产业深化创新程度的重要指标。

设 $R\&D_j$ 为一定时期内 j 产业研究与开发投入经费，GDP_j 为该时期 j 产业国内生产总值；则该时期 j 产业研究与开发投入率 $r\&d_j$ 为：

$$r\&d_j = R\&D_j / GDP_j$$

（2）专利指数

产业的专利指数是衡量产业深化创新程度的又一指标，它可用一定时期内的专利数量累计规模和频度表示。在专利制度较为完备的市场经济中，创新技术一般都能形成技术专利，由此，专利指数在一定程度上反映了该产业技术创新的水平，并最终反映产业深化创新程度。

（3）产业发展的科技贡献率

科技进步对某一产业的贡献率是反映该产业发展质量的重要指标，也是激烈国际竞争中衡量产业深化创新程度的重要体现。

（二）选择产业深化定量分析指标应当强调的问题

在选择产业深化定量分析指标时，需强调两个问题，一是不应使用人均指标，这是因为各国历史与国情不同，人口总量存在较大差异，而产业本身的发展主要取决于产业技术的发展，它同人口总量并无直接联系。当然，从产业从业人员的角度计算劳动生产率对于测度产业深化有一定参考意义，但这只能作为辅助性指标。二是在目前的统计体系中，缺乏有关产业深化发展方面的专门统计数据，因而，产业深化定量分析指标的选择只能依据现有统计资料来进行，定量分析结果可能存在一定的误差。笔者建议展开产业深化统计方法研究，并在现有统计体系中增设产业深化统计栏目。

三、产业深化发展程度的比较方法

提出定量分析指标的重要目的是能够运用指标考察不同时期不同国家的产业深化创新程度。严格来讲，尽管以上指标相互之间具有一定的联系，但它们仍然有着较大的差异,是从不同角度分别对于产业深化创新所作的某种测度。同时,产业深化创新本身的动态性和复杂性也要求应该从多方面对其进行考察。然而,不同时期不同国家产业深化创新程度的最终测度结果应该唯一,这就需要对于以上评价指标进行合成,以形成较为完善的产业深化创新程度比较方法。

(一)三维图形法

如果对产业深化的四类指标进行重新归类,那么又大致可归为三个体系:产业深化创新的技术指标——产业技术的国际先进程度系数、进出口商品价格指数;产业深化创新的产出指标——产业增加值率、产业利润率、品牌指数、高技术含量与附加值产品贸易指数、产品结构指数;产业深化创新动力指标——研究与开发投入率、专利指数或产业发展的科技贡献率。将三类指标绘制成三维坐标图(见图2-1)。

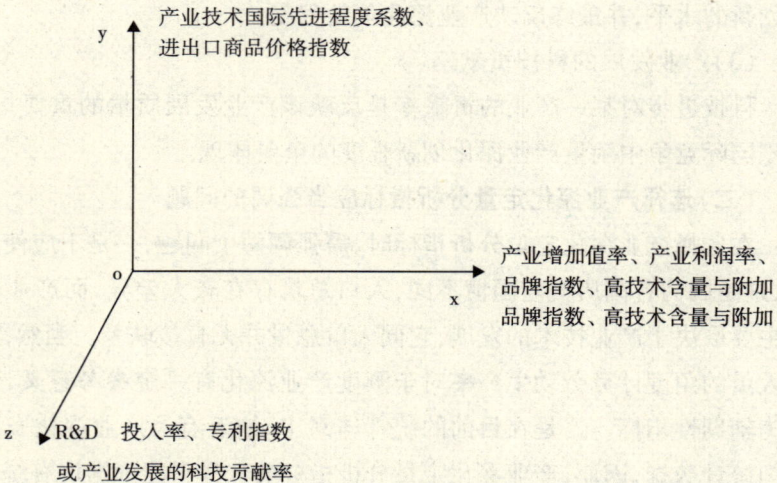

图2-1 三维图形法

图中:x轴——产业增加值、产业利润率、品牌指数、高技术含量与附加值产品贸易指数、产品结构指数
y轴——产业技术国际先进程度系数、进出口商品价格指数
z轴——研发投入率、专利指数或产业发展的科技贡献率

在测度产业深化程度时,可以按照产业的每一指标值在三维坐标图中分别找出对应坐标点,然后在三维空间中求出三者的交点,通过三者交点的相对

位置比较,可以区别出一定时期不同国家的产业深化发展程度。三维图形法的优点在于较为直观、形象。

（二）AHP 法

AHP 法（Analytic hierarchy process）,即层次分析法,是 20 世纪 70 年代由美国运筹学家萨蒂教授提出的,将与决策总是有关的元素分解成目标、准则、方案等层次,在此基础之上进行定性和定量相结合的多目标决策分析方法。方法的核心是能够将决策者的经验判断给予量化,从而为决策者提供定量形式的决策依据,它在目标结构复杂且缺乏必要数据的情况下更为实用。AHP法的基本原理与应用机制:首先,将欲解决的问题层次化,即根据问题的性质以及要达到的目标,将问题分解为不同的组成因素,根据因素之间的相互关联影响和隶属关系,将因素按不同层次聚集组合,构成一个多层次的递阶分析结构模型（见图 2-2）。

图中,最高层:为目标层,表示所要解决的问题即产业深化创新程度序列。

中间层:包括准则层和指标层,表示计量产业深化创新程度所涉及的方面及所需指标。

最低层:方案层,表示要进行排序的国家或地区序列。

在这里,需要每一层次相对上一层次某一因素的排序。排序过程中,为使比较判定定量化,层次分析法引入 1—9 标度方法,写成矩阵形式,构成判断矩阵。通过判定矩阵计算权重、层次单排序及其一致性检验、层次总排序及其一致性检验,可最终得出产业深化发展程度序列值,从而比较出各个国家的产业深化发展程度。

层次分析法的优点是将思维过程数学化,并能够保持思维过程的一致性。

（三）模糊评判方法

由于产业深化创新程度的比较需要综合考虑多种因素、各因素影响的大小和轻重,同时,现有统计指标数据如产业技术的国际先进程度系数等有不同程度的模糊性,最后得出的创新程度序列也带有模糊性,因此,可采用模糊综合评价法比较不同国家或地区的产业深化创新程度。模糊综合评价法的应用机制:（1）建立因素集。即把影响产业深化创新程度的各个因素组成一个普通集合。用 U 表示:$U=\{u_1,u_2,\cdots,u_m\}$,$u_i(i=1,2,\cdots,m)$代表各影响因素。（2）建立评价集。即把评价者对评价对象所做出的各种评价结果组成集合。

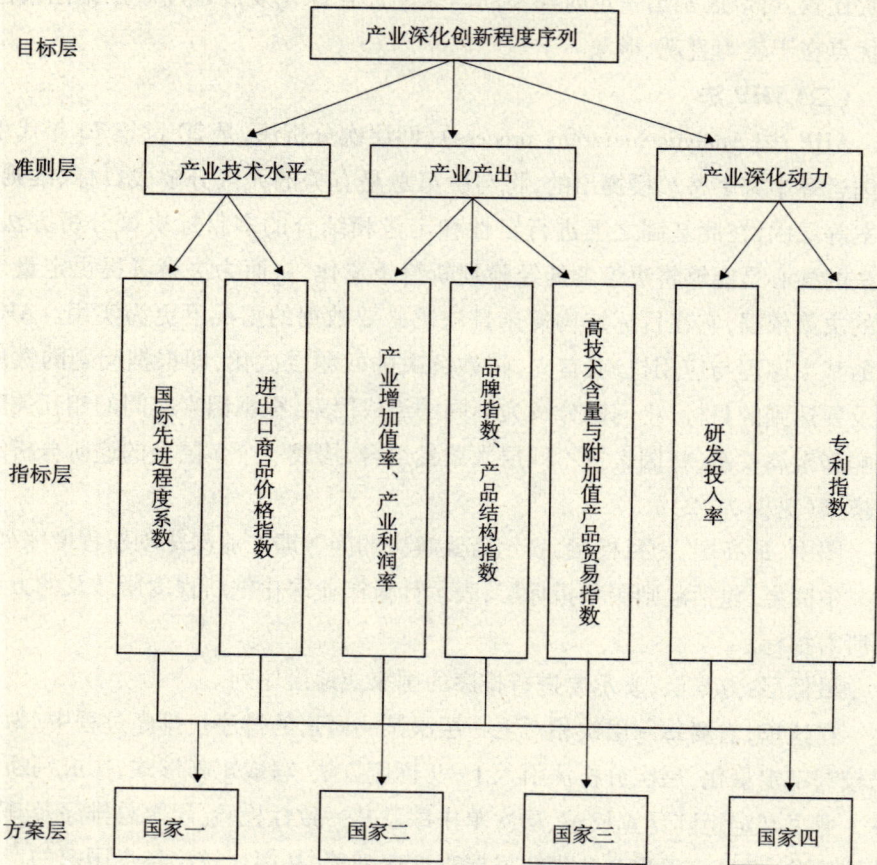

图 2－2　产业深化创新程度比较层次分析结构图

用 V 表示:$V = \{v_1, v_2, \cdots, v_n\}$。在此,可将集合的元素 $v_j (j = 1, 2, \cdots, n)$ 化为数量性元素。(3)建立权重集。即对每个国家或地区关于影响产业深化创新程度的每个因素按其重要性赋予一个相应的"权数"$a_i (i = 1, 2, \cdots, m)$,并组成集合,用 A_x 表示:$A_x = \{a_1, a_2, \cdots, a_m\}$。$a_i$ 满足归一性和非负性条件。多个国家的权重集构成权重矩阵 A。(4)建立评价矩阵。针对因素集中每一个因素,对评价对象进行评价,可得出单因素评价集,用 R_i 表示:$R_i (r_1, r_2, \cdots, r_n)$。将各个单因素评价集构成评价矩阵 R。(5)综合评价。将权重矩阵 A 与单因素评价矩阵 R 合成为模糊综合评价矩阵 B,B ＝ AR。(6)最后按加权平均法对 B

和 V 进行计算,得出不同国家的产业深化创新程度 K_x。

本书在此提出了三种比较方法,但应说明的是,有关产业深化创新程度比较的定量分析方法并不止于以上三种。随着产业深化理论研究和实证研究的深入开展,必将引入越来越多更为科学严密的分析模型和工具。

第三章 "十二五"时期提高我国
产业竞争力的目标

"十二五"时期,我国进入了产业结构优化升级和产业深化创新并重的关键时期,进入了以产业深化创新推动我国产业竞争力跨越式提升的关键时期。在这一时期,提高我国产业竞争力目标设定的恰当与否至关重要,因为这一方面关系到如何避免目标过高造成我国产业竞争力提升进程的断裂,另一方面,关系到如何避免目标过低造成我国和发达国家之间产业竞争力鸿沟的进一步扩大。

第一节 产业分类和提高我国产业竞争力

纵观世界产业发展史,在一个国家或地区的不同发展时期,同一产业对经济社会发展具有不同的作用和意义。例如,纺织工业是轻工业化时期的主导性产业,但在重化工业化时期,其对经济增长的贡献率往往要低于钢铁工业。同样,在一定时期,不同产业的竞争力提升对一国和地区经济发展贡献率或总体竞争力提高具有不同的作用和意义。据此,"十二五"时期,提高我国产业竞争力研究的一个重要前提是,根据该时期不同产业竞争力的提高对提升经济发展贡献率或国家总体竞争力的差异性作用,对国民经济各产业进行分类。例如,轻工业在"十二五"乃至更长未来时期,对我国国家总体竞争力的作用要远远低于装备制造工业,但它们对解决长期困扰我国经济社会发展的重大问题——就业,具有极端重要的意义。尤其地,在上述差异性作用的影响下,不同类别产业的竞争力提升的机理和方法有着较大的区别。笔者认为,可根据前述差异性作用,将国民经济各产业分为以下类别。

1. 战略性产业

战略性产业是指能够在未来成为主导产业或支柱产业的新兴产业,其在国民经济规划中要先行发展以对其他产业产生强烈的带动作用,并引导其他产业向某一战略方向发展。根据战略性产业的内涵,结合未来世界产业结构演进潮流,以及我国仍将长期处于重化工业化时期的重大判断,笔者认为,"十二五"时期,钢铁业、汽车业、电子信息制造业、船舶工业、石油化工产业、新能源产业等将构成我国战略性产业集合的重要组成部分。

2. 基础性产业

基础性产业是指在一国经济社会发展中具有根础性作用,为社会生产和人民生活提供基础产品和服务的产业。基础性产业是一个社会赖以生存和发展的基本条件,是一个国家综合实力和现代化程度的重要标志。包括农林牧渔、物流、通讯、水利、城市公共服务业等。尤其需要指出,在重化工业化时期,装备制造业将为国民经济各产业的发展提供最基础的生产资料,所以,"十二五"时期,装备制造业是极端重要的基础性产业。

3. 民生性产业

民生性产业是指在一国经济社会发展进程中,主要为保障或满足人的生存权需求和发展权需求而提供产品或服务的产业。如前所述,现阶段,尽管民生性产业可能对我国在激烈国际竞争中国家总体竞争力的重大意义要低于重化工业,也可能对我国在工业化中后期经济发展的贡献率要低于第三产业,但面对中国庞大的人口规模,它提供着保障民生的最基本的产业基础。在已经被列入调整和振兴规划的十大产业中,轻工业、纺织工业属于民生性产业。目前,纺织工业全行业吸纳就业人数超过 2000 万人,其中 80% 为农民工;轻工业全行业吸纳就业 3500 万人,其 70% 的行业、50% 的产值涉及农副产品加工,使 2 亿多农民直接受益。

4. 资源性产业

资源性产业是指基于自然界物质资源,主要为国民经济发展提供各类资源保障的产业。长期以来,我国资源性产业发展极其低端化,在资源全球化配置和产品价格与国际市场完全接轨的背景下,企业技术开发能力弱,工艺装备落后,大量产品处于中低档水平,中高档产品需要大规模进口,应对市场变化的能力弱,污染重,能耗高;同时,资源条件禀赋低,资源回收利用率低,对外依存度高。资源性产业的这种发展状况和"十二五"时期我国重化工业推进产业深化创新的需求极不匹配。有色金属业属于资源性产业。

需要指出,上述产业分类是大致根据各产业在国民经济发展和国家竞争力提升中的差异性作用划分的,但也存在一些产业,除具有其所在产业类别的主导性作用外,还具备其他产业类别的部分特征,例如,"十二五"时期,装备制造业在保持其基础性产业重大地位的同时,还存在战略性产业的一些特征。

第二节 "十二五"时期提高我国产业竞争力的目标

一、"十二五"时期提高我国产业竞争力目标设定原则

(一)基本原则

"十二五"时期,提高我国产业竞争力目标的设定要遵循产业总体目标和产业分类目标相结合的基本原则,即既要把握我国总体产业竞争力提升目标的适当与否,又要根据不同产业竞争力的提高对提升我国经济发展贡献率或国家总体竞争力的差异性作用,分别设定不同类别产业的子目标。

(二)具体原则

1. 可行性。即"十二五"时期的目标设定,要切实可行,或者说经过努力,能够实现。

2. 连续性。即"十二五"时期的目标设定,一方面要和"十一五"规划、现阶段的"十大产业调整和振兴规划"相衔接,另一方面要和世界产业结构演进趋势与产业深化创新趋势相吻合。

3. 重点性。即"十二五"时期的目标设定,在强调提升国家总体产业竞争力的同时,要强化有助于总体产业竞争力提升的重点产业的竞争力目标实现。

4. 跨越性。即"十二五"时期重点产业的竞争力要能够实现一定程度的跨越式提升。

5. 未来性。即"十二五"时期的目标设定,要为"十三五"及更长时期的产业竞争力提升奠定基础。

二、"十二五"时期提高我国产业竞争力的目标内容

传统产业竞争力理论的缺陷和产业深化理论的提出,决定了"十二五"时期我国产业竞争力目标的设定应以后者为理论基础,充分反映了以产业深化创新提升我国产业竞争力的迫切性和重大意义。

（一）"十二五"时期提高我国产业竞争力的总体目标

适应"十二五"时期中国经济仍然保持较高增长速度，人均 GDP 将进入 4000—6000 美元区间，开始跨入高的中等收入国家行列，同时，我国仍将处于重化工业化阶段的时代背景。笔者认为，"十二五"我国产业竞争力的总体目标可表述为：在跨越式推进重化工业产业深化创新的基础上，实现我国总体产业竞争力接近中等发达国家或新兴工业化国家水平。

（二）"十二五"时期提高我国产业竞争力的子类产业目标

1. 战略性产业

战略性产业，一方面将构成"十二五"时期我国经济保持较快增长的主要支撑力量，即它将成为我国在更大程度上缩小和发达国家在经济总量、人均 GDP 等方面差距的主要承载体；另一方面将成为主权国家之间全方位激烈竞争的主要承载体，尤其地，在一些特殊时期，如战争等，战略性产业的产业深化创新程度具有决定性作用。

至"十一五"结束，我国应该在总体上结束了重化工业化进程中的初期、粗放型发展阶段。"十二五"时期，我国应当进入重化工业化的中期提升阶段，加快推进战略性产业的产业深化创新步伐。为此，这一时期，战略性产业的竞争力提升目标可表述为：该类产业高端产品的国产化生产能力得到跨越式提升；产业集中度接近中等发达国家水平；总体 R&D 投入占各产业销售收入达到 5% 以上；重要关键技术实现自主化；自主品牌建设取得重要突破，打造一批国际知名品牌。

2. 基础性产业

基础性产业特别是装备制造业的产业深化创新，将构成"十二五"时期提升以战略性产业、资源性产业等为代表的国民经济各产业竞争力的关键性制约因素，或者说，装备制造业的产业深化创新将在相当大的程度决定了其他产业竞争力提升目标的实现。

"十二五"时期，装备制造业的竞争力提升目标可表述为：重大装备研制取得突破，即全面提高重大装备技术水平，百万千瓦级核电设备、新能源发电设备、高速动车组、高档数控机床与基础制造装备等一批重大装备实现自主化；基础配套水平提高，即基础件制造水平得到提高，通用零部件基本满足国内市场需求，关键自动化测控部件填补国内空白，特种原材料实现重点突破；

产学研一体化取得实质性进展，产业集中度接近中等发达国家水平；总体R&D 投入占产业销售收入达到 10% 以上。

3. 民生性产业

尽管民生性产业在国民经济中的主导性作用正在降低，但该类产业所提供的产品仍然是社会生产和生活的重要必需品。如何促进该类产业的产业深化创新，从而为人们提供质量更高、种类更丰富的产品，同时，保持该类产业的平稳较快增长，从而为就业提供扎实的产业基础，仍然是在较长时期内需要重点研究的课题。

"十二五"时期，民生性产业的竞争力提升目标可表述为：该类产业的装备技术取得重大进展，自主化水平明显提高；打破生产价值链环节的"加工制造"枷锁，实现各产业向设计、研发等环节的根本性攀升；自主品牌建设取得较大突破，实现主要产品品牌的国际化，以及产品品牌向企业品牌和区域品牌的延伸；总体 R&D 投入占产业销售收入达到 3% 以上。

4. 资源性产业

根据"十二五"时期我国仍将处于重化工业化阶段的基本判断，资源性产业，特别是有色金属业，将为我国经济发展提供最重要的物质保障和物质基础。同时，基于资源性产业的发展现状，如何从根本上推进资源性产业的产业深化创新，跨越式提升其产业竞争力，将构成在更长时期内避免我国经济发展落入"无米之炊"陷阱的前提条件。

"十二五"时期，资源性产业的竞争力提升目标可表述为：产业集中度接近中等发达国家水平，资源开发能力大幅度提高；淘汰落后产能和节能减排取得实质性进展；资源综合利用及开发技术，高端产品研发、生产和应用技术等取得重大突破；各类资源储备机制全面建立；境外资源利用步伐明显加快，资源保障能力得到大幅度提升；总体 R&D 投入占产业销售收入达到 5% 以上。

第四章 "十二五"时期提高我国产业
竞争力的路径和方法

总体判断,我国产业竞争力仍处于弱势地位。作为跨越式提升产业竞争力的关键时期,根据"十二五"时期我国产业竞争力提升目标,探索符合我国国情的路径和方法可能是最为关键的环节。

第一节 产业深化创新:"十二五"时期提高
我国产业竞争力的总体路径

根据产业深化理论的基本框架,笔者认为,产业深化创新应该成为"十二五"时期提高我国产业竞争力的总体路径。实际上,本次金融危机所凸显出的我国东部沿海地区的产业长期低端化趋势,以及该地区近来在探索产业升级推进路径与模式上的困境已经充分表明,以产业深化创新推进产业升级,进而提高我国产业竞争力,已经成为我国经济发展进程中一个具有强烈紧迫性的重大选择,这不仅是因为它关系到中国未来强国之梦的实现,而且因为产业竞争力的弱化和产业升级的滞后已经成为当前中国宏观经济波动的主要影响因素之一,对国家宏观调控提出了巨大挑战。

一、"十二五"时期制约我国产业深化创新的重大因素

长期以来,大量因素制约着我国产业深化创新的推进和产业竞争力的提升。笔者认为,在"十二五"时期这一跨越式提升我国产业竞争力的关键时期,这些因素必须加以解决。例如:

1. 推进产业深化创新的社会资本匮乏

尽管现阶段人们对产业升级重大意义的认识不断增强,但产业深化创新

所内含的极大的难度和强度、相关支撑要素的不足等因素,造成人们在具体实践中仍然对该方向的产业升级推进缺乏足够的价值认同,社会关系网络难以充分扩展。如何加快培育社会资本,是推进产业深化创新,提升产业竞争力的关键因素。

2. 产业深化创新缺乏战略性构想

从目前产业深化创新实践看,很多地区缺乏战略性构想。例如,广东某市是以电子、纺织、家具等传统产业的低端型加工制造为主的外向型经济体,其产业升级在"究竟是以传统产业的产业深化发展为主导,还是通过全新产业的引进以产业结构升级为主导"这一重大选择上,缺乏系统性论证和思考,它最终确定的产业升级方向定位——高科技研发、物流及重化工业、生产性服务业等,主要是基于现阶段产业结构升级的难度要低于产业深化创新,然而,该定位不仅缺乏新产业的发展基础,与其所属区域的产业布局和长期利益并不相符,而且,其对传统产业的产业深化创新的抛弃,不利于实现国家在传统产业的产业深化推进方面的"东部率先",也不一定能够抑制 GDP 增长速度的下滑态势。

3. 产业深化创新缺乏有效的组织形式

传统创新模式所内含的组织体系是一种由高校科研机构、政府研究系统、企业技术创新机构等多个相对独立子系统构成的分散型创新体系,相互之间缺乏良性互动机制,创新成果互不适应。探索新的有利于企业技术创新进而推动产业升级的组织形式非常重要。

4. 产业深化创新动力模式有待于探索和检验

目前,在产业深化创新过程中,规划与政策制定、基础设施建设等均透射出政府的影子,企业反而处于被动地位。这种政府主导型产业深化创新模式究竟能否成功? 能否探索新的模式以发挥企业的主导作用,或者政府和企业共同主导? 等等,应成为人们思索的重大问题。

二、探索以产业深化创新提升中国产业竞争力的重大战略部署和政策体系

在跨越式提升产业竞争力的关键时期,必须从战略上对中国产业竞争力的提升进行部署,构建系统的政策体系。在"十二五"时期,推动以下几个方面工作的开展尤为重要。

1. 构建国家产业深化创新战略

当前中国已经进入产业深化创新和产业结构升级具有同等重要地位的经济发展新时期,如何在主体功能区发展理念的引领下,制定国家产业深化创新战略,实现我国产业竞争力的有层次、有步骤、高效率的整体提升,是摆在人们面前的一项紧迫任务。

2. 发展产业集群,推动产业政策转型,构建国家层面的产业深化创新政策体系和产业集群政策体系

发达国家经验表明,产业集群是推进产业深化创新、提升产业竞争力的重要组织形式。而且,美、日、欧盟等发达国家出台了大量旨在推进产业深化创新的产业集群政策。中国的产业集群政策是严重不足的,这是导致现有的东南沿海地区产业集群长期拘泥于大量加工组装环节,难以发展成为创新型产业集群,进而导致当前经济衰退的重要原因。而且,创新型产业集群的构造,将为彻底颠覆传统的分散型国家创新体系,打造新型国家创新体系奠定坚实的微观基础。

3. 打造旨在推动产业深化创新的社会资本加速积累机制

尽管社会资本的积累必须通过市场的内生力量来实现,然而,经济转型期,如果单纯依靠市场的自发力量,则很难在短期内达到加速积累社会资本的目的。为此,政府应发挥积极的导向作用,使社会资本规模能够迅速放大,这是我国未来一定时期加速提升产业竞争力的基础性条件。

4. 实现 R&D 投入的跨越式提高。

R&D 投入的滞后是我国产业深化创新乏力和产业竞争力滞后的重要根源。2007 年,我国的 R&D 投入占 GDP 比为 1.49%,不仅远远低于发达国家,而且距离创新型国家的标杆 2%,也尚有较大差距。实现 R&D 投入的跨越式提高应该成为提高产业竞争力的重要方法。

5. 打造差异化国家公共技术平台

构建国家公共技术平台,是提高我国产业竞争力的根本性方法,这对于战略性产业和基础性产业尤为重要。在国家公共技术平台的构造中,如何实现市场化模式改进,对提高重大关键技术和共性技术的研发效率非常重要。

6. 创新旨在支持产业深化创新的财税金融政策

尽管我国已经推出大量支持自主创新的财税金融政策,但总体而言,基本局限于政府采购、财政担保与补贴、税收优惠、多元化创新融资渠道等方面。"十二五"时期应创新旨在支持产业深化创新的财税金融政策,如调整和优化当前财税政策结构,推出具有普适性的"创新税",对产业深化创新活动实行先征后返、累进返还制度。再如,推出强制企业缴纳用于提高技术引进费和消化吸收费用比例的"消化吸收基金"。

7. 建立系统的产业深化创新基金体系

产业深化创新的最终内生动力来自于市场需求,而市场需求决定于需求欲望和需求能力。在经济社会发展的低级阶段,人们对各种产品的需求具有低层次、粗放型特征,从而决定了产业深化创新的低度化。目前,我国的市场需求呈现低层次、粗放型需求和高层面、集约型需求并存的局面。尽管国际竞争的压力和经济发展的内在趋势,决定了产业深化创新的加快推进势在必行,但从全国范围看,可能低层次、粗放型市场需求更占主导,这就意味着,产业深化创新并不是厂商实现短期利润最大化的唯一途径,进而厂商缺乏开展技术创新活动的内在激励。特别地,在知识产权制度不完善的情况下,知识和技术的低成本外溢决定了厂商的技术创新收益并不足以弥补其创新成本,从而丧失技术创新的基本动力。在这种情况下,国家可通过建立产业深化创新基金,或者通过直接给予厂商技术创新活动资金支持,或者通过支持基础性技术创新活动,赋予厂商再次技术创新平台,降低厂商创新成本,激励厂商创新行为。当然,现阶段我国已经成立了一些创新基金,但总体而言,这些基金规模小、分散性强、辐射面小,带有明显的部门性和区域性特征,还没有形成支持产业深化创新的有效力量。因此,国家应建立产业深化创新基金体系,整合各类技术创新基金,打造产业深化创新的系统性、科学性资本支持力量。

第二节　促进产业集群的发展壮大

——"十二五"时期提高我国产业竞争力方法 I

20 世纪 80 年代以来,产业集群已经成为世界经济领域的一个非常重要的现象,其对区域经济发展的积极效果受到了广泛关注。例如,欧盟的产业集群吸纳了全部欧盟工人的38%,有些地区该比例超过50%,另一些地区则低于25%。① 美国的380个跨部门产业集群雇佣了57%的劳动力,并创造了61%的国民产出。在意大利,199个产业集群吸纳了超过30%的就业,创造了40%的出口。印度大约350个产业集群创造了60%制造业出口。改革开放30年以来,我国产业集群在推动区域经济发展方面的作用也越来越重要。2007年,江苏省产业集群的销售收入和利润总额分别占全省的40%和53%,福建省产业集群的销售收入和利润额分别占全省的59.35%和55.45%。② 浙江省产业集群经济占全省GDP比重已经达到50%左右。按照科学发展观基本要求,以国家主体功能区规划为基础,促进产业集群发展是促进产业深化创新,提高产业竞争力的重要途径之一。

一、产业集群概述

一个国家具有竞争优势的产业,往往呈现出在地理上集中的趋势,并聚集在某些城市或地区,形成产业集群。产业集群指的是在某一特定领域中(通常以一个主导产业为核心),大量产业联系密切的企业以及相关支撑机构在空间上积聚,并形成强劲、持续竞争优势的现象。其主体是处于同一产业链上的上、中、下游企业,以及其他支持性企业或机构,包括零部件、设备、服务等中间投入供应商,从事批发、零售、进出口等的流通企业,生产互补产品的企业,人才、金融等专业化服务和部分专用的基础设施的提供者,提供专业化培训、教育、信息、研究、技术支持的其他机构,如大学、科研机构、职业培训中心、标准制定机构、行业协会等。与产业集聚相比,产业集群内部相关企业和机构之间的分工和协作关系的发展更为细化和专业化,是产业集聚不断深化发展的结果。

产业集群理论的思想源头可以追溯到马歇尔(Alfred Marshall)对规模经

---

① EUROPEAN COMMISSION, DIRECTORATE-GENERAL ENTERPRISE AND INDUSTRY REPORT, Innovation Clusters in Europe: A statistical analysis and overview of current policy support, Europe Innova / PRO INNO Europe paper No. 5, 2007.

② 《中国产业集群发展报告》,机械工业出版社2009年版。

济问题的探讨。[①] 韦伯(Alfred Weber)的《工业区位论》(1909)一书以及由科斯(Coase R,1937)[②]创立的交易费用理论对产业集群理论研究产生了重要影响。克鲁格曼(Paul Krugman, 1991)[③]指出,产业集群的形成取决于规模经济、运输成本以及制造业在国民收入中的份额这三者的组合,并分析了"历史"(初始条件)和由其他因素影响而形成的"预期"(自我实现的语言)在产业集群形成中的重要性。[④] 迈克尔·波特(M. E. Porter)的《国家竞争优势》(1990)一书中首次使用的"产业集群"这一概念,[⑤]并于1998年对产业集群进行了界定。[⑥] 波特认为,产业集群将决定国家竞争优势的基本要素整合起来,最大限度地提高产业竞争力。

从产业集群自身来看,通过产业集群可以获得强化内部竞争机制、创造和积累社会资本、降低交易成本、增强外部效应、形成创新网络,促进技术扩散和创新、共享劳动力市场、提高基础设施利用率等收益。从区域或国家层面上看,发展产业集群有利于优化经济结构,转变经济发展方式、集约使用土地等资源,集中进行环境治理、带动中小企业发展、提升区域和产业竞争力、统筹区域和城乡发展,加快工业化和城镇化进程,对于经济结构战略性调整目标和区域经济协调发展具有十分重要的意义。

产业集群的种类各异,而且不同类型的产业集群具有不同的形成和发展轨迹、不同的组织原则和问题。从政策制定者的角度看,不同的产业集群需要不同的政策。产业集群通常以其主导产品来命名,如家电集群、纺织服装集群,等等。但是,这种命名方式本质上无法体现产业集群内企业之间关系的本

---

① [英]马歇尔:《经济学原理》,陈良璧译,商务印书馆1965年版,第280—303页。

② Coase R, The Nature of the Firm, Economica vol. 4,1937:pp.368-405.

③ Krugman, Paul: Increasing Returns and Economic Geography , The Journal of Political Economy, Vol. 99, No. 3, (Jun. , 1991), pp. 483-499.

④ [美]保罗·克鲁格曼:《地理与贸易》,张兆杰译,北京大学出版社、中国人民大学出版社2000年版,第110—117页。

⑤ [美]迈克尔·波特:《国家竞争优势》,李明轩、邱如美译,华夏出版社2002年版,第139—148页。

⑥ Porter M. E.: Clusters and New Economics of Competition, Harvard Business Review, 1998. 11.

质特征以及产业集群的其他特征。联合国贸易与发展委员会（UNCTAD）①1998 年依照三个标准，即产业集群内企业技术水平、产业集群的扩展和企业之间的合分工协作程度将产业集群划分为五种类型，包括：非正式产业集群、有组织的产业集群、创新性产业集群、科技园区和孵化器和出口加工区。这种分类并非针对个别国家的，应用起来存在可操作性问题。中国产业集群发展报告课题组（2009）②将我国产业集群发展模式分为四类：（1）自发成长型产业集群；（2）资源驱动型产业集群；（3）规划引导型产业集群；（4）产业转移型产业集群。在这四种不同的产业集群形成过程中，政府介入的程度不同。

产业集群还可以从其他不同角度进行划分。首先，从产业集群的组织结构可以将其划分成三种类型，即（1）轴轮式产业集群，即众多中小企业围绕着一个处于领导地位的大企业形成的产业集群；（2）多核式产业集群，即众多中小企业围绕多个大企业形成的产业集群，这些大企业之间往往存在较强的互补关系；（3）卫星式产业集群，即众多的相对独立的中小企业聚集在一起形成的产业集群，意大利中小企业形成的产业集群和我国东部沿海地区的中小企业构成的产业集群属于这种类型。其次，从产业集群竞争优势可以将产业集群分为创新型产业集群与传统型产业集群。前者通过高的研究与开发投入，走高端途径，形成产业集群的创新优势。后者则主要是依靠低成本优势而形成产业集群。二者形成的基础不同，所适应的产业周期不同阶段和经济发展阶段也不相同，实际操作中需要因地制宜加以选择。

二、主要国家或地区产业集群政策经验

由于发达国家的市场体系较为成熟，在产业集群形成和发展之初，"自上而下"的政府扶持较少。当前我们能看到的大多数产业集群的最初形成并没有得到国家政策的助推。然而，20 世纪 90 年代以来，产业集群已经成为国家或地区参与全球竞争的重要载体，产业集群现象受到了相关各国政策制定者

---

① UNCTAD, PROMOTING AND SUSTAINING SMEs CLUSTERS AND NETWORKS FOR DEVELOPMENTTRADE AND DEVELOPMENT BOARD, Commission on Enterprise, Business Facilitation and Development Expert Meeting on Clustering and Networking for SME Development. Geneva, 2—4 September 1998.

② 《中国产业集群发展报告》，机械工业出版社 2009 年版。

的注意,决策者逐渐意识到创造和维护有利的外部环境是产业集群发展所必需的,也是提高一个国家或地区产业竞争力的必然选择。经济合作与发展组织(OECD)成员国政府以及部分新兴工业化国家政府相继不同程度地介入了各自产业集群的发展,而且政府介入的领域非常广泛,包括维护市场竞争秩序、提供信息、制定标准、鼓励中介机构和网络机构创立和发展、制定产业集群规划、创办科研机构、公共采购支持、建立公共服务平台、提供资金支持,等等。

(一)欧盟产业集群政策实践

对于欧盟的许多国家而言,产业集群政策仍然处于初级阶段。大概有50%的国家是在1999年以后才开始制定产业集群政策。目前,欧盟具有不同层次的产业集群政策。在欧盟层面,欧盟已经认识到自身在不同层次区域政策方面的重要作用。欧盟委员会正在探寻和完善从欧盟层面上促进产业集群发展的方法,包括提供有关产业集群的数据、召集公共和私人联合的产业集群研究小组、支持区域性产业集群政策措施等。欧盟层面的支持措施更多是间接性的,原因是覆盖整个欧盟的产业集群是不存在的。在"创新优先欧洲计划"(PRO INNO Europe initiative)的框架下,"欧盟集群联盟"(European Cluster Alliance)于2006年9月成立,其目的是在欧盟层面上为各个国家和地区的产业集群政策的当局创造一个永久性的政策交流平台,2008年1月以来,它已经向与产业集群相关的外部公关组织开放。① 在具体国家层面上,大多数国家,如英国、法国、德国、意大利、西班牙等国都已经将产业集群政策纳入自己的经济政策之中。目前,欧盟31个成员国中的26个拥有自己的国家产业集群计划(national cluster programmes)(见图4-1),得到确认的产业集群计划共有69个,多数国家拥有一到两个产业集群计划(见图4-2)。5个没有国家产业集群计划的国家是典型的联邦制国家,他们的产业集群计划比较分散。

以德国为例。德国政府早在20世纪80年代就制定了促进科学与工业之间的网络结构(network structures)的计划,90年代中期,德国联邦政府启动了第一份产业集群计划。但直到过去的两三年中,德国政府才开始应用"集群政策"这一概念。2006年,德国联邦政府制定了一项涉及面广泛的综合性高

---

① http://www.wbc-inco.net/object/news/19019.html。

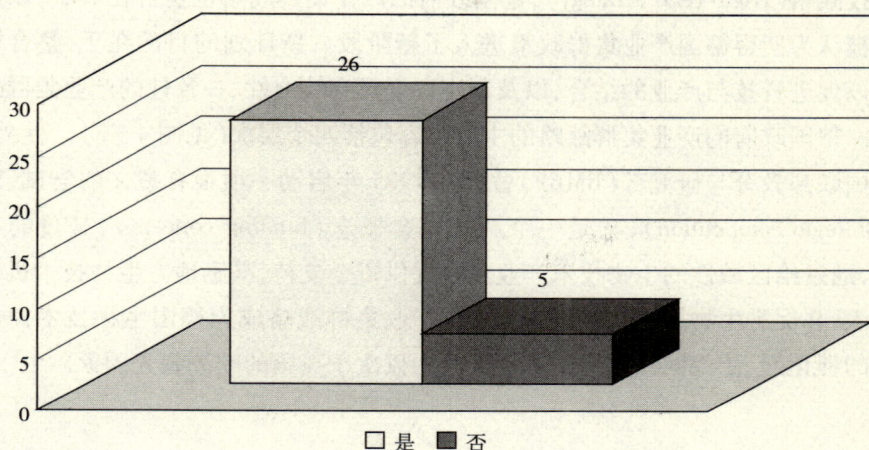

图 4-1 欧盟拥有和不拥有国家产业集群计划的国家数量比较

注："是"代表拥有国家产业集群计划的国家；"否"代表相反。

资料来源：Europe Innova Cluster Mapping Project：Cluster policy in Europe：A brief summary of cluster policies in 31 European countries, Oxford Research AS, January 2008.

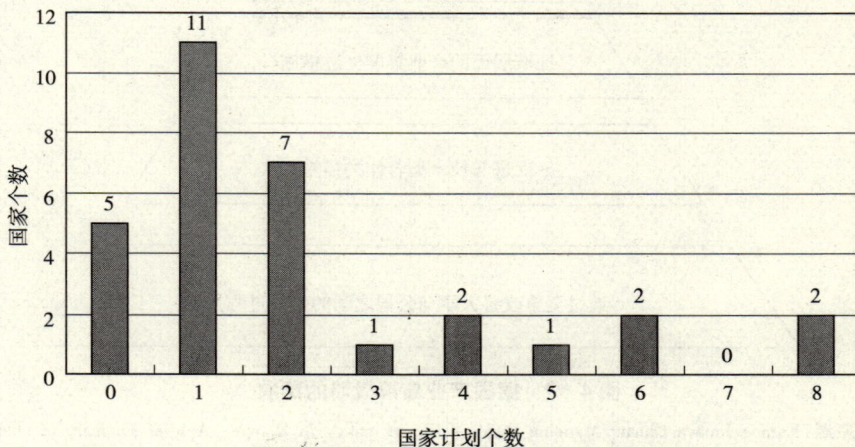

图 4-2 欧盟拥有国家产业集群计划的国家数量

资料来源：Europe Innova Cluster Mapping Project：Cluster policy in Europe：A brief summary of cluster policies in 31 European countries, Oxford Research AS, January 2008.

科技战略(High-Tech Strategy),德国政府的产业集群战略也包含在其中,该计划被认为使得德国产业集群政策进入了新阶段。新计划的目的在于,整合资源以促进科技与产业的结合,以及制定一个具有综合性、一致性的产业集群战略。德国政府的产业集群战略的主要内容包括四个层次(见图4-3)。此外,德国联邦教育与研究部(BMBF)曾经在1995年启动一项很有意义的尝试,即(Bioregio competition),它是一个新的基金概念(funding concept),其目的在于,通过给区域性的生物技术产业集群提供资金支持,鼓励地方生物技术机构进入,并促进生物技术的商业应用①。产业集群战略成为德国生物技术商业化的催化剂,使德国在生物技术领域成为仅次于英国的欧洲领先国家。

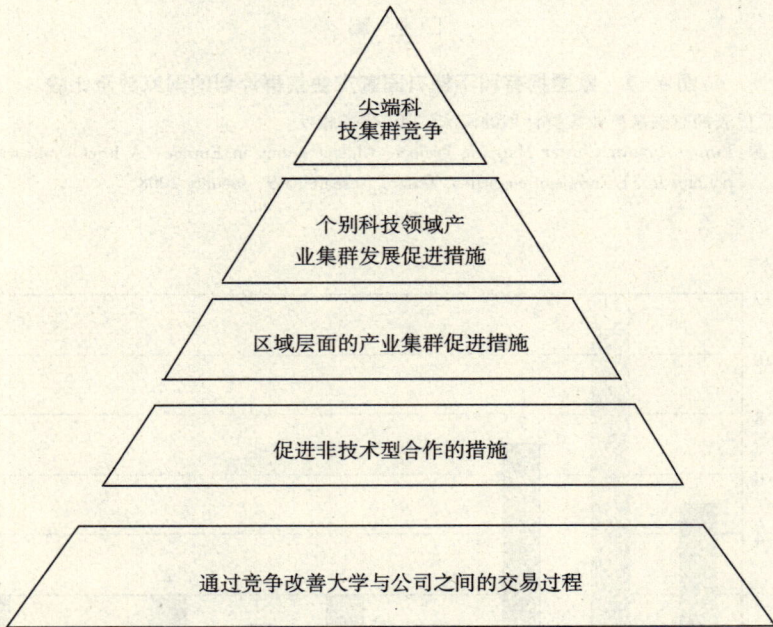

图4-3 德国产业集群战略的层次

资料来源:Europe Innova Cluster Mapping Project:Cluster policy in Europe:A brief summary of cluster policies in 31 European countries, Oxford Research AS, January 2008.

---

① 欧盟集群监测(European Cluster Observatory)产业集群政策国家报告(德国)(2007)。

(二)日本产业集群规划

日本于 1968 年就已经成为仅次于美国的第二经济大国。由于日元升值和石油危机的影响,日本经济的结构性问题于 20 世纪 80 年代逐渐浮出水面。日本在高技术领域和技术密集型产业方面落后于欧美,而在传统工业和劳动密集型产业方面又不如新型工业化国家和地区。20 世纪 90 年代,日本经济陷入长期衰退之中,产业复兴面临巨大压力,这给日本产业政策转型带来契机。20 世纪 70 年代到 90 年代中期,日本产业政策主要目的是降低产业集中度,吸引外资,为此日本政府出台《工业搬迁促进法》(Industry Relocation Promotion Law)(1972)、《高技术工业园促进法》(High-tech Industry Zone Promotion Act)(1983—1998)以及《知识密集型产业区位法》(Knowledge-intensive Industry Location Act)(1988—1998)等一些法案。90 年代中期至新世纪初,日本产业政策主要目的在于防止"空心化",并制定了《促进特定区域产业集聚临时法》(Law on Temporary Measures of Activation of Specific Regional Industrial Agglomerations)(1997)和《新企业创立促进法》(Law for Facilitating the Creation of New Business)(1998)。进入新世纪,为了增强日本产业竞争力,在全国范围内统一产业集群措施势在必行,日本经济产业省(METI)和文部科学省(MEXT)于 2001 年分别制定了旨在促进中小企业参与技术创新的《产业集群规划》和《知识集群规划》。[1] 同年,按照日本经济产业省的计划,日本制定了产业集群发展的长期目标,并将其分解为三个阶段,即(1)创立阶段(2001—2005 年),目标是中央政府与地方政府合作,在官产学之间形成网络,为产业集群发展奠定基础;(2)成长阶段(2006—2010 年),继续促进网络化,发展具体企业;(3)自我发展阶段(2010—2020 年),目标是使产业集群实现自我可持续发展。[2] 2001 年日本启动了 19 个产业集群计划,这 19 个产业集群分布在 4 个领域,包括制造业、信息技术、生物技术、环境/能源。在产业

---

[1] Ana Colovic-Lamotte and Emiko Tayanagi, What Direction Should the Cluster Policy Take, Top-Down Implementation or Bottom-Up Emergence?: The Case of Japan, Paper presented at the Conference on Clusters, Industrial Districts and Firms: the Challenge of Globalization. Conference in honour of Professor Sebastiano Brusco Modena, Italy. September 12–13, 2003.

[2] Yoshiaki Tsukamoto: Present State and Issues of the Industrial Cluster Policy of Japan, 2005. 6. 21. http://www.nistep.go.jp/seminar/017/017_e.pdf.

集群计划实施过程中,日本政府采取了多种措施,包括设立专门机构,制定国家层面的产业集群长期计划、制定法律法规,提供法律法规方面的支持和引导、为产业发展提供资金,解决产业集群发展的资金瓶颈、设立专门的公共服务机构和技术创新平台,等等。

(三)美国产业集群政策实践

美国各州基本上都拥有自己的产业集群。20 世纪 80 年代末,美国各州政府开始注意到产业集群和网络的竞争优势和经济价值,并开始鼓励企业之间的这种相互依赖关系。斯坦福研究院(SRI International)在 1989—1990 年间为佛罗里达州所做的一系列报告,是在州政府的层面上第一次官方运用集群分析和集群概念。美国政府最早认可的产业集群是 1989 年出现在亚利桑那州和俄勒冈州的产业集群,1992 年这两个州都开始实施正式的集群战略。①相对而言,美国政府对产业集群的扶持由来已久,并集中体现在美国政府对企业创新的引导和支持上。1978 年,美国出台了《公务改革方案》,允许把政府的产品和服务外包给私人公司,这促成了华盛顿地区 ICT(Information and Communications Technology)高科技产业集群的形成。在鼓励创新和促进中小企业发展方面,美国政府为了提高企业研发投入的利用效率,向企业开放了部分大学的实验室,鼓励企业共同开发产品。1982 年美国政府还制定《小企业创新发展法案》,并以此制定了《小企业创新科研计划》,支持小企业的自我发展,为技术创新和产品开发提供财政支持。2000 年美国政府修订了《小企业创新发展法案》,延长了创新科研计划的时效。此外,美国政府还有减税、补贴等,以支持创业活动的开展。除了鼓励小企业技术创新之外,美国各级政府在促进产业集群发展方面的政策大致包括以下几个方面。首先是认可和促进产业集群。第二,州和地方政府帮助产业集群吸引投资。第三,参与组织产业集群内部的主要成员创立委员会。1990 年,亚利桑那州政府在产业集群建立之初,就召集了相关企业成立了产业集群委员会。

(四)韩国产业集群政策实践

韩国产业集群发展受政府政策导向的影响较大。1962 年,韩国建立了蔚

---

① 全美州长协会(National Governors Association,NGA)报告,Cluster-Based Strategies for Growing State Economics,2007.2.23.

山工业区,标志着韩国大型产业集群规划建设的开端。1969 年韩国政府实施了《区域产业发展法》,每个道都建立自己的工业区,推动了产业集群发展。20 世纪 70 年代,韩国产业推行重工业化战略。韩国政府于 1971 年通过了《国土资源综合开发计划》(1972—1981),并在 1973 年颁布《工业区发展法》的基础上设立了一家国有公司,负责推行重工业化战略。截至 70 年代末,韩国共建立各类工业区 30 个。在国家创新体系建设方面,韩国政府于 1973 年开始着手建设大德科技园,1978 年韩国忠南大学(CNU)工程学院等科研机构开始迁入。① 大德科技园发展迅猛,1992 年它集中了 33 个研究机构,2000 年,企业研发中心达到 112 个。2005 年,创新机构达到 817 个,其中公司 711 个,高技术人力资源达到 17390 人,国内外注册专利个数 31162 个。② 大德科技园研发集群的功能逐渐向其他领域扩展,成为韩国最大的产学研综合园区和产业集群。

(五)国际产业集群政策合作

在国际层面上,政府干预产业集群发展在 2008 年底出现了新动向。2008 年 12 月 2 日到 30 日,欧盟—日本产业合作中心(EU-Japan Industrial Cooperation Centre)和驻东京的欧盟代表团与日本经济产业省(METI)和文部科学省(MEXT)组织了第一届欧盟—日本区域集群论坛(EU-Japan Regional Cluster Forum)。该论坛吸引了超过 400 位参与者。③ 欧盟产业集群政策与欧盟的较为相似,与美国相比,它们均面临着类似的科技创新压力。欧盟—日本集群论坛促进了国际产业集群政策合作。

国家与产业竞争力的关系,就是国家如何刺激产生升级和创新的关系。20 世纪 90 年代以来,国家的产业集群政策在产业集群发展方面的作用日益加强。然而,由于政治和经济体制、文化背景和价值观念等因素的作用,各国产业集群政策呈现多样化的特征。换言之,我国的产业集群政策必须建立在自己的国情之上,我们需要按照科学发展观的基本要求因地制宜地制定产业

---

① Dong-Ho Shin, Industrial Cluster Policies of the Korean Governmentin the 2000s: Retrospect and Prospect, Prepared for the Conference of the 2nd Cluster Day Seoul, Korea June 7–8, 2007.

② Sam Ock Par, Regional Innovation and Cluster Policies in Korea, For Korea-France Workshop on Science & Technology, September 20, 2007.

③ http://cluster-japan.cluster.gr.jp/eng/sympo/program02.html。

集群政策,推进我国产业集群发展和升级。从另一方面看,产业集群毕竟是在现代市场经济条件下世界经济领域的普遍现象,因此,产业集群政策实践的国际经验对我国促进产业集群发展具有重要意义。

三、我国产业集群发展概况及其面临的问题和挑战

(一)产业集群在国民经济中的地位越来越重要

改革开放以来,我国产业集群得到了快速发展,数量和规模不断增加,对区域经济发展和产业结构升级产业有非常大的积极效应。目前,大部分省市地区都拥有自己的产业集群,大多数行业的产业集群化发展倾向也越来越明显。我国内地288座城市中的160个拥有大约数千个不同规模的产业集群。同时,产业集群覆盖了97个行业,占全部行业的78.2%。2006年,我国产业集群总产出达到16.6万亿元,约占当年国内生产总值的78.3%。

(二)产业集群的区域分布主要集中在东部沿海地区

从产业集群的区域分布看,全国主要省市几乎都有自己的产业集群,但产业集群的区域分布并不均衡,主要集中在东部沿海省份和地区。从产业集群的经济区域分布看,长三角、珠三角和环渤海湾三大经济区是产业集群密度最高的地区,它们拥有全国产业集群数量的约90%,产业集群产值占本地区工业产值的比重已超过50%。

从产业集群分布的省份看,浙江、江苏、广东、山东、福建等省份的产业集群的数量和发展水平较其他省份明显偏多。在中国社会科学院工业经济研究所于2007年和2008年两度评选的"中国百佳产业集群榜"中,产业集群的区域分布不均衡现象更为明显。2008年,浙江、江苏、广东三省共有72个入选百佳榜,浙江、江苏、广东、山东、福建五省共87个入选(见表4-1)。

表4-1　2007年和2008年入选"中国百佳产业集群榜"的产业集群分布(按省份)

	2008	2007
浙江省	29	36
江苏省	23	17
广东省	20	21
山东省	8	5

续表

	2008	2007
福建省	7	6
上海市	3	2
河北省	2	1
河南省	1	1
湖北省	1	—
四川省	1	1
北京市	1	1
内蒙古自治区	1	1
辽宁省	1	2
黑龙江省	1	2
江西省	1	1
吉林省	—	1
重庆市	—	1
云南省	—	1
合计	100	100

　　浙江产业集群起源于 20 世纪 80 年代,其发展走在各地区的前列,形成了独具特色的"块状经济",主要集中在纺织服装和五金等传统产业。2005 年浙江省工业产值在 1 亿元以上的"块状经济"共 360 个,创造工业产值 18405 亿元,占浙江省工业总产值的 60.9%,与 2003 年相比,"块状经济"工业产值年均增长 34.2%,"块状经济"占全部工业总产值的比重,上升了 8.1 个百分点。[①] 目前,浙江省 10 亿元以上产业集群有 283 个,100 亿元以上的有 35 个。"块状经济"在浙江省经济社会协调发展方面发挥了重要作用。在引导"块状经济"发展方面,浙江省已经制定一些相关政策。

　　江苏省产业集群在其传统优势行业,如纺织、服装、机械、轻工和冶金等,获得了较快发展。从 2006 年起,江苏省就把抓好发展产业集群工作作为经贸工作的"突出重点和主要抓手,并明确由中小企业局具体负责"。2006 年,江

---

　　① 参见 2006 年 7 月 25 日,浙江省经济贸易委员会发布的《浙江"块状经济"发展报告》。

苏省产业集群实现年营业收入 16280.56 亿元,利税总额 1192.57 亿元,利润 697.27 亿元,实交税金 495.30 亿元,完成出口交货值 2074.41 亿元,分别比上年同期增长 40%、30%、33%、34% 和 38%,大约占当年全省中小企业经济总量的一半左右,年营业收入超过 10 亿元以上的产业集群 329 个,超过 50 亿元的有 83 个,超过 100 亿元的 21 个,超过 200 亿的有 6 个。①

20 世纪 90 年代以来,广东省凭借政策和区位优势,省内产业集群发展迅速。2006 年,广东产业集群数量达到 123 个,60% 左右集中在珠江三角洲地区,其中年产值 10 亿元以上的有 91 个,年产值 50 亿元以上的 45 个,年产值 100 亿元以上的 24 个,约有 70% 是以民营企业为主体自发形成的产业集群和依靠外资企业外包生产而形成的产业集群。② 从行业看,广东省产业集群主要集中在电子信息、电器机械和设备、纺织服装、食品饮料、建筑材料和金属制品等行业,其中,纺织服装行业的产业集群数量最多,占全部产业集群的 23%。广东省的"专业镇"实际上就是一种产业集群,全省超过 20 亿元的专业镇超过 200 个,其创造的工业总产值占全省的三分之一以上。

产业集群是山东省中小企业发展的重要的产业组织形式。截至 2008 年,山东省营业收入过 5 亿元的产业集群 246 个,从业人员 476 万人,实现营业收入 12708 亿元,利税 1212 亿元。全省产业集群拥有省级以上名牌产品、驰名商标、著名商标 577 个,部分产业集群被国家有关部门授予产业基地县(名城、名镇)。按照"十一五"期间产业集群发展目标,2010 年以前,山东省将着力在装备制造、电子信息及家电、纺织服装、化工医药、食品和农产品加工、建材六大产业中培育出 300 个营业收入过 10 亿元、100 个营业收入过 50 亿元、50 个营业收入过 100 亿元的产业集群。

(三)产业集群的行业分布主要集中在制造业

从产业集群的行业分布看,我国产业集群覆盖了大多数行业,包括纺织、服装、食品制造、金属制品、交通运输设备制造等传统行业,以及信息技术、生物工程、新材料以及文化创意等高新技术领域的多数行业,并且出现了一批龙

---

① 上述数据为江苏省经贸委副主任周毅彪在 2007 年 7 月 22 日江苏省产业集群工作会议上的讲话中提出。

② 广东中小企业网:http://www.gdsme.com.cn/。

头骨干企业和区域品牌。然而,产业集群的行业分布也是不均衡的。超过96%的产业集群集中在制造业,其中,制造业内部的521个产业集群中的133个集中在纺织服装行业,占全部536个产业集群的24.8%(见表4-2)。从轻工业与重工业分类看,我国产业集群主要集中在轻工业。在重工业中,除交通运输设备制造业拥有23个产业集群,产业集群特点较为明显之外,其他大中型机械设备制造业和能源行业的产业集群较为缺乏。从"中国百佳产业集群榜"看,2007年的评选结果中,除上海市浦东新区的中国金融产业集群之外,其余均属于制造业产业集群,然而,由于经济周期的因素,上海市浦东新区落选2008年的中国百佳产业集群榜。

表4-2 中国典型区域产业集群行业分布

行业门类	行业名称	产业集群数量	比重(%)	主要分布区域
制造业	纺织业	87	16.2	浙江、江苏、福建、广东、山东
	纺织服装、鞋、帽制造业	46	8.6	广东、浙江
	非金属矿物制品业	39	7.3	山东、河北、福建、广东
	专用设备制造业	38	7.1	浙江、江苏
	金属制品业	32	6.0	广东、浙江、江苏、山东
	农副食品加工业	29	5.4	
	工艺品及其制造业	27	5.0	
	皮革、毛皮、羽毛(绒)及其制品业	23	4.3	东南沿海、河北、河南、重庆、宁夏
	交通运输设备制造业	23	4.3	
	电气机械及器材制造业	23	4.3	东北、山西、湖南、湖北 —
	通用设备制造业	22	4-2-1	
	化学原料及化学制品制造业	18	3.4	
	木材加工及木、竹、藤、棕、草制品业	17	3.2	浙江、福建、广东
	文教体育用品制造业	13	2.4	浙江、福建、广东、湖北
	家具制造业	12	2.2	广东、福建
	印刷业和记录媒介的复制	10	1.9	
	塑料制品业	10	1.9	
	医药制造业	7	1.3	天津、西安、东北、上海、北京

续表

行业门类	行业名称	产业集群数量	比重(%)	主要分布区域
	有色金属冶炼及压延加工业	7	1.3	京津塘、东北
	仪器仪表及文化、办公用机械制造业	6	1.1	东北、山西、湖南、湖北
	黑色金属冶炼及压延加工业	6	1.1	京津塘、东北
	食品制造业	4	0.7	辽宁、山东、江苏、广东、福建、河北、河南
	通信设备、计算机及其他电子设备制造业	4	0.7	北京、上海、深圳、南京、成都
	饮料制造业	3	0.6	
	造纸及纸制品业	3	0.6	广东、浙江、江苏、山东、福建
	石油加工、炼焦及核燃料加工业	3	0.6	山东、江苏、浙江、广东、内蒙古、甘肃、宁夏、新疆
	橡胶制品业	2	0.4	
	废弃物和废旧材料回收加工业	1	0.2	
批发、零售业	批发业	2	0.4	
农、林、牧、渔业	农业	19	3.5	
	总计	536	100.0	

资料来源:国家发展和改革委员会:《中国产业区的发展概况与经验总结》。
转引自:《中国产业集群发展报告》,机械工业出版社 2009 年版,第 30—31 页。

(四)产业集群政策体系具有明显的地方性,国家产业集群政策体系尚未形成

在国家层面上,国家发改委于 2007 年底发布了《关于促进产业集群发展的若干意见》,分析了我国产业集群发展的现状和存在的问题,提出了促进发展产业集群的总体思路和措施,强调加强组织领导,切实搞好产业集群工作。这是我国首份关于产业集群的专项政策,在规范和引导我国产业集群更加有序发展方面迈出了重要的一步。

在区域层面上,产业集群政策实践要早于国家层面。部分省份,如浙江、江苏、广东等在国家发改委 2007 年的专项政策之前,均已制定了自己的产业集群政策。首先,浙江省产业集群快速发展与其产业集群政策是密切联系的。在引导"块状经济"发展方面,浙江省也走在前列。2003 年 8 月 27 日,浙江省人民政府印发了《浙江省先进制造业基地建设规划纲要》,指出以科技进步和体制创新为动力,促进产业集聚发展,推进制造业结构战略性调整。随后,浙江省又于 2004 年 4 月 5 日发布了该规划纲要的主要任务分解落实方案。

其次,江苏省从 2006 年起将抓好发展产业集群工作作为经贸工作的"突出重点和主要抓手,并明确由中小企业局具体负责"。2008 年 7 月 9 日,江苏省政府发布的《关于加快转变经济发展方式的决定》中将积极推进"集聚区",包括软件园、创意产业园、现代物流园、科技创业园和产品交易市场等建设作为加快经济结构战略性调整的措施之一。在产业集群整体规划方面,江苏省中小企业局已经开始着手进行中小企业产业集群发展规划编制工作,并于2008 年 5 月 19 日下发了有关规划编制工作指南的通知。

第三,广东省非常重视产业集群发展问题,提出了要把产业集群建设成为"全民创业基地、吸纳就业基地、自主创新基地、名牌创建基地、产业升级基地"的目标要求。广东省经贸委于 2004 年出台首个专项政策,即《关于建设产业升级示范区加快产业集群发展的意见》,计划在 5 年之内,扶持 30 个产业集群升级示范区,打造 50 个区域品牌,大力推进现有产业集群优化升级。2005 年,广东省政府同意成立广东省"促进产业集群发展联席会议",2006 年又由省政府领导担任召集人,将办公室设在省经贸委,在政府推动产业集群发展方面又迈出了重要一步。随着第一份专项政策出台,广东省政府近几年又相继制定了一些涉及产业集群升级示范区或专业镇政策法规。广东省产业集群升级效果显著,发展越来越规范。

第四,产业集群是山东省中小企业发展的重要的产业组织形式。2008 年7 月 24 日,山东省人民政府印发了《关于加快产业集群发展的意见》(鲁政发〔2008〕75),对"十一五"期间产业集群发展目标,发展产业集群的工作重点和政策措施做了较为详细的阐述。

最后,随着产业集群在区域经济发展和产业结构调整中的作用不断显现,其他省份或地区也相继出台了一些政策或规定。例如,湖南省于 2007 年制定了培育产业集群"十一五"规划。四川省成都市政府近两年制定了涉及 9 大产业的 2008—2017 年产业集群发展规划,按照规划,到 2017 年全部重点产业集群将实现增加值 5560 亿元,主营业务收入上千亿元的产业集群将达到 7 个。为了实施工业强省战略,促进区域经济发展,加快产业集群发展,陕西省于 2009 年颁布了《陕西省产业集群发展规划纲要》(2009—2015 年)。

(五)问题和挑战:国家政策缺乏与产业集群自身不成熟

近几年来,产业集群发展取得了巨大成就,东部沿海地区产业集群工业增加值已经超过本地区工业增加值的 50%,中西部地区的产业集群发展速度不断提升。在充分认识上述成绩的同时,也必须清醒地看到,我国产业集群发展中还存在许多困难和问题,与先进国家还有很大差距,而且产业集群的地区分布和行业分布格局不合理。要实现经济结构战略性调整目标,在激烈的国际竞争中处于有利位置,我们仍然面临着前所未有的机遇和严峻的考验。目前,我国进一步推行产业集群发展面临着两个方面的问题,一是缺乏国家层面的相关政策支持,二是产业集群自身也存在一些问题。

首先,从国家整体来看,对产业集群发展缺乏整体规划和引导。总体而言,产业集群正在成为一种理念为人们所接受和理解。一方面,在部分省份和地区,如浙江、江苏、山东、陕西等省份的政府工作报告和区域规划中,产业集群已经成为促进区域经济发展的重要手段,这些省份还出台一些规范产业集群发展的文件和规定。另一方面,在国家层面上,虽然国家发改委于 2007 年出台了国内第一份针对产业集群发展的专项政策,但是,仍然缺乏发展产业集群的长远规划,缺乏认定产业集群的统一标准,缺乏对产业集群的区域分布和行业分布的规划和引导。

其次,产业集群以低成本为基础的传统型产业集群为主,产业深化创新程度较低。随着人民币升值以及 2008 年《劳动合同法》的实施,东南沿海地区的产业集群发展过程中都遇到了不同程度的成本上升,对于传统产业集群而言,低成本战略难以长期持续。

第三,产业集群的产业深化创新能力有待提高,缺乏自主品牌。部分产业集群以贴牌生产为主,产品结构不合理,附加值较低。产业集群内合作网络薄弱,产业集群整体优势难以充分发挥。

第四,公共服务体系和相关支持结构发展不健全,影响了产业集群升级和产业竞争力提高。

第五,产业集群发展过度依赖能源资源,环境污染现象严重,节能降耗的压力较大。

第六,产业集群的对外依赖程度高,国际贸易壁垒、反倾销和反补贴使我国产业集群发展面临巨大国际压力。据世界贸易保护组织的统计,2008年上半年新发生的反倾销调查案98起,同比增长了39%,新增加的反倾销措施有54项,同比增长了56%,前8个月国外对我国实行的反补贴调查有30多起,成为全球反补贴调查最多的一个国家。

四、发展产业集群,促进产业深化创新的政策建议

当今世界,技术和知识密集型产业,成为一个国家或地区获得长期竞争优势的载体,成为经济社会可持续发展的助推器。通过产业集群的网络化创新机制来促进产业升级,已经成为一种世界性的潮流。笔者认为,"十二五"时期,要按照科学发展观的要求,坚持以政府引导、市场导向、可持续发展为原则,制定国家层面的产业集群发展规划,大力推进产业集群发展,促进产业深化创新,提高我国产业竞争力,促进国民经济又好又快发展。

(一)以科学发展观为统领,构建国家层面的产业集群政策体系,规范和引导产业集群发展

笔者认为,"十二五"时期,通过制定国家层面的产业集群发展规划,将发展产业集群提高到国家战略的高度。一是以科学发展观为统领,严格遵照国家产业结构调整政策,遵循产业集群形成和发展的客观规律,因地制宜,科学规划,合理布局,发挥产业集群的整体优势,通过发展产业集群来提高我国产业深化创新能力和产业竞争力,统一产业集群确认标准,合理引导产业集群区域分布和行业分布,统筹区域经济协调发展。二是结合主体功能区规划,促进优化开发区域产业集群升级,集约利用土地等资源,加快转变经济发展方式;通过发展产业集群加快重点开发区域工业化、城镇化进程,承接产业和人口转移,优化国土资源开发。三是结合实际,分类指导,制定产业集群发展规划。根据不同产业的技术特性、产业集群所处的发展阶段、不同产业集群的组织结构等,制定产业集群政策。

(二)创新产业集群的具体组织形式,构造重化工业化时期产业集群发展模式

我国大量传统产业集群,即以中小企业为主体的轻纺工业产业集群,以

"卫星式"产业集群为主要组织形式。重化工业本身的产业性质和特征,决定了它可能更多地需要"轮轴式"、"多核式"等产业集群组织形式。对于高新技术、第三产业等产业集群仍需要在继承传统产业集群组织形式的基础上,探索和创新包括科技园区、虚拟产业集群等其他形式的产业集群。"十二五"时期,我国仍将处于重化工业化时期,大力发展重化工业产业集群尤为重要,但是,激烈的市场竞争压力,不允许主要依靠市场自发力量来孕育出该时期经济发展所需要的重化工业产业集群。笔者认为,"政府与企业"双轮驱动的产业集群发展模式,是重化工业化时期产业集群发展模式的重要探索方向。现阶段,在我国一些地区,地方政府不再直接参与产业集群的规划和建设,而只是明确集群的产业发展方向,然后引入大型企业,由企业来具体规划和建设产业集群。地方政府只是为产业集群的发展提供相关基础设施和政策环境。这种模式有两大优点:第一,企业作为产业集群的具体建设者,能够在更大程度上降低产业集群培育失败的风险,因为企业比地方政府更了解和熟悉市场规律。第二,地方政府的间接参与,为企业的直接建设扫清了各种外围障碍,能够大大加快产业集群的培育进程。

(三)搭建共性技术与服务平台,完善产业集群的网络化创新机制,增强产业集群自主创新能力,促进产业集群升级

技术创新是产业升级的核心支撑要素,而产业集群网络是技术创新的"孵化器"。一是加快建设和完善相关支撑机构与中介服务体系,引导科研机构进驻产业集群,构建信息发布和交流平台以及研究开发平台;加强知识产权保护,提高企业技术创新积极性;加强产业集群的分工协作关系,完善"创新网络"的体制机制。二是加快建立和完善产业集群网络创新的资金支持体系。创设风险投资基金,多渠道吸引社会资金,分散技术创新风险;利用税收杠杆鼓励企业对技术的消化吸收和自主创新。三是以调整产品结构、提高产品附加值为目标,鼓励产业深化创新,促进产业价值链升级。

(四)建设以社会普遍信任机制为基础的社会资本

社会资本积累与产业集群发展互为因果。社会资本积累有利于深化产业集群的专业化分工,充分发挥产业集群的优势。一是通过制定法律法规,规范交易秩序,强化合同执行力度。二是通过规范产业集群内行业协会行为、召集公私人联合研究小组等方式加深产业集群内部的企业和机构之间的联系。

（五）根据产业技术特性，完善产业集群网络结构，充分发挥不同规模企业的优势

首先，中小企业在数量方面占优势，它们比较灵活，能够快速应对市场变化，对产业集群发展具有重要意义。因此，发展产业集群，尤其是对于传统产业而言，必须重视中小企业在产业集群中的地位，通过财政手段支持中小企业技术创新，拓宽融资渠道，解决中小企业融资难问题，支持中小企业发展。其次，大企业在研究开发方面更具优势，鼓励企业并购重组和股份制改革，积极培育产业关联度大的龙头企业，发挥其在产业集群中的带动作用。最后，完善体制机制，鼓励通过"外包"、"委托加工"等方式加强中小企业与大企业之间的分工合作。

（六）以产业集群为起点，注重品牌建设，促进产业集群品牌国际化

一是以各种类型的展会、博览会为契机，推介区域品牌，塑造产业集群的整体形象。二是强化质量监督和检验检测，提高产业集群主导产品在国内外市场上的声誉，依托产品创造产业集群的品牌效应。三是大力鼓励企业实施品牌战略，实现企业品牌与产业集群品牌之间的良性互动，多层次推动产业集群品牌建设。四是加强产业集群品牌的国际保护，为产业集群品牌国际化营造良好外部环境。

第三节　产业政策体系转型和再造
——"十二五"时期提高我国产业竞争力方法 II

产业政策是推动产业发展的重要外部力量。从 1986 年我国正式提出产业政策以来，产业政策在促进产业发展，实现经济持续增长方面发挥了重大作用。改革开放 30 年来，我国坚持巩固和加强第一产业、提高和改造第二产业、积极发展第三产业，三次产业结构不断向优化升级的方向发展。随着经济社会发展进入新阶段，我国产业政策发生了重大变化，从注重量的扩张转变为注重质的提高。"十二五"时期，推动产业深化创新的政策比重将越来越大，在产业政策中居于主导地位。

一、改革开放 30 年，产业发展成效显著

首先，从经济总量和增长率方面看，1978 年到 2007 年，我国经济发展取

得引人瞩目的成就。在总量方面,从不变价格 GDP 指数看,2007 年国内生产总值(GDP)总量和人均 GDP 分别是 1978 年的 15.0 倍和 10.9 倍;2007 年第一、第二、第三次产业产值分别是 1978 年三次产业产值的 36.6 倍、23.1 倍和 19.6 倍;2007 年工业总产值是 1978 年的 24.0 倍。① 从增长率看,第二产业和第三产业基本上保持了与 GDP 相同的增长趋势;工业增长率与第二产业增长率基本上相同;第一产业增长率低于 GDP 增长率,并且在 20 世纪 80 年代中期以后基本上保持稳定(见图 4-4)。

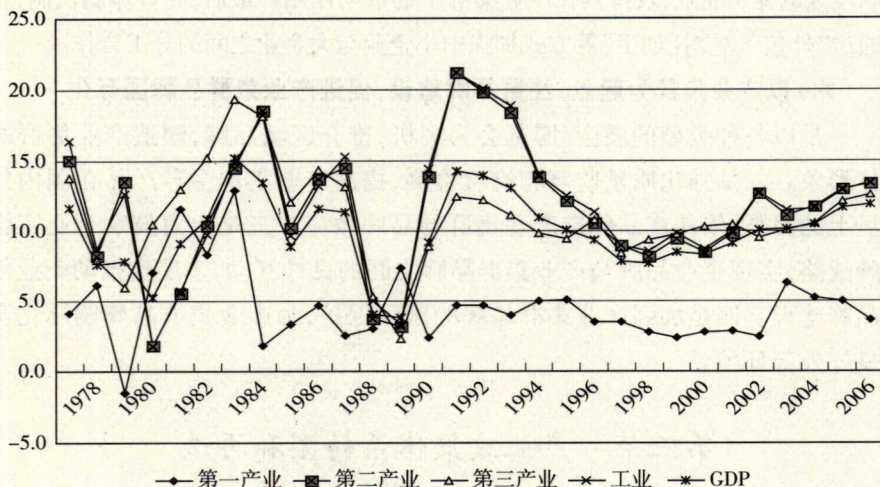

图 4-4 1978—2007 年中国国内生产总值(GDP)、三次产业产值和
工业产值增长率变化趋势

数据来源:国家统计局编:《中国统计年鉴(2008)》,中国统计出版社 2008 年版。

其次,从三次产业产值结构看,1978 年到 2007 年,我国产业结构调整取得显著成效。第一产业产值占 GDP 比重稳步下降,第三产业产值占 GDP 比重则稳步上升,第二产业和工业产值占 GDP 比重基本上保持稳定。2007 年第一、第二、第三产业产值占 GDP 比重分别为 11.3%、48.6% 和 40.1%。其中,第三产业产值占 GDP 比重于 1985 年首次超过第一产业,并于 2001 年(首

① 参见国家统计局编:《中国统计年鉴(2008)》,中国统计出版社 2008 年版。

次)、2002 年和 2003 年一度超过工业(见图 4-5)。

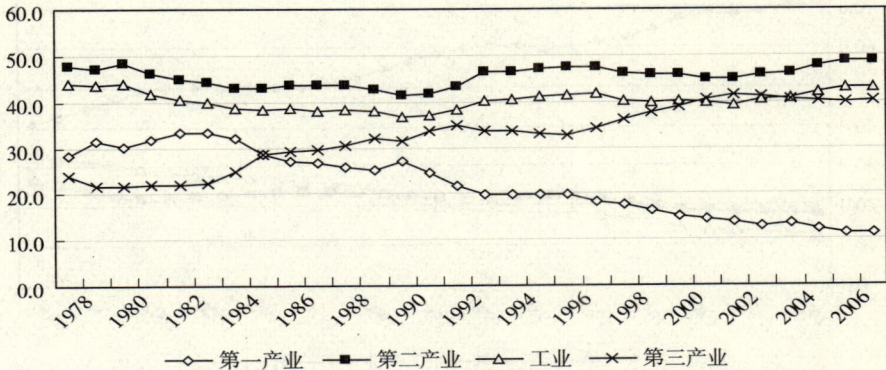

图 4-5　1978—2007 年中国三次产业产值占 GDP 比重变化趋势

数据来源:国家统计局编:《中国统计年鉴(2008)》,中国统计出版社 2008 年版。

　　第三,从三次产业就业结构变化趋势来看,1978 年到 2007 年,我国就业结构明显改善,第三产业吸纳劳动力的能力不断提高。改革开放 30 年,就业结构变化表明,第一产业为第二产业和第三产业发展提供充足的劳动力资源,第一产业就业比重发生了比较显著的下降,第二产业和第三产业就业比重稳步上升,但第三产业对劳动力的吸纳能力大于第二产业。第三产业就业比重在 1994 年首次超过第二产业(见图 4-6)。2007 年,第一、第二、第三产业就业比重分别为 40.8%、26.8% 和 32.4%。

　　第四,从三次产业的比较劳动生产率变化趋势看,1978 年到 2007 年,我国均呈现下降趋势。从趋势上看,第一产业比较劳动生产率稳定下降,下降幅度不大。第二产业比较劳动生产率经历的三个阶段:1978—1986 年急剧下降;1987—2003 年基本保持稳定;2004 年至 2007 年再次出现下降趋势。第三产业比较劳动生产率变化趋势在 1992 年前后发生显著变化,变化趋势由基本稳定转变为在小幅波动中下降(见图 4-7)。

二、产业政策实践:结构调整与产业深化

　　改革开放 30 年,我国产业结构的现代化特征越来越明显,这与我国的产

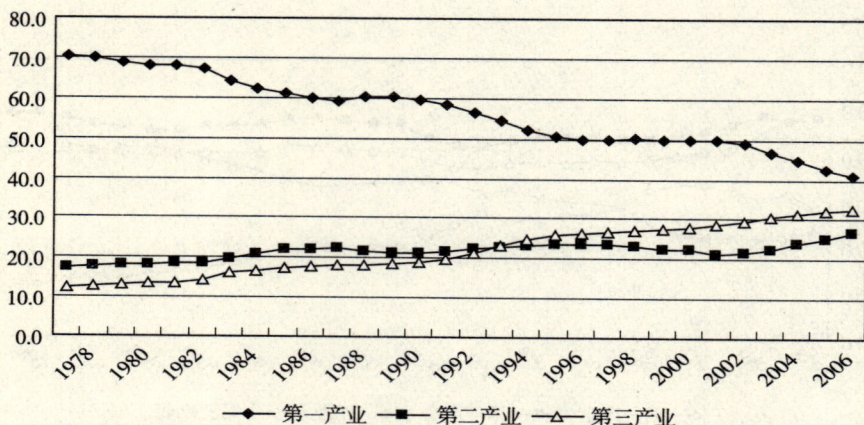

图 4 - 6 1978—2007 年中国三次产业就业比重变化趋势

资料来源:国家统计局编:《中国统计年鉴(2008)》,中国统计出版社 2008 年版。

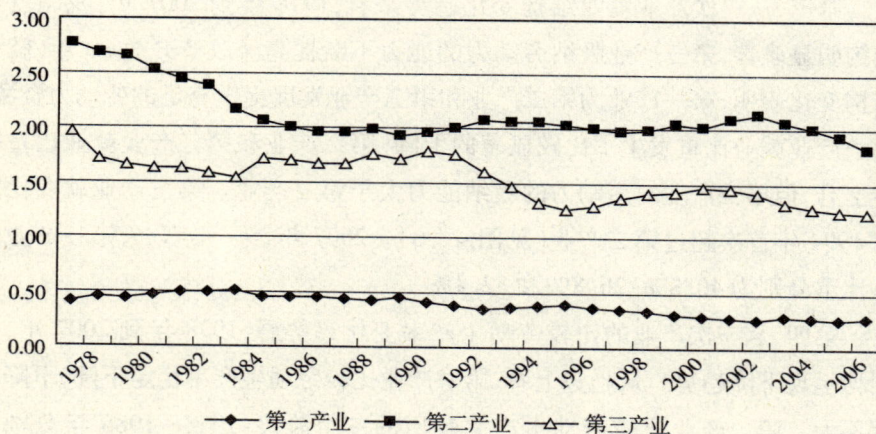

图 4 - 7 1978—2007 年中国三次产业比较劳动生产率变化趋势

注:比较劳动生产率是各产业产值占 GDP 比重与就业比重的比例。

数据来源:国家统计局编:《中国统计年鉴(2008)》,中国统计出版社 2008 年版。

业政策是分不开的,产业政策在调整三次产业结构和促进产业深化创新方面发挥重要作用。从 20 世纪 80 年代中期以来,我国产业政策体系越来越完善,手段越来越多样化,政府对产业政策的运用越来越成熟。20 世纪 90 年代中期以来,"随着我国宏观经济环境的改善和国内外市场需求的变化,我国产业结构也发生了深刻变化。产业结构调整的重点,从实现产业比例关系的协调转向全面提高产业素质和国际竞争力。"①换言之,从促进产业升级的角度看,可以将我国产业政策实践大致划分为两个阶段,即第一个阶段是产业结构调整阶段;第二个阶段是产业结构调整与产业深化创新并重阶段,在时间上,两个阶段以 20 世纪 90 年代中期为界。

(一)产业结构比例调整阶段

"产业政策"一词于 1986 年首次正式出现在官方文件中,产业政策在国家宏观经济政策体系中的地位逐渐得到提高。《国民经济和社会发展第七个五年计划(1986—1990)》提出,要正确处理好效益和速度、质量和数量的关系,进一步合理调整产业结构。1988 年,国务院授权国家计委(现国家发展和改革委员会)成立产业政策司,形成了研究、组织、制定和实施产业政策组织架构。1989 年 2 月 14 日,国务院颁布《中国产业政策大纲》,为中国产业政策整体框架的形成奠定了基础。1989 年 3 月 15 日,国务院发布了《关于当前产业政策要点的决定》,指出,"制定正确的产业政策,明确国民经济各个领域中支持和限制的重点,是调整产业结构、进行宏观调控的重要依据",明确了"当前和今后一个时期制定产业政策、调整产业结构的基本方向和任务"。"七五"期间,国内生产总值增长 44%,年均增长 7.5%;工农业总产值增长 38%,年均 6.7%,其中农业总产值年均增长 4%,工业总产值年均增长 7.5%。

1990 年 12 月,国家制定了《国民经济和社会发展十年(1991—2000 年)规划》和第八个五年(1991—1995 年)计划,将调整产业结构作为一项重要任务。1994 年 3 月,国务院颁布了《90 年代国家产业政策纲要》,强调了制定产业政策是产业结构调整和优化,提高产业素质,促进国民经济持续健康发展的重要手段,并提出了制定国家产业政策必须遵循的 4 项原则。之后相继颁布了《90 年代中国农业发展纲要》等专项产业政策。"八五"期间,国民生产总值年均增长率达 12% 左右,第一产业产值年均增长 4.1%,第二产业产值年均

---

① 1997 年,国家计委在其公布的《当前国家重点鼓励发展的产业、产品和技术目录》中做出上述结论。

增长 17.3%,第三产业产值年均增长 9.5%①,三次产业的产值结构和就业结构均发生显著改善。

(二)产业结构调整与产业深化创新并重阶段

20 世纪 90 年代中期到新世纪初,产业政策发生了重要变化,具体表现在,产业政策更多地通过推动产业深化创新来促进产业结构优化升级。这一时期,我国的产业政策体系逐渐形成,在产业结构政策、产业组织政策和产业技术政策等方面相继出台了一些具有一定可操作性的行业性产业政策(朱敏,2007)(见表 4-3)。国家经贸委将产业政策细分为五种类型,包括倾斜性产业政策、鼓励性产业政策、竞争性产业政策、限制性产业政策和保护性产业政策。②

表 4-3 不同时期我国产业政策发展回顾

	1989 年以前	1989—2000 年	2001 年以后
产业政策所处阶段	无明确产业政策阶段	明确开始探索制定和运用产业政策阶段	产业政策的制定和运用逐步成熟阶段
宏观及产业背景	轻重工业比例严重失调;消费品、能源与原材料严重短缺,基础产业发展滞后;高技术产业发展与民用脱节、与市场脱节	"九五"期间,我国产业发展中一些新问题开始凸现:高消耗、高污染、低附加值的产业比重偏高,技术和知识密集的高附加值产业比重偏低,地区产业结构趋同化、过度竞争以及生产与市场集中度高度不稳定等	中国进入中低收入国家行列;社会主义市场经济体制初步建立;需求替代供给主导经济运行;重工业化加速发展;加入 WTO,出口连年保持高速增长等
产业政策特点	以特定政策措施来调整产业结构。实现发展目标的政策手段比较单一	从 90 年代初期开始,我国产业政策体系逐渐形成,产业结构政策、产业组织政策、产业技术政策和区域产业政策都有了新的发展,取得了一些可供操作的成果,国家颁布了若干综合性的、行业性的产业政策	产业政策紧紧围绕着转变经济增长方式,提高经济运行质量和效益这一中心目标进行,大力推进产业升级和产业结构的高级化

① 参见《"八五"计划完成情况》,《人民日报》1996 年 3 月 20 日。
② 参见《国家将出台五类产业政策》,《中国冶金报》2000 年 12 月 5 日。

续表

	1989 年以前	1989—2000 年	2001 年以后
实施手段和措施	对轻工业实行政策倾斜;提高能源利用效率,加强能源工业和家庭运输业的建设;对高技术产业保持足够投入,同时对这些产业转向民用、转向市场给以优惠政策,努力使它们逐步形成自我发展的良性循环机制	不断强化农业的基础地位,全面发展农村经济;大力加强基础产业,努力缓解基础设施和基础工业严重滞后的局面;确认了汽车、电子、建筑、石化、机械这些产业为我国支柱产业并给予政策倾斜;合理调整对外经济贸易结构,增强中国产业的国际竞争力;加快高新技术产业发展的步伐,支持新兴产业发展和新产品开发;继续大力发展第三产业;90 年代后期,采取了大量以强制性的"关停并转"和"砍压砸封"为标志的调节政策和措施,帮助一些传统产业实施退出或结构化改进	不断提高以技术、知识和资本密集为特征的高新技术产业在整个经济中的比重;以高新技术产业为依托,对传统产业进行技术改造,以推进传统产业的升级换代
典型政策措施	1982 年 12 月《关于征集能源交通重点建设基金的通知》;1986 年 10 月,国务院决定把集成电路、电子计算机、软件、程控交换机列为优先发展的高科技产品,在"七五"期间对这 4 个行业实行优惠政策;实施"八六三"计划;设立高新技术产业开发区,对高新技术企业给予减免所得税等优惠政策	1989 年《国务院关于当前产业政策要点的决定》;1994 年颁布《90 年代国家产业政策纲要》与《汽车工业产业政策》;1995 年发布《引导外商投资方向暂行规定》与《外商投资产业指导目录》;《国务院关于印发鼓励软件产业和集成电路产业发展若干政策的通知》;《当前国家重点鼓励发展的产业、产品和技术目录》;《淘汰落后生产能力、工艺和产品的目录》;《工商领域制止重复建设目录》等	外经贸部按照经济结构调整的需要,对沿用多年的《外商投资产业指导目录》进行修改;国家发改委发布了关于农业、工业、部分服务业的结构调整以及改革方向、重点和主要政策措施的重点专项规划;财政部正在酝酿增值税和所得税等重大税种的改革方案;科技部出台了一系列促进科技成果转化、增强自主创新能力建设的政策法规
实施效果	轻工业和基础工业以较快速度发展,大大缓解了"瓶颈"制约;扶植培育了一大批高新技术企业	到"九五"期末,我国基本上解决了产业结构比例失调的问题。行政手段尽管可以迅速见效,但其负面影响也不容忽视,其结果既破坏存量,也会影响增量的调整,造成产业升级的滞缓	产业政策把产业结构调整推向了一个前所未有的高度,在优化资源配置,推动产业发展,提高经济增长质量等方面发挥了积极重要的作用

资料来源:朱敏:《我国产业政策的演化进程和体制性缺陷》,《中国经济时报》2007 年 6 月 12 日。

这一时期,我国制定多项与产业结构优化升级和产业深化创新相关的政策。

比如,1999 年的《淘汰落后生产能力、工艺和产品的目录》和《工商投资领域制止重复建设目录》;2000 年的《国务院关于印发鼓励软件产业和集成电路产业发展若干政策的通知》等。"九五"期末,产业结构比例失调的问题基本上得以解决,经济运行质量和效益进一步提高,国内生产总值年均增长率8.3%,结束了"短缺"经济时代。

进入新世纪,我国逐渐从 1997—1998 年东亚金融危机的影响中走出来,经济增长进入新一轮上升周期。然而,经济发展面临着结构不合理,科技创新能力不足,资源短缺和环境恶化等方面的突出问题。从长期角度看,我国已经进入必须通过结构调整,提高经济效益来促进经济发展的阶段,对产业政策的要求越来越高。"十五"计划将"产业结构优化升级,国际竞争力增强"作为经济结构调整的主要目标,产业政策围绕转变经济增长方式,大力推进产业结构优化升级。国家政府对"九五"期间颁布的一些政策规定进行了修订,2002 年4 月,国务院公布的《指导外商投资方向规定》正式实施。

党的十六大创造性地提出了科学发展观和新型工业化道路,为我国产业政策实践指明了方向。国务院于 2005 年 12 月颁布了《促进产业结构调整暂行规定》,明确了当前及今后一段时期产业结构调整的目标、原则、方向和重点。2005 年 12 月,国家发展改革委发布了《产业结构调整指导目录(2005 年本)》,它由鼓励、限制和淘汰三类目录组成,其余为允许类。国务院于 2006年 3 月和 2007 年 3 月,分别发布了《关于加快推进产能过剩行业结构调整的通知》和《关于加快发展服务业的若干意见》。国家发改委于 2007 年底发布了我国首份关于产业集群的专项政策,在规范和引导我国产业集群有序发展方面迈出了重要的一步。我国产业政策手段越来越多样化,效果越来越显著。

从 20 世纪 90 年代以来颁布的各项政策法规文件来看,我国产业结构政策与产业深化创新政策是相互融合在一起的。这一点可以从 90 年代以来制定政策规定的倾向中看出来。1995 年制定的《指导外商投资方向暂行规定》从技术水平、产品性能和档次、对资源环境影响程度等方面将外商投资项目分为鼓励、允许、限制和禁止四类。2002 年 4 月,制定《指导外商投资方向规定》。截至 2008 年底,1995 年制定的《外商投资产业指导目录》分别在 1997年、2002 年、2004 年、2006 年和 2007 年进行了 5 次修订。

1997 年颁布了《当前国家重点鼓励发展的产业、产品和技术目录》,确定了国家重点鼓励发展的产业、产品和技术的 5 项原则,重点鼓励 29 个领域,共 440 种产品、技术及部分基础设施和服务的发展。2000 年第一次修订,在原则不变的情况下,国家重点鼓励领域减少 1 个,但涉及产品、技术及部分基础设施和服务增至 526 种。

1999 年初制定《淘汰落后生产能力、工艺和产品的目录》(第一批),涉及行业 10 个,共 114 项,1999 年底就对其进行了修订,涉及行业 8 个,共 119 项,2002 年 7 月进行了第三次修订,涉及行业 15 个,共 120 项。其目的非常明确,就是通过"淘汰的是违反国家法律法规、生产方式落后、产品质量低劣、环境污染严重、原材料和能源消耗高的落后生产能力、工艺和产品,""制止低水平重复建设,防治环境污染,加快结构调整步伐,促进生产工艺、装备和产品的升级换代。"①

此外,在 1999 年公布的《工商投资领域制止重复建设目录》、2000 年印发的《国务院关于印发鼓励软件产业和集成电路产业发展若干政策的通知》,以及 2005 年颁布的《产业结构调整指导目录(2005 年本)》(分别在 2007 年和 2008 年对其进行了两次修订)等文件中都可以看到促进产业深化创新的因素。

三、"十二五"时期产业政策新体系的总体框架

尽管产业政策在我国的产业结构优化升级和产业深化创新两个方面做出了重大贡献,但仍然存在重大缺陷:第一,没有对产业结构政策和产业深化创新政策进行区分,以产业结构政策代替产业深化创新政策,这是造成现阶段我国产业深化创新滞后的重要原因。当然,二者的混同有其理论根源,即传统产业理论就混淆了产业发展的两个方面:产业结构发展和产业深化创新。第二,产业集群政策匮乏。产业集群作为主体功能区下我国产业发展的重要组织形式,借鉴国际经验,构建国家层面的产业集群政策体系十分必要。

为此,作为以产业深化创新提升我国产业竞争力的关键时期,"十二五"

---

① 参见国家经贸委:《淘汰落后生产能力、工艺和产品的目录(第一批)》,1999 年 1 月 22 日。

时期,应着力推进产业政策转型,努力构建产业深化创新政策体系和产业集群政策体系,从而形成新的产业政策框架。

(一)"十二五"时期产业政策新体系

笔者认为,我国未来的产业政策体系应该体现出产业结构政策与产业深化政策的区别,并将鼓励发展产业集群的政策在新的政策体系中充分地反映出来。为此,"十二五"时期,我国的产业政策新体系应该包括产业结构政策、产业深化政策、产业集群政策和产业组织政策等四个主要方面(见图4-8)。

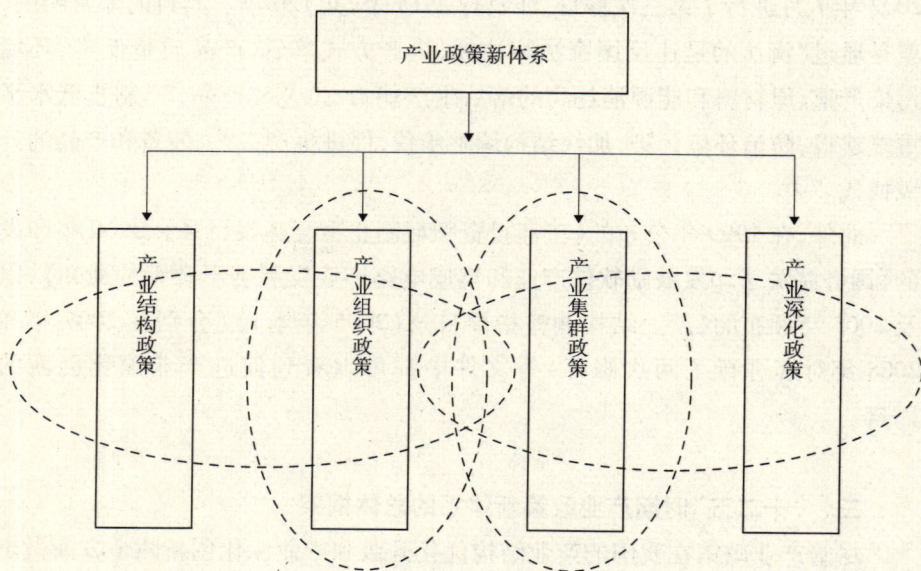

图4-8 "十二五"时期我国产业政策新体系总体框架

注:虚线表示不同产业政策的效果之间存在相互影响和作用。

一方面,在新的产业政策体系中,笔者认为需要将产业深化政策和产业结构政策区别开来。从各国产业演变的历史情况看,不同产业间依次高级化的过程与个别产业自身的深化发展是产业发展的不同形态。例如,根据当前我国三次产业的基本情况,产业结构政策的重要对象是三次产业的结构,其主要目的在于促进三次产业结构的优化和升级,这主要是要调整三次产业比例和分工情况,使之更加适应当前我国国民经济发展所处的阶段;而产业深化政策的对象则是各个产业自身,比如,提高钢铁产业的效率和竞争力。

另一方面,根据现代经济发展区域化、集群化的实践,应该将产业集群政策提高到与产业结构政策和产业深化政策同样的高度。产业集群政策的重点在于,促进产业以集群方式发展,通过创建和培育集群来充分发挥其网络化创新效应、知识和信息溢出、合作竞争、发现市场需求、品牌效应等方面的重要作用。

实际上,新产业政策体系的四个方面,即产业结构、产业组织、产业集群和产业深化是相互联系、相互影响的。首先,从广义产业组织定义来看,产业集群本身就是产业组织的一种存在形态,发展产业集群对于优化我国产业组织具有重要的积极作用。反过来,对于部分具有自然垄断性质的行业而言,产业集中度的提高对于产业集群的发展也是必不可少的。其次,产业组织的优化和产业集群的发展与产业深化之间是相辅相成的。产业深化最终要体现在企业技术水平的提高、生产效率的改善等方面,这对优化产业组织和发展产业集群具有重要作用。反过来,产业集中度的提高,有助于提高龙头企业的研发投入,提高产业自身技术创新能力,促进产业深化创新。产业集群内的企业也可以利用集群的创新网络通过技术创新方面的分工和协作来提高自身的技术水平。第三,产业组织的优化和产业集群的发展是产业结构优化升级的巨大推动力量。而第三产业,尤其是生产性服务业的发展则会反作用于产业组织的优化和产业集群创立与发展。第四,产业结构和产业深化相互制约、相互促进。第三产业的发展能够为产业的深化发展提高便利的信息咨询服务、资金、人力资源培训和其他中介服务,推动产业自身的深入发展。而产业自身的发展有助于提高产业竞争力,为产业结构的梯次优化提供物质基础和不竭动力。总而言之,这四个方面是相互依存、相互约束、相互促进的。未来,我国的产业政策新体系应该突出强调这四个方面,只有这样才能更加全面、更加有力地为我国产业深化创新提供支持力量,才能有效地提高产业竞争力。

(二)产业深化创新政策

我国正处于并将长期处于社会主义初级阶段,经济社会发展仍然面临着许多严峻挑战。从国内看,经济增长方式粗放,资源消耗和环境污染严重;自主创新能力薄弱,产业竞争力不足,农业基础薄弱,传统工业升级、高技术产业和现代服务业发展滞后;扩大就业的压力仍然较大。在激烈的国际竞争中,我们仍将长期面临发达国家在经济、科技等方面占有优势局面的巨大压力。

作为对这些问题的反应,近些年,我国产业政策重心已经发生了一些重要变化,从促进规模扩张以解决"短缺"和"瓶颈"问题,转变为更加注重国民经济质量提高以促进产业升级,提高产业竞争力,转变经济发展方式。换言之,产业政策从偏重促进产业结构优化升级逐渐转向了兼顾促进产业结构优化升级和促进产业深化创新。

随着社会主义市场经济体制改革的不断推进,国家直接掌握的资源相对而言将越来越少。从趋势来看,直接性政策将逐渐淡出,而间接性经济政策比重将逐渐增大,在未来一定时期将产业政策体系转变为以促进产业深化创新为主,似乎是必然选择。欧美发达国家基本上是通过促进产业深化创新来促进产业升级的,它们的直接性产业政策比重较低。20 世纪 90 年代以来,日本和韩国也朝着这个方向作了很大努力。

产业深化创新的主体是企业,因此,产业深化创新政策必须坚持以市场为导向,遵守市场规律。在政策措施方面,产业深化创新政策可以从鼓励技术和工艺创新、改善产品结构和提高产品质量、提升产业价值链环节等方面入手,通过淘汰落后产能、低质低档产品和落后工艺,颁布产业调整指导目录等方面促进产业深化创新。

(三)产业集群政策

技术创新是产业深化创新的核心支持要素,而产业集群的网络化创新机制将为技术创新提供基本动力。20 世纪 90 年代以来,发达国家纷纷将区域产业集群作为建立国家创新体系的载体,通过加强产业集群内的官产学之间的网络,提高技术创新能力。"营造地方产业集群,促进工业园区健康发展,是走新型工业化道路,提高国家竞争力,应对全球化挑战的一种重要政策措施。"①

通过发展产业集群促进技术创新的因素在我国产业政策中早就有所体现,如我国的政府主导建立的经济技术开发区。1984 年 9 月 25 日,我国第一个国家级经济技术开发区——大连经济技术开发区被批准建立,随后首批 14 个国家级经济技术开发区相继建立。目前,我国已建成 54 个国家级高新技术

---

① 顾强、王缉慈:《国家经贸委行业规划司:〈新型工业化研究报告之六〉产业集群、工业园区发展与新型工业化》(2003 年 1 月)。

开发区和工业园区。2007年底,高新区内企业个数达到48472个,从业人数650.2万人,工业总产值44376.9亿元。① 这些开发区在承接国际产业转移,促进技术创新等方面发挥了重要作用,成为我国重要的自主创新和高科技产业集群。

十七大报告指出,"提高自主创新能力,建设创新性国家,是国家发展战略的核心,是提高国家综合国力的关键"。从国际产业集群发展态势看,产业集群已经被确认为创新的载体。目前,我国产业集群的整体创新能力较为薄弱,产业集群的主导产品附加值低,产品结构不合理,这是影响产业竞争力最重要的因素之一。在新阶段、新形势下,我们必须重新界定产业集群政策在我国创新体系中的战略地位,适时推动产业政策转型,努力使我国的产业集群成为推动产业深化创新,促进产业升级,提高产业竞争力的助推器。

(四)产业组织政策

改革开放以来,经济体制改革取得重大成就,在向以公有制为主体多种所有制经济共同发展的经济格局的转变过程中,国家对国有经济进行了战略性布局调整,我国产业组织体系也逐渐完善。然而,我国产业组织结构仍然存在着一些问题,如部分行业产业集中度低,产业内企业同质性现象严重,行政性垄断,等等。鼓励行业内并购重组,适度合理提高产业集中度,谨慎执行反垄断法,鼓励企业实施差异化战略,进一步优化调整产业组织体系对于"十二五"时期提高我国产业竞争力具有重要意义。

"十二五"时期,优化我国产业组织体系应该从以下几个方面入手。首先,坚持分类指导,体现行业差异。"十二五"时期,我国仍然要继续推进重工业化进程,优化产业组织的各项政策措施应该反映战略性产业、基础性产业、民生性产业和资源性产业在重工业化阶段的不同作用。其次,鼓励行业内结构调整,适度提高行业集中度,淘汰落后产能,促进节能减排。第三,完善产业组织体系法制体系,谨慎执行反垄断法。第四,明确界定政府在行业结构调整中的作用,遏制地方保护主义倾向。关于产业组织政策的内容在第四章第七

---

① 张晓强主编:《中国高技术产业发展年鉴(2008)》,北京理工大学出版社,1998年9月1日。

节有更为详细和深入的论述。

(五)产业结构政策

产业结构政策与产业深化政策是相对的,其目的是优化调整三次产业在国民经济中的比重。国家一直重视对产业结构的调整,1978 年以来,三次产业结构随着国民经济的发展不断完善,第三产业产值比重不断上升,第二产业产值比重维持在一个较为稳定的水平(见图 4-9)。这与我国的产业结构政策是分不开的,其在调整三次产业结构方面发挥了重要作用。

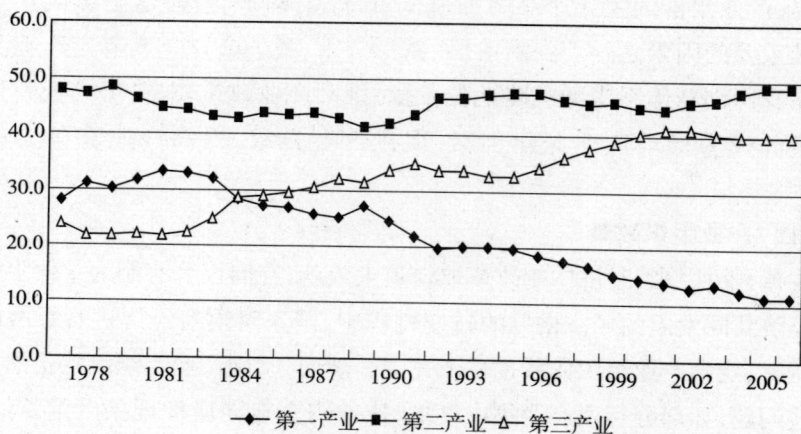

图 4-9 1978—2007 年我国三次产业产值比重变化趋势

数据来源:国家统计局编:《中国统计年鉴(2008)》,中国统计出版社 2008 年版。

产业结构政策一直是我国产业政策的重要组成部分,从 20 世纪 80 年代中期以来,我国产业结构政策手段越来越多样化,效果越来越显著。然而,当前我国产业结构仍然存在不少问题:三次产业及其内部结构仍需改善,农业基础地位仍需要加强,第三产业尤其是生产性服务业的发展仍然难以满足国民经济发展的需要,三次产业劳动生产率的差距在扩大,产业结构的结构能源效益差,产业发展模式粗放问题仍然没有得到根本性改观。强化农业基础性地位,提高第三产业在国民经济中的地位,促进产业结构优化调整,仍然需要不断强化产业结构政策。通过产业结构政策来调整三次产业结构并非本书的研究重点,在这里不予详细论述。

第四节 政府 R&D 投入规模和机制改进
——"十二五"时期提高我国产业竞争力方法 Ⅲ

R&D 投入规模和机制改进是推进产业深化创新的基础性保障。运用 R&D 指标体系分析国家(区域)科技竞争力及产业发展潜力,并进一步作为制定国家(地区)科技和经济发展战略的重要参考依据,已经被国际社会广泛采用。

一、我国 R&D 投入现状及特点

(一)总体而言,我国 R&D 投入规模与强度呈上升趋势,取得显著成绩

随着国家经济实力的不断增强,政府在加大财政扶持力度的同时,采取有效措施积极引导全社会加大对科技事业的投入(见图 4-10,图 4-11)。"十一五"规划实施以来,我国 R&D 投入规模与强度上升趋势明显。据统计,2007 年全社会研究与试验发展(R&D)经费支出达 3710.2 亿元,是 1991 年的 26.1 倍,年均增长 22.6%;按全国人口计算的人均 R&D 支出为 280.8 元,是 1991 年的 22.8 倍。2007 年 R&D 经费支出与国内生产总值(GDP)之比为 1.49%,比 1991 年增加 0.84 个百分点,表明社会资源配置对于自主研发的倾斜逐年加大。根据世界经济合作与发展组织(OECD)出版的《主要科学技术指标 2008/1》,我国 2007 年的研发投入总量排在美国、日本、德国之后,已成为世界第四的研发投入大国;R&D 经费投入强度居发展中国家首位;R&D 经费占世界的比重超过 5%,在世界研发体系中的地位进一步增强。

(二)企业是 R&D 投入的主要来源和 R&D 活动的主要执行者

随着工业化、市场化、全球化的深入发展,激烈的市场竞争以及政府宏观政策的引导,企业 R&D 经费的投入支出持续增长。2007 年,我国的 R&D 经费支出总额中来自企业的资金占 70.4%,来自政府的资金占 24.6%,其他方面的资金占 5.0%,企业是我国 R&D 活动的资金投入主体(见图 4-12)。

企业不但是我国 R&D 经费的最大来源,同时也是 R&D 活动的主要执行部门,2007 年,企业 R&D 经费支出额占全社会 R&D 经费总额的 72.3%,其在我国 R&D 活动中的主体地位已不可动摇。值得指出的是,在企业 R&D 经费

（单位：亿元）

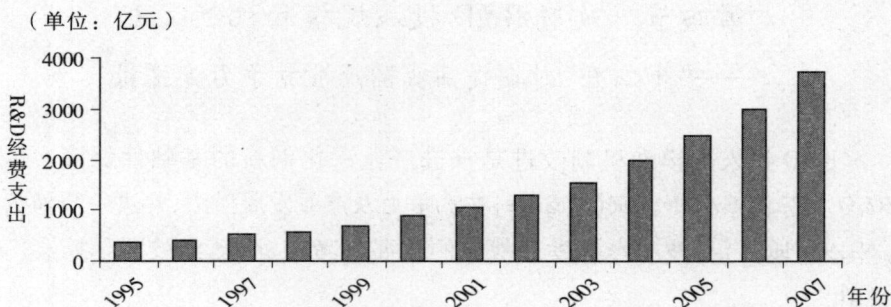

图4－10　1978—2007年中国R&D经费支出规模

数据来源:国家统计局:《中国科技统计年度数据(2007)》。

单位：%

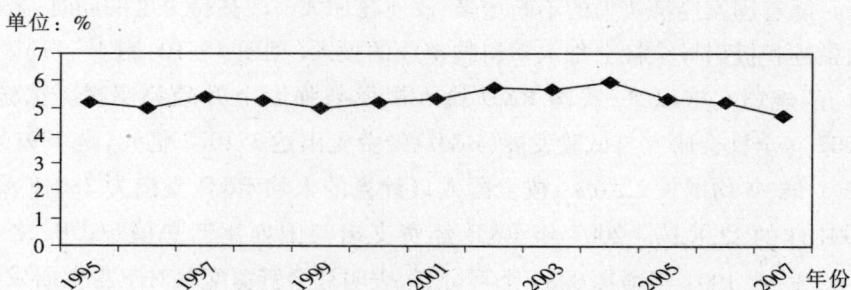

图4－11　1995—2007年中国R&D经费占GDP比重

数据来源:国家统计局:《中国科技统计年度数据(2007)》。

支出中,大中型企业占78.7%(见图4－13)。

（三）从R&D经费支出结构看,试验发展所占比重持续上升,应用研究所占比重呈现下降趋势,基础研究所占比重增长缓慢(见图4－14)

2007年,我国R&D经费支出总额中用于基础研究、应用研究和试验发展的经费分别为174.52亿元、492.94亿元和3042.78亿元。基础研究比上年增长了18.76亿元,占R&D经费支出比例由上年的5.19%降为4.9%;应用研究比上年增长了3.97亿元,占R&D经费支出比例由上年的16.28%降为13.29%;试验发展比上年增长了684.41亿元,占R&D经费支出比例由上年的78.53%升为82.01%。

国外资金 50亿元

政府资金 913.5亿元

企业资金 2611亿元

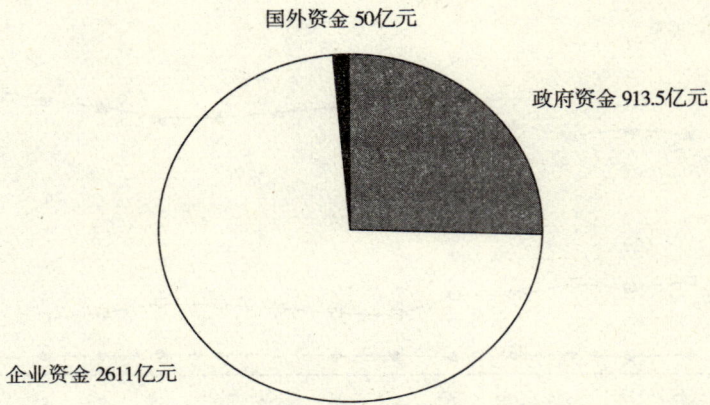

图 4 - 12 2007 年我国 GDP 经费支出来源构成

数据来源：国家统计局：《中国科技统计年度数据（2007）》。

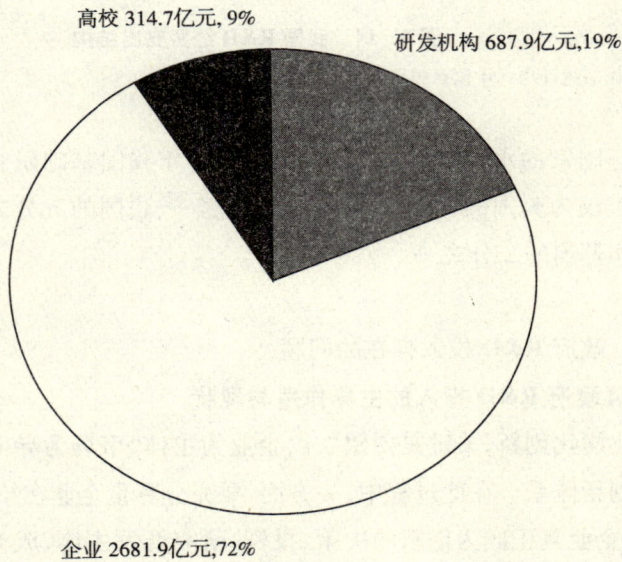

高校 314.7亿元, 9%

研发机构 687.9亿元, 19%

企业 2681.9亿元, 72%

图 4 - 13 2007 年我国 GDP 经费支出执行部门构成

数据来源：国家统计局：《中国科技统计年度数据（2007）》。

与国际相比，我国的试验发展比例高于发达国家平均水平，应用研究比例接近创新型国家的平均水平，基础研究的比例不仅远低于发达国家的水平，还

（单位：%）

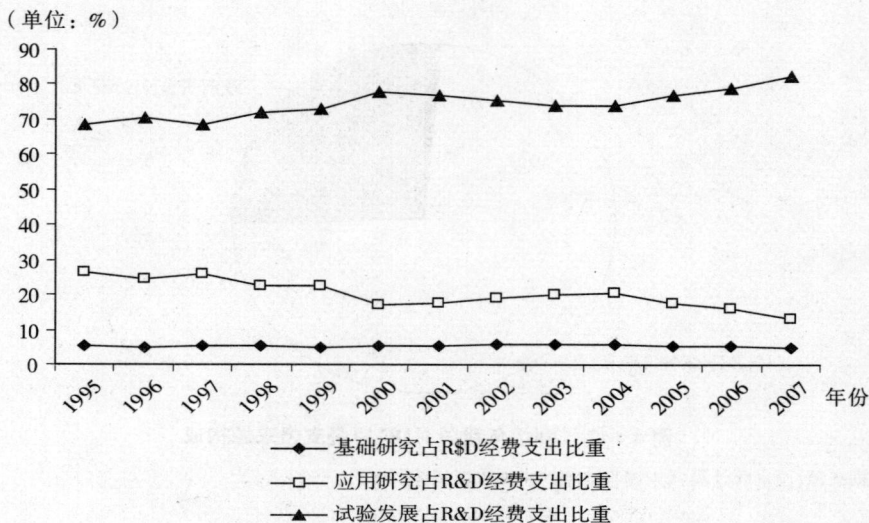

图 4–14　我国 R&D 经费支出结构

数据来源:国家统计局:《中国科技统计年度数据(2007)》。

低于追赶国家的水平。据 OECD 统计,2007 年我国基础研究所占 R&D 经费支出比重仅为美国的 3.6%、日本的八分之一、法国的五分之一、意大利的五分之二和韩国的二分之一。

二、政府 R&D 投入存在的问题

(一)政府 R&D 投入的主导作用与现状

产业深化创新,关键是要建立以企业为主体、市场为导向、产学研相结合的技术创新体系。在此过程中,一方面,要充分尊重企业在技术创新中的主体地位,使企业真正成为创新的决策、投资、研究开发主体,成为创新利益分配、创新风险承担和创新成果转化的主体。另一方面,经济转型的现实压力和市场失灵的客观存在,使政府必须在产业深化创新中引领、组织、协调和保障等方面发挥主导作用。其一,从企业利益来看,技术创新的高投入、高风险、长周期往往让其望而止步。特别是目前,多数企业经济实力有限,创新投入不足,研发能力不强。在这种情况下,政府就要发挥主导作用,通过政府引导,支持企业技术创新。其二,从市场配置来看,研究与开发等领域不适用一般竞争均衡原则,资源在这些领域并不能通过市场得到有效配置。特别是知识的公共性和技术的外部性特征,使得仅仅依靠竞争性市场机制无法完全实现科技资源的优化配置,这就要求政府来弥补"市场失灵"。其三,从创新领域来看,重大创新一般都是综合性的系统工程,需要整合社会资源,需要投入大量的资金。只能由社会公共事务的组织者和管理者——政府来引导和促成。

政府 R&D 投入本身是全社会 R&D 投入的重要组成部分。投入规模的大小一方面直接影响全社会 R&D 投入的规模,另一方面也会影响产业深化创新的社会资本,从而产生诱导效应,带动全社会的投入。投入结构的合理化也将促进产业深化创新的持续性与长远性。

目前,我国财政科目中尚没有政府 R&D 经费支出项目,考虑到数据可获取性与连续性,以科技活动经费筹集中政府资金来反映 R&D 经费投入状况。2007 年我国科技活动经费筹集中政府资金为 1703.6 亿,比上年增加 335.4 亿,比重为 22.14%。总体看,我国政府投入科技活动资金持续增长,平均增长速度为 17%(见图 4-15)。随着建立自主创新型国家战略目标的提出,投入增速加快。

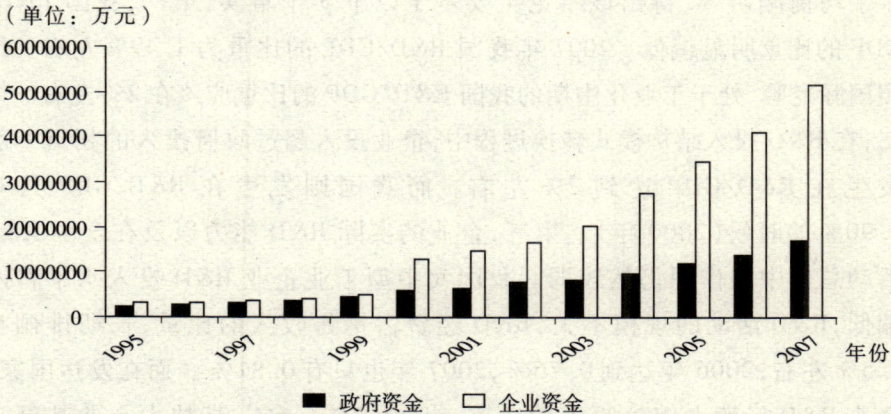

图 4-15 1995—2007 年科技活动资金筹集

数据来源:国家统计局:《中国科技统计年度数据(2007)》。

(二)政府 R&D 投入规模不足,结构上过早落入"低水平均衡陷阱",基础研究投入偏低

"十一五"规划中,经济社会发展的主要指标中 R&D/GDP 预期性目标是到 2010 年达到 2%,年均增长 0.7%。2007 年我国 R&D/GDP 的比重在 GDP 调整前(246619 亿元)达到 1.49%,调整后(257306 亿元)的比重降为 1.44%。2008 年以来,我国遭遇了国际金融危机的重大冲击,防止经济过度衰退成为经济生活的主旋律,受此影响,笔者认为,在"十一五"期间,R&D/GDP 预期性目标 2% 的实现难度急剧提高,可能性大大缩小。

发达国家与新兴工业化国家经验表明,在 R&D 投入结构模式由政府主导型向政府企业双主导型并最终过渡到企业主导型的转换过程中,虽然政府 R&D 投入占全部 R&D 投入的比例占绝对地位的状况已经不复存在,但政府 R&D 投入始终占据主导地位。政府 R&D 投入的主导地位强调的是对全社会 R&D 投入的决定与影响作用。1995 年我国政府 R&D 投入比重为 50%,2000 年下降到 34.5%,政府企业双主导型的时间只有 3—5 年的时间,与主要发达国家相比,R&D 投入结构模式较早经历了从政府主导型向企业主导型的过渡。

根据国际经验,目前我国 R&D 投入来源结构似乎合理,但这是一种"低水平均衡陷阱"。得出该结论主要基于以下 3 个事实:第一,我国 R&D/GDP 的比重明显偏低。2007 年我国 R&D/GDP 的比重为 1.49% 左右。按照国际经验,处于工业化中期的我国 R&D/GDP 的比重应该在 2% 左右。第二,在 R&D 投入结构模式转换过程中,企业投入超过政府投入的拐点一般发生在 R&D/GDP 达到 2% 左右。而我国则发生在 R&D/GDP 只有 0.90% 的时候(2000 年)。第三,企业的实际 R&D 能力以及在全国 R&D 活动总体中的作用仍然较弱。我国大中型工业企业 R&D 投入水平普遍偏低,R&D 活动的规模不大,R&D 经费占销售收入的比重,长期徘徊在 0.5% 左右,2006 年达到 0.76%,2007 年也只有 0.81%。而在发达国家,企业 R&D 经费占销售收入的比重一般为 3%—5%,高技术企业甚至高达 20%。

尽管我国基础研究的投入规模在不断增长,但一直偏小,在 R&D 经费支出结构中的比重低,长期徘徊在 5% 左右,2007 年下降为 4.9%。其主要原因除与政府 R&D 规模小、企业及地方政府投入比例低密切相关外,还受到经济发展阶段、学习和吸收能力、知识贡献能力的影响。

政府 R&D 投入规模的偏小,造成难以保证它在应当介入的领域不会出现较大的缺项。我国目前的 R&D 投入布局中存在几个薄弱环节,包括农业、公益事业 R&D 投入的严重不足;基础研究、共性技术研究投入比例过低;科技基础设施投入没有稳定渠道等等,多与此有关。

(三)我国政府 R&D 投入机制有待改进

我国政府 R&D 投入机制是以财政拨款的管理机制为主(见图 4-16)。政府直接投入主要以财政科技拨款的方式体现,从资金支持性质来说包括直接资助和权益性资助两种。其中,直接资助是政府以无偿的预算拨款的方式进行的支持,权益性资助是政府以不同的权益性方式进行的直接投入。2007年,中央财政科技投入除继续加大直接资助力度,还开展多种投入方式的新探索,在以新的投入方式实施国家科技重大专项、运行创业投资引导基金、政府企业共建科技条件平台投入等方面取得突破。

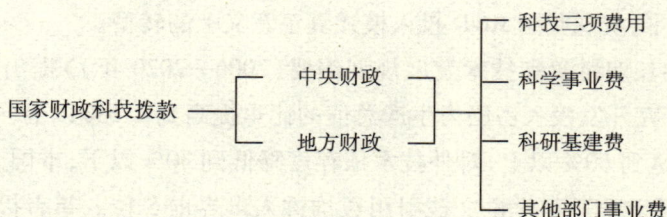

```
                                              ┌── 科技三项费用
                         ┌── 中央财政 ──┤
国家财政科技拨款 ──┤               ├── 科学事业费
                         └── 地方财政 ──┤
                                              ├── 科研基建费
                                              │
                                              └── 其他部门事业费
```

图 4-16 国家财政科技拨款的管理类别

目前看来,我国的 R&D 投入机制对政府 R&D 投入效应有着不利的影响,主要问题有:1. 政府 R&D 投入的统筹协调机制缺乏,对科技活动的调控往往难以达到预期的效果。这导致科技领域宏观管理各自为政、科技力量自成体系的现象一直存在,这些都直接影响了政府对 R&D 投入的有效管理和整合。管理科研经费的部门主要有发改委、科技部、科学院、教育部、自然基金委以及一些相关部委,但部门间协调不够,导致科研经费不能合理、有效地使用。各方面科技力量自成体系、分散重复,宏观统筹协调能力薄弱,科技资源配置分散重复,整体运行效率不高。

2. 我国尚未有统一的覆盖全国的国家科技计划信息通报或查询系统。信息交流不畅,使各计划的项目申报、立项数据信息不能共享,加上不同管理部门之间因条块分割带来的信息壁垒,以至影响我国科学研究的系统性和连续性。

3. 政府 R&D 投入带动全社会 R&D 投入增加机制尚未确立。实证研究表明,我国政府对企业 R&D 活动的直接资助对企业 R&D 投入具有挤出效应。强化政府 R&D 投入对企业 R&D 投入的诱导效应的机制有待确立。

三、完善 R&D 投入的政策建议

(一)警惕"低水平均衡陷阱",提高 R&D 投入规模,"十二五"期末(2015年)全社会 R&D/GDP 达到 2.5%,同时提高政府 R&D 投入比重,力争达到 40%

要实现创新型国家的建设目标,必须借鉴国际经验,进一步强化政府的 R&D 投入,以财政强有力的 R&D 投入带动全社会 R&D 投入,改变我国 R&D 投入低水平的结构合理,但不能适应经济社会发展所需的现状,提高全社会 R&D 投入水平,实现我国 R&D 投入模式真正意义上的转型。

《国家中长期科学和技术发展规划纲要(2006—2020 年)》提出,到 2020年,全社会研究开发投入占国内生产总值的比重提高到 2.5% 以上,力争科技进步贡献率达到 60% 以上,对外技术依存度降低到 30% 以下,本国人发明专利年度授权量和国际科学论文被引用数均进入世界前 5 位。笔者提出,尽管在"十一五"期间,实现 R&D/GDP 预期性目标 2% 的可能性基本趋近于零,但是,这并不意味着 R&D/GDP 由此进入衰减时期,建立创新型国家和"十二五"时期跨越式提升我国产业竞争力的战略任务决定了全社会 R&D 投入规模应实现跨越式提升,到 2015 年,即比 2020 年提前 5 年,全社会研究开发投入占国内生产总值的比重达到 2.5%。而且,根据测算,这一目标完全具有可行性。

在表 4-4 中,以 2000 年至 2007 年全社会 R&D 投入的几何平均增长率 18.6% 衡量,到 2015 年将实现 R&D/GDP 为 2.8%,考虑到全社会 R&D 投入的复杂性,将目标定为 2.5% 比较适宜。

表4-4 政府 R&D 投入规模与比重 （单位:亿元,%）

年份	全社会 R&D1	全社会 R&D2	GDP1	GDP2	R&D/GDP1（%）	政府 R&D/全社会 R&D(%)	政府 R&D1	政府 R&D2
2007	3710.2	3710.2				24.6	913.5	913.5
2008	4334.7	4398.0	300670	300670	1.44	26.2	1136.4	1153.0
2009	5064.2	5213.3	324724	330136	1.56	27.9	1413.5	1455.1
2010	5916.5	6179.7	350701	362489	1.69	29.7	1758.2	1836.4
2011	6912.3	7325.3	378758	398013	1.82	31.6	2187.0	2317.7
2012	8075.6	8683.2	409058	437018	1.97	33.7	2720.3	2925.0
2013	9434.7	10292.8	441783	479846	2.14	35.9	3383.8	3691.5
2014	11022.6	12200.8	477126	526871	2.31	38.2	4209.0	4658.9
2015	12877.7	14462.6	515296	578504	2.50	40.7	5235.5	5879.8

注:GDP1 是预期"十二五"时期以 8% 的平均增长速度增长,GDP2 是预期"十二五"时期以 9.8% 的平均增长速度增长。GDP 增长数据以 2008 年为基期。政府 R&D 以 2007 年数据为基期。

数据来源:根据国家统计局编:《中国统计年鉴(2008)》(中国统计出版社 2008 年版)整理计算而得。

为实现 2015 年 R&D/GDP 达到 2.5% 的目标,当年政府 R&D 投入在全社会 R&D 投入中的比重应达到 40%,这也意味着政府投入的平均增长速度要达到 24.4%,高于 1995—2007 几何平均增长率 15.1%。

实际上,"十二五"时期,我国仍将处于重化工业化阶段的特征,决定了我国 R&D 投入结构中仍然应该是政府投入占据更大比例,而且还应保持一段时期。政府投入比重至少要达到 40%,也是研发大国在重化工业化时期的平均投入主体比例关系。

（二）合理配置 R&D 投入,提高基础研究经费投入比重

在加大政府 R&D 投入的基础上,更重要的是要提高政府 R&D 投入的效率。首先,要准确定位政府 R&D 投入领域,在鼓励企业 R&D 投入基础上,充分发挥其调节和诱导作用,重点资助企业 R&D 投入的弱势领域,如基础研究、竞争前共性技术的应用基础研究和有助于实现特定目标的 R&D 项目（如核心产业升级技术等）。其次,充分发挥间接投入的作用,主要是通过政策来有效引导 R&D 的资源配置,化解企业间获得政府 R&D 资金的不公平性,通过政策的导向引导原来绝大多数不可能获得政府 R&D 资助的企业加大 R&D 投人。此外,调整政府 R&D 资助与投入结构,高校和研发机构 R&D 投入应更多地集中在基础研究上,逐步形成基础研究、应用研究、试验发展间的合理配置。

在提高全社会 R&D/GDP 过程中,提高基础研究在全社会 R&D 总投入中的比重应构成其重要内容。我国基础研究投入在科研总投入的比重不足6%,"十二五"时期要力争达到发达国家工业化第二阶段的平均比重水平。同时,积极鼓励联合大中型企业,根据其产业技术发展要求,加大对基础研究的投入。

（三）发掘政府支持企业 R&D 投入的新途径和机制,积极探索新的投入方式

在 WTO 框架下,政府对企业 R&D 的资助受到限制,发掘政府支持企业R&D 活动的新途径就显得尤为重要。政府部门应在促进官产学研结合方面开展更多尝试,建立相应的激励和转化机制,把技术服务、技术成果转移和网络化信息平台作为构建 R&D 环境的重要前提,确保信息的畅通,促进企业、研发机构、高等院校间的联合协同,加速先进技术和 R&D 成果向企业转移。同时,培育良好的市场制度与竞争环境,提升企业 R&D 投入的有效需求,强化政府 R&D 投入对企业 R&D 投入诱导效应的基础。

对实施国家科技重大专项、运行创业投资引导基金、政府企业共建科技条件平台投入等新的投入方式加强经验总结,并加以推广。

（四）加快建立政府 R&D 投入协调合作机制,建立统一的覆盖全国的产业科技计划管理服务信息平台

在加强政府宏观管理的同时应加快建立部门之间协调合作机制。一方面,科技部应牵头建立部门联席会议制度,加强部门之间、军民之间的各类规划计划和重大项目的沟通协调,实现国家目标的统一和重大技术创新活动的有效组织;另一方面,科技部应与各省加强联动,如建立部省会商制度等,加强国家科技计划与地方科技计划之间、上游与下游环节计划的统筹协调。

建立起各年度、各类别项目申报、立项等数据信息互访平台,供各计划决策部门对项目申报、立项情况进行查询、跟踪,以克服因条块分割带来的部门、地方、军民、部门与地方等相互之间的信息闭塞。通过项目信息数据库的建设,严格控制多头申请、交叉和重复立项。

此外,设立能够全面反映 R&D 投入情况的科目,引导全社会重视对 R&D

活动的投入。一方面,实施以部门预算分类和功能分类相结合的预算科目,在具体操作中仿照会计科目设置,建立起能够反映政府 R&D 投入总量的预算科目。另一方面,在企业财务报表中,仿照国际经验,更明显反映出 R&D 对企业业绩的贡献,推动企业加大对 R&D 的投入。

第五节 公共技术平台的构造
——"十二五"时期提高我国产业竞争力方法 Ⅳ

产业公共技术服务平台是围绕产业对"共性技术"和"关键技术"的需求,政府引导支持,企业、高校、科研院所、行业协会等共同参与,依托有关重点实验室、工程(技术)研究中心、企业技术中心、科技企业孵化器以及科技中介机构等建立起来的,为产业发展提供共性技术和关键技术的研究开发、技术转移、技术资源共享等技术性服务为主的系统,包括物质与信息保障系统、以共享机制为核心的制度体系、专业化队伍三个基本因素以及综合性服务系统和网络平台两个配套因素。

通过整合离散在政府、高校、科研机构、企业中的各种技术性资源,实现产业软硬件设备资源共享、技术信息资源共享、科技人才资源共享,达到降低产业内企业技术创新的风险,从而降低企业的运营成本、加快产业发展的目的。建设产业公共技术服务平台是优化创新创业环境、促进产业和产业集群发展、增强区域自主创新能力的有效途径,是增强国家和区域竞争优势、实现跨越式发展的重要举措。

一、我国公共技术平台建设的历史和现状

随着我国产业的不断发展,企业对技术创新的需求不断扩大,全国各地高新技术开发区兴起以技术创新为核心的"二次创业"。在国家《2004—2010 年国家科技基础条件平台建设纲要》和《"十一五"国家科技基础条件平台建设实施意见》颁布后,国家和地方公共技术平台建设工作取得积极进展,科技条件资源的共享程度和使用效率明显提高,科技公共服务能力显著增强,平台对国家重大创新活动的支撑作用日益凸显。

从国家层面看,着重建设提升国家科技水平的基础平台,以整合全国科技

资源,提供共享服务为主。在信息资源整合方面,全国大型仪器协作共用网、中国标准服务网、国家科技成果信息服务平台、科学数据共享平台等的建设取得积极成果。截至 2007 年底,全国大型仪器协作共用网已经收集和整合 40 万元以上仪器设备信息资源共 14770 台(套),对外共享信息资源 12449 台(套),化合物谱图检索信息 24130 条;整合相关分析测试方法、计量基标准元数据共 8 万余条,通过对外开展类型多样、各具特色的服务,仪器利用效率大幅度提升;标准文献共享服务网络建立了跨部门、跨行业、跨地区的全国标准信息资源整合机制,从技术上实现了全国范围内的"资源整合、信息共享、协同服务"的一体化格局;2007 年 2 月国家科技成果信息服务门户系统开发完成,建立了国家科技成果信息服务体系。在研发中心建设方面,工程技术研究中心、重点实验室、国家分析测试中心也都取得积极成果。2007 年,科技部紧密围绕国家重大战略需求,新建了"国家山区公路工程技术研究中心"等 12 个工程中心,实施整体布局的优化调整;国家(重点)实验室工作取得突破性进展,设立了国家(重点)实验室专项经费,从开放运行、自主选题研究和科研仪器设备更新三方面加大对国家(重点)实验室稳定支持的力度。2007 年国家(重点)实验室专项经费 14 亿元,国家(重点)实验室引导经费 2 亿元;企业国家重点实验室、省部共建国家重点实验室培育基地进展迅速,截至 2007 年 12 月底,正在运行的省部共建实验室有 43 个;改革开放以来,中国建立了钢铁材料、生物医学、环境分析、有色金属、建筑材料、兴奋剂检测等 14 个国家级分析测试中心。

从地方上看,主要是结合自身科技资源优势和产业发展需求,以整合共享为主线,以服务创新为目标,搭建了一批各具特色、富有活力的科技创新平台,有效地促进了区域科技资源的共建共享,提升了科技对地方经济的支撑服务能力。据不完全统计,目前有 18 个省(自治区、直辖市)制定了地方科技平台建设发展纲要,21 个省(自治区、直辖市)设立了平台建设专项资金,10 个省(自治区、直辖市)平台建设经费占科技投入的比例超过 20%。

浙江省按照"政府扶持平台,平台服务企业,企业自主创新"的总体要求,在加快建设重点企业研发机构、重点实验室和试验基地等基础上,启动了公共科技基础条件平台、行业创新平台和区域创新平台建设。截至 2007 年底,共建设 3 个公共科技基础条件平台和 26 个行业、区域科技创新平台。

重庆市按照"瞄准需求、突出特色、统筹布局、分步实施、外引内联、多方共建"的原则和"整合为主、新建为辅"的理念,开展了研究开发平台、资源共享平台和科技成果转化平台等三大科技平台建设。

为满足科技创新企业尤其是中小企业的技术创新需求,营造良好创新环境,上海市建设了由基础条件、公共技术、转移孵化、管理决策四大功能、十个子系统组成的上海研发公共服务平台。截至 2007 年底,平台的"科学仪器共用系统"聚集了全市 151 家单位的 1291 台(套)单台套价值 50 万元以上的大型科学仪器和设施;"科学数据共享系统"已覆盖上海市的 6 大重点发展领域的科学数据,总量达到 6TB,其中化学化工和生命科学等特色领域的数据共享处于国内领先水平。

二、我国公共技术平台建设存在的问题

公共技术平台从产业发展的宏观角度,促进产业链的分工合作,能提升企业自主创新能力和核心竞争力,具有重要的现实意义。各地政府,尤其是经济发达地区政府对公共技术平台建设比较积极,不断探索完善公共技术平台支持促进产业深化创新的途径与机制。但公共技术平台的建设平台建设是一项长期性、基础性、涉及面广、难度大的系统工程,不可能一蹴而就。从产业深化创新的角度看,公共技术平台的建设也存在着一些需要解决的问题。

(一)公共技术平台的建设发展缺乏整体规划,缺乏国家、区域、地方的功能定位

各地的公共技术平台建设方面存在追求"大而全"或"小而全"现象,加上行政体制上的条块分割与条块交叉,各类平台建设无法充分利用现有资源,资源整合和优化配置存在较大难度,难以形成良性循环。同时,存在公共网络基础设施低层次大量重复建设,利用率不高,信息资源开发利用不够,"信息孤岛"各自为政的状况,造成资源的浪费和恶性竞争。

(二)公共技术平台建设相关法律政策不到位或者缺位

我国缺少对公共技术平台的相关法律和法规,对公共平台的法律地位、经济地位、管理体制、运行机制以及责任义务等没有明确条文,在收费、政策、税收等方面也没有明确规定,影响着平台的长远发展。

同时,公共技术平台的科技资源共享机制也需要法规加以统一协调。如

财政部、海关总署、国家税务总局审议通过并颁发实施的《科技开发用品免征进口税收暂行规定》第四条、第六条,都明显与科技资源共享相冲突。事业单位现行国有资产管理制度与科技条件的开放共享还不相适应,主要表现在:国家财政部门没有对由事业单位供养的国有资产有偿使用的相关政策,仪器设备使用无折旧,仪器设备购置无评议,单位考核中无开放共享指标等,管理部门难以按照共享开放原则调剂在项目完成后由政府财政投资购入的闲置仪器。此外,如公共技术平台中研发的共享技术和关键技术的知识产权政策也需明确。

(三)公共技术平台建设一定程度上缺乏对产业深化创新支持,关键技术和共性技术研发平台发展存在缺陷

公共技术平台的规划建立必须根据产业发展阶段,结合产业特点,适应产业需求进行建设,这样才能保证公共技术平台发挥应有的作用(见表4-5)。目前,大多数地方的公共技术平台发展缺乏对本地产业发展的分析,一哄而上地建立"大而全"或"小而全"的公共技术平台,使得资源浪费而效果有限。

政府投入资金不足,配套人才缺乏,科技中介服务体系发展不足,都制约了关键技术和共性技术研发平台建设发展。目前,除浙江省等发达地区大力发展技术创新平台取得明显效果外,大多数地区都处于筹建阶段。另一方面,在建设模式中,政府将扶持资金直接投向企业,由于市场竞争使然,造成某些企业不对外开放的垄断使用,变成企业的一个封闭资源,丧失公共技术平台的公共服务性。同时,一些企业由于市场变化,企业竞争实力变弱而造成公共技术平台的正常运营得不到良好保障,甚至由于企业的倒闭而造成平台的缺失。

(四)公共技术平台建设发展中市场化程度有待提高,运行机制有待创新

尽管公共技术平台具有公共服务性,政府投入起着重要作用,但是公共技术平台的应用性决定了它的可收益性,从而使市场机制可以发挥作用,进而为公共技术平台长远发展提供了保证。因而,大型公共技术服务平台建设应按照"政府引导、多元投入、市场机制"模式。

目前,政府在平台建设投入中发挥主导作用,企业、高校和科研院所等相关投入主体积极性有待提高。建成的平台维护运行成本与市场收益相比偏高,仍需要政府的持续投入支持。

表4－5 产业发展阶段与公共技术服务平台建设

产业成长阶段	产业特点	平台目的	平台建设模式	资金投入
拟发展阶段	新建从无到有高科技产业,现有产业的升级换代	产业化技术的开发和人才的培养	依靠科研院所建设研发公共技术服务平台	政府财政为主的投入和支出
初创阶段、成长阶段	企业的数量少,规模小,在产业发展前景的吸引下,有较多的潜在进入者	推动新兴产业的发展,尤其是帮助中小企业成长,使其具备正常研发生产的条件,降低研发的成本	以创业中心、孵化器为主建设研发公共技术服务平台	政府的投入和补贴
成熟阶段	由于有较多的厂家,公共技术服务的需求量大	侧重建立技术公共服务平台,提供共同需要的测试研发手段,避免企业的重复投入,开展产业共性技术、关键技术的研发	市场化运作公共技术服务平台,政府更多的是引导、组织企业组建公共服务平台	以企业投入为主,政府投入为辅

三、推动公共技术平台构建的政策建议

建设产业公共技术服务平台是优化创新创业环境、促进产业和产业集群发展、增强区域自主创新能力的有效途径,是增强国家和区域竞争优势、实现跨越式发展的重要举措。"十二五"期间需要加快产业公共技术服务平台建设,进一步提升我国产业竞争力。

(一)以产业需求为导向,科技创新平台建设与产学研合作协同推进,统筹国家、区域和地方的公共技术平台建设,促进科技资源优化配置,提升产业竞争力

《国家中长期科学和技术发展规划纲要(2006—2020年)》确定"以建立企业为主体、产学研结合的技术创新体系为突破口,全面推进中国特色国家创新体系建设,大幅度提高国家自主创新能力。"而国家科技基础条件平台的建设是促进产学研结合的有效机制。充分拓展国家科技基础条件平台建设内涵,加入和强化支持产业深化创新的研发、成果转化与产业化技术平台建设内容。按平台设定的功能目标,组建新的非营利科研机构或是改革现有科研院所,结合产业实际需要,通过政府引导产学研项目合作,推进平台建设的同时加速产学研合作。

加强对地方公共技术平台建设的分类指导,根据各区域和地方需求,以及产业布局规划,进一步明确国家平台和地方平台的功能定位。尽快建立国家、区域和各省市之间平台开放共享的协作协同关系和会商机制,有序地推进地方创新基础资源的整合共享实践。

(二)加快公共技术平台法规建设,规范公共技术平台管理

以《中华人民共和国科学技术进步法》为基础,针对公共技术平台建设中存在的问题,加快法规建设。国家统一协调解决不同政策间存在矛盾的共性问题,制定科技资源共享规定,界定共享的内容和对象,规定共享的具体机制以及共享的主体及其权利义务;完善产业共性技术研究开发中的知识产权政策,明确产业共性技术的收益主体;总结公共技术平台建设的经验,借鉴国外经验,制定公共技术平台管理规定,明确其法律地位、经济地位、管理体制、运行机制以及责任义务,统一规范公共技术平台管理。

(三)加快支柱产业和新兴产业的共性技术和关键技术平台建设,强化投入与管理,切实提高产业竞争力

有重点地加大支柱产业和新兴产业的共性技术和关键技术平台建设的投入,安排专项资金重点支持、补助平台建设。财政资金的投入重点要从"单对一"的对具体企业的支持,逐步转向支持企业自主创新的产业公共技术服务平台的建设,转向对产业共性技术、关键技术以及前瞻性技术的开发和推广的支持。同时,要建立企业和政府在经费投入上的风险共担机制,以市场利益分配为核心的利益共享机制,通过政府的政策和引导性投入,引导和调动企业、金融机构、中介机构等社会多方面的共同投入,特别是创业风险投资参与平台的建设,降低企业的研发风险。加强对共性技术创新平台的监测。包括对创新投入、创新产出、创新组织成效、政策绩效、发展重点、共性技术的开发和扩散效率、企业参与共性技术研发状况、产业技术进步等指标的评估和监测。

(四)积极探索多种模式,充分运用市场机制,有效提高公共技术平台对产业深化创新的支持力度

政府投入方面,在加大直接投入的基础上,拓宽融资渠道,吸收社会资金,建立产业深化创新基金,允许重大项目发行长期债券,进而构建公共财政扶持产业共性技术关键创新的框架。公共技术平台体系要注重公益性与竞争性结合,引入市场评价体系,优胜劣汰。加快科技中介服务体系建设,进一步提高市场机制的影响。

第六节 财税和金融政策体系的支持

——"十二五"时期提高我国产业竞争力方法 V

实践证明,产业深化创新的推进离不开财税政策和金融政策的支持。本章试图提出"十二五"时期促进我国产业竞争力提升的新财税金融政策手段。

一、支持产业竞争力提升的财税和金融政策体系历史与现状

(一)现行财税体系发挥了重要作用

1994 年税制改革以来,我国相继出台并实施了一系列促进科技进步的税收优惠政策,对增加企业研发投入、发展高科技、促进产业深化创新、提升企业自主创新能力和核心竞争力,发挥了积极的推动作用。

现行税制促进科技创新的激励作用主要表现在以下两个方面:一是通过税收法律法规促进科技发展和自主创新,如对直接用于科学研究、科学试验和教学的进口仪器设备免征增值税,对农业机耕及相关培训免征营业税,对提供专有技术取得的特许权使用费减免外资企业所得税,对省(部)级以上单位颁发的科技奖金免征个人所得税等。二是适时制定具体的税收优惠政策,对研究开发——科技成果转化——成果产业化等不同环节、高新技术产业开发区等特定区域以及集成电路、软件、科研机构转制、科学普及等实体或产品给予支持,以促进技术创新、发展高科技和推动科技体制改革(见表 4 - 6)。

2007 年围绕落实国家中长期科技规划配套出台了一系列税收优惠政策:《关于落实国务院加快振兴装备制造业的若干意见有关进口税收政策的通知》为加快我国装备制造业发展作出重要的政策安排;《科技开发用品免征进口税收暂行规定》进一步规范科技开发用品免税进口行为;《关于促进创业投资企业发展有关税收政策的通知》规定符合条件的创业投资企业,可享受所得税减免的优惠;《关于国家大学科技园有关税收政策问题的通知》和《关于科技企业孵化器有关税收政策问题的通知》分别对符合条件的国家大学科技园和科技企业孵化器给予了所得税、房产税、城镇土地使用税和营业税的税收优惠政策。实施新的《企业所得税法》及《企业所得税法实施条例》。新企业所得税法和实施条例不仅规定了高新技术企业可以享受15%低税率优惠政策,而且在判定方法上作出重大调整。新政策不再以国家高新区和高新技术产品来判定高新技术企业是否可以享受税收优惠,而是以国家重点支持的高新技术领域和企业的研发投入等标准做相应判定。2009年1月1日起,在全国所有地区、所有行业推行增值税转型改革。改革的重要内容是允许企业抵扣新购入设备所含的增值税。这项政策不仅可以进一步消除重复征税,鼓励企业进行技术和设备投资,促进产业结构调整和产业深化创新,提高产品的国际竞争力。也可以减轻高科技企业税收负担,鼓励企业增加科技创新的投资力度。

表4-6　当前中国促进技术进步的税收政策简表

优惠政策	主要内容
税收减免政策	①小规模计算机生产企业,生产销售软件按6%征收增值税;②直接用于科学研究、科学实验的进口仪器、设备免征增值税、关税;③四项技术收入免征营业税;④高新开发区内的高新技术企业,自获利年度起两年内免征所得税,两年后按减15%的税率征收企业所得税;⑤当年未享受免税优惠的国家规划布局内的重点软件生产企业,按减10%的税率征收所得税;⑥科研单位实行经费自主年度起,免征房产税和车船使用税3年;⑦科技人员获得的由省级人民政府、国务院部委和中国人民解放军以上单位颁发的科学技术成果奖,免征个人所得税;⑧国务院津贴免征个人所得税。
退税政策	①增值税一般纳税人销售自行开发生产的软件产品,对其增值税实际税负超过3%的部分实行即征即退政策;②以在境内取得的交纳企业所得税后的利润作为资本投资于西部地区开办集成电路生产企业、封装企业或软件产品生产企业,经营期不少于5年的,按80%的比例退还其再投资部门已交纳的所得税。
费用扣除政策	①社会力量资助非关联的科研机构和高等学校的研究开发经费可以全额在当年度应纳税所得额中扣除;②企业与其他单位组成的联合开发集团公司,成员企业交纳的技术开发费可列入管理费在税前扣除;③企业可按当年实际发生的技术开发费用的150%抵扣当年应纳税所得额,实际发生的技术开发费用当年抵扣不足部分,可按税法规定在5年内结转抵扣;④企业提取的职工教育经费在计税工资总额2.5%以内的,可在企业所得税前扣除;⑤软件生产企业的工资和培训费用,可按实际发生额在税前扣除。
投资抵免政策	技术改造项目所需国产设备投资的40%可从企业技术改造项目设备购置当年比前一年新增加的企业所得税中抵免。
加速折旧政策	①中试设备的折旧年限可加速折旧30%—50%;②企业用于研发的仪器设备可一次或分次摊入管理费或采取加速折旧的政策;③集成电路生产企业的生产性设备的折旧年限最短可为3年。

资料来源:作者整理。

据不完全统计,2003 年,仅对高新技术企业减免税收就达 250 亿元,2004 年科技税收减免合计达到 700 多亿元。现行涉税法规及具体税收政策有效地提高了企业科技创新的积极性和主动性。

(二)金融政策体系发挥了重要作用

金融政策体系的作用主要表现在:一方面为技术创新顺利、迅速进行提供了资金保障;另一方面,为技术创新主体提供了多种获利退出的途径与方式,如首次公开上市(IPO),项目转让,企业并购等。我国金融业通过金融机构贷款、证券融资、创业投资等多种科技投入方式支持技术进步和创新产业的发展。

我国金融机构积极为科技进步融资。通过科技贷款等方式,1995 至 2007 年累计融资 28804.5 亿元(见图 4－17)。成为科技活动经费的重要来源之一。

单位:万元

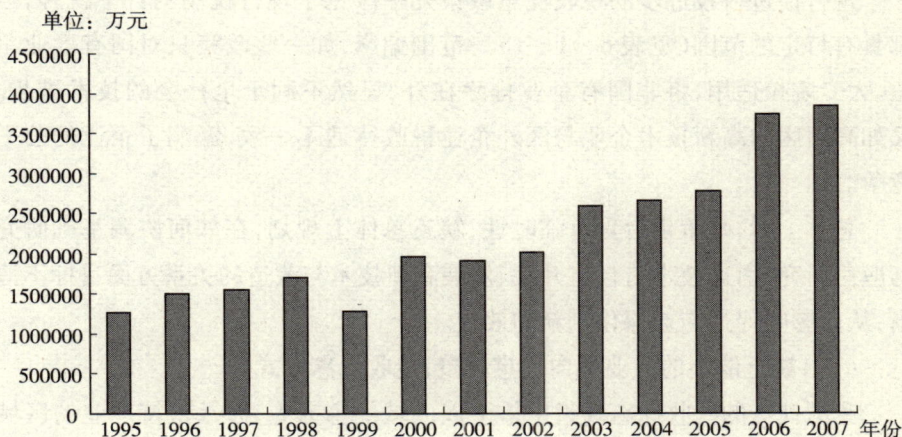

图 4－17 1995—2007 年中国金融机构贷款的科技活动经费

数据来源:国家统计局:《中国科技统计年度数据(2007)》。

在资本市场,2004 年以后,作为分步推进创业板的第一步,设立中小企业板。目前中小板有上市公司 273 家,每家公司平均融资 3 亿左右。几年来,包括再融资在内,中小板公司共融资 1200 亿。风险投资得到发展,根据中国风险投资研究院发布《2006 年中国风险投资业调研报告》,截至 2006 年底,我国风险资本总量超过 583.85 亿元人民币,比 2005 年底的 441.29 亿元高出

32.31%;2006 年高达 240.85 亿元的新筹资风险资本规模,比 2005 年对应的 195.71 亿元增加了 23.06%。2006 年度中国风险投资总量再创历史新高, 143.64 亿元的投资总额,比 2005 年增加 22.17%。2006 年风险资本与投资总量的增长率均超过 20%。

2008 年 12 月国务院发布《国务院办公厅关于当前金融促进经济发展的若干意见》(简称"金融三十条"),强调货币政策、信贷政策与产业政策的协调配合,多方面积极支持产业发展。

二、现行财税和金融支持政策评价

从现行财税金融体系的运行实践分析,以产业深化创新为目标进行衡量, 也存在一些亟待解决的问题。

(一)税收扶持政策零散、适用范围较窄,缺乏目标和系统性

现行促进科技进步的税收优惠政策几乎散见于现行税制的各个税种,但都具有特定的范围(见表 6-1-1)。范围偏窄,如一些政策只对国有事业单位、大专院校适用,将非国有企业排除在外,显然不利于全社会的技术进步。又如高新区内高新技术企业与区外企业税收待遇不一致,影响了企业的公平竞争。

总体上看,政策出台具有临时性,缺乏总体上规划,在如何协调基础研究与应用研究,引进技术与自主开发、发展高新技术与改造的关系方面目标不清晰,从而影响促进产业深化创新的效应。

(二)缺乏清晰的产业导向优惠政策,税收优惠方式单一

我国现行的税收优惠政策主体上以区域优惠为主,涉及扶持产业的区域主要有经济技术开发区和高新技术开发区。开发区的普惠税收优惠政策在一定程度上减弱了鼓励高科技产业发展的导向功能。同时,现实中高新技术开发区的分布还加大地区间的科技发展不平衡。就产业税收激励政策而言,较多偏重于创新结果而不是扶持创新过程,影响了税收政策的效果。如:企业研发形成科技成果转让时,才能享受相关优惠政策。

现行的税收优惠政策主要集中在税率优惠和税额的减免上,国际通行的加速折旧、投资抵免、加大费用列支和提取投资风险准备金等促进产业深化的间接税收优惠政策受制于各种因素无法充分落实。

（三）对科技基础研究、风险投资、产学研联合开发、中小科技企业等的税收优惠政策支持力度不够，存在一定的缺位现象

基础研究涉及产业深化创新的长期性和持续性。风险投资涉及科技成果产业化，是发展高科技产业的关键。产学研联合开发是重要的科技开发与实施转化的组织形式。中小科技企业是技术创新中最具活力和创造力的群体。它们的发展都对产业深化创新有着重要作用。目前的税收优惠政策或者缺位，或者支持度有限。

（四）金融业科技贷款对创新性产业的支持力度逐渐下降，投放结构不均衡

金融业科技贷款对创新性产业的支持力度逐渐下降。主要原因是国有银行商业化改革使发放风险较高的科技贷款更加审慎，科技贷款随我国宏观经济周期的波动而变化使其在紧缩周期阶段占金融机构贷款的比重大幅度下降（见图4-18）。

（单位：%）

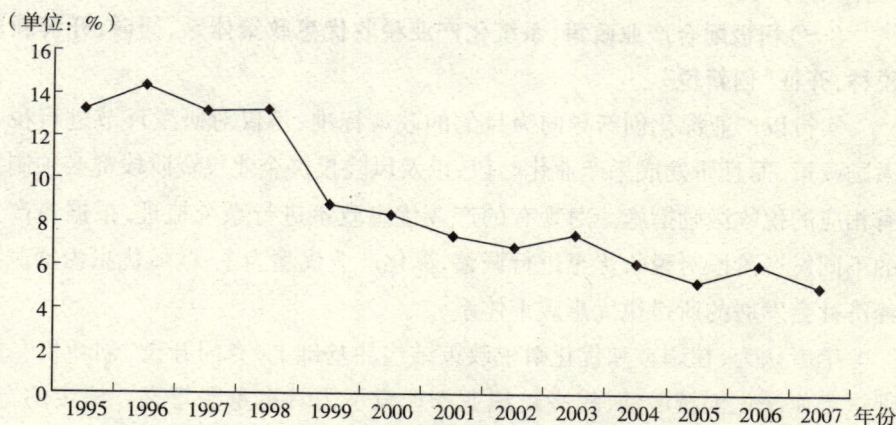

图4-18 1995—2007年金融机构贷款占科技活动经费筹集比重

数据来源：国家统计局《中国科技统计年度数据（2007）》。

金融业科技贷款的投放对象结构不均衡。我国间接融资体系中针对大企业融资渠道较为畅通，而对中小企业以及初创期的高新技术企业资金需求满足程度低。在我国近年来科技贷款的50%流向了大中型企业，而中小企业对科技融资贷款的比例极低。

(五)资本市场对产业深化创新的支持度有限

我国针对科技融资的金融市场严重落后于经济发展。在金融市场中股市融资相对规模有限,银行贷款仍是科技融资的主要渠道。资本市场中创业板迄今仍未推出,债券市场中企业债券发行规模有限。技术产权交易市场有待完善。

政策性金融扶持机制和风险投资服务体系是有效克服科技投资高风险和消除市场在满足中小型科技企业初创投资存在严重缺陷等市场失灵的重要机制。但国内发展状况不佳,国内虽有多种类型的中小企业融资服务机构,但资金实力有限,覆盖面狭窄,远未形成区域或全国范围的政策性金融扶持机制。风险投资经过多年发展,规模依然有限。

三、推进财税和金融政策支持体系创新的建议

"十二五"期间是转变经济增长方式,建立自主创新国家的关键时期。应充分发挥财税和金融政策体系的支持作用,强化产业深化创新。

(一)积极配合产业政策,系统化产业税收优惠政策体系,同时,开辟新的税种,开征"创新税"

实行以产业深化创新导向为目的的政策标准,不仅对研发环节进行税收激励政策,而且研发成果产业化阶段,以及风险投资企业投资阶段都必须制定有相应的税收激励措施。对现有的产业优惠政策进行系统梳理,根据各产业的不同发展阶段对税收优惠进行调整,深化产业优惠为主,区域优惠为辅兼顾经济社会发展的所得税优惠政策体系。

笔者认为,在调整和优化财税政策结构的基础上,专门开设"创新税",对促进产业深化创新活动,提高纺织业产业竞争力具有重要意义。拟定的"创新税"实行先征后返,累进返还制度,退税比例与企业的研发投入占销售收入比例及相关产业深化创新行为挂钩。

(二)积极运用各种间接优惠方式,推动企业科技进步

借鉴国际经验,采用多种间接优惠方式,促进企业自主创新。具体措施是:一建立科技开发准备金制度。允许企业从销售收入中提取3%—5%的科技研究开发风险准备金,以弥补科研开发失败的风险,准予风险准备金在所得税前据实扣除。逾期不用或挪用,应补交税款并加罚滞纳金。二是扩大新技

术和产品投资抵免和退税范围。按投资额的一定比例抵免企业应纳所得税，实行再投资退税。三是实行加速折旧制度。参考国际经验，结合我国产业发展要求，缩短固定资产的折旧年限，简化加速折旧的审批和实际操作方面手续，以加快企业的设备更新与技术进步。

（三）完善税收政策，鼓励科技成果的转化

对公共技术平台，风险投资企业、产学研联合开发实体可通过实行优惠所得税率加以支持。鼓励中小科技企业发展，降低高科技企业小规模纳税人标准。将企业科技基础研究投入以一定比例直接从所得税中抵免。

（四）强化政府引导，建立健全产业深化创新基金体系

产业深化创新基金作为一种新的资金配置方式，政府可以根据产业深化创新的要求，成立专门针对初创期高新技术企业的"创业投资基金"，为成长期企业服务的"产业深化引导基金"和服务产业发展需求的"产业股权基金"，形成具有集聚效应的基金体系。通过基金资本聚合和投资放大功能，通过运行机制、发展模式和招商引资等方面的创新，可有效缓解产业深化创新资金短缺的难题，也将有利于促进全国直接融资体系和资本市场的发展建设。

笔者认为，应加大力度设立行业性"消化吸收基金"，借鉴国际经验，大幅度提高消化吸收费用占技术引进费的比例。首先，在技术引进方面，鼓励企业引进尚未被商业化的专利、技术许可证等，在此基础上进行消化吸收和再创新，快速形成自主知识产权。其次，技术引进要与自主研发相结合，强制性设定并大幅度提高企业消化吸收资金投入比例。例如，北京市政府2007年1月份出台的《鼓励引进消化吸收与再创新实施办法（试行）》第六条对引进消化吸收与再创新进行了明确的规定，"要求企业引进消化吸收国外技术后至少形成1项专利成果"，"对于科技开发项目，要求企业对引进的技术按不低于引进费用1:1的比例匹配资金用于消化吸收与再创新。"第三，鉴于我国自主创新能力薄弱，在政府支持的同时，健全科研机构与企业之间的合作机制，提高企业消化吸收和再创新能力。

（五）积极探索完善金融支持产业深化创新的多种途径和方式

首先，探索建立科技发展银行。科技发展银行的基本职能是为科技型中小企业的育成、高新技术园区的壮大和重大科技专项产业化等可金融化的科技资源,提供专业化的金融服务。探索设立科技发展银行,一方面,我国现有 53 个高新技术开发区,园区内的科技型中小企业以及重大科技专项,对投资的需求和可为金融资本带来的回报,都足以支撑个性化、专业化金融机构的稳定健康运营和发展;另一方面,政府科技投入资金可以通过科技发展银行这样一种专业化机构安排融资,起到放大和引导作用,使更多社会资金能够分散科技创新过程的风险,也能让更多的社会资本分享科技创新的财富成果。

其次,完善技术产权交易市场建设。技术产权交易市场能有效促使科技成果产业化,解决转化融资难和降低风险等问题,是技术成果交易与融资功能相结合的新型资本市场。

最后,努力构建多层次资本市场,大力发展创新型直接融资。建立多层次资本市场体系,是促进技术创新与金融有效结合的重要途径。一是政府可以联合金融部门推进支持科技型企业自主创新的金融工具创新,加快对符合条件的企业开展知识产权和非专利技术等无形资产的质押贷款试点工作的开展;二是要积极利用资本市场,大力推进中小企业板创新,引导中小企业板上市向科技创新型企业倾斜,改善创新型企业的上市环境;三是要积极推进创业板,早日进行创业板试点,以满足不同类型、不同成长阶段的创新型企业多样化的融资需求。

第七节　产业组织体系的重构
——"十二五"时期提高我国产业竞争力方法Ⅵ

产业组织政策目的在于促进市场有效竞争,实现规模经济与市场竞争的协调一致。这与我国社会主义市场经济体制改革的目标是一致的。从政策导向看,产业组织政策分为两类:一类是竞争促进政策,旨在鼓励竞争和限制垄断,主要适用于一般竞争性行业;另一类是产业组织合理化政策,旨在限制过度竞争,促进规模经济,主要适用于具有自然垄断性质的行业。从作用的对象看,产业组织政策也可以分为两类:一是市场结构政策,二是市场行为政策。

改革开放 30 多年来,我国经济体制改革取得重大进展,基本上实现了由单一公有制经济向以公有制为主体、多种所有制经济共同发展新格局的转变。产业组织结构不断完善。然而,目前在产业组织体系方面,我们仍然面临着结构性问题:一方面,部分行业产业集中度不高,难以获得规模经济效益;另一方面,其他行业还存在着过度竞争现象。适度提高产业集中度,谨慎执行反垄断法,鼓励企业实施差异化战略,进一步优化产业组织结构,对促进产业深化创新,提升产业竞争力具有十分重要的意义。

一、我国产业组织体系发展的历史进程与现存问题

我国产业组织体系不断发展的历史进程就是国有企业改革和国有经济布局战略性调整的过程。在"有所为,有所不为"原则下,随着国有经济阵线不断向重要行业和关键领域收缩,基本形成了国有及国有控股企业、私营企业以及港澳台商和外商投资企业并存的格局,我国产业组织结构日趋合理。但是,目前我国产业组织结构仍然存在着一些问题,如部分行业产业集中度低、产业内企业同质性问题,以及行政性垄断导致低效率问题等。

(一)国有经济战略性调整取得重大进展,多种所有制经济共同发展的格局基本形成

国有企业改革起于1978年,经过长期艰难的探索之后,于1993年确定了建立现代企业制度的改革方向。经过一系列改革,企业积极性得到了很大提升,但从总体上看,这段时期的国有企业改革主要是局限于国有经济范围之内,并未达到预期效果,而且出现了一些改革之初未能预料到的问题。1997年9月,"十五大"报告提出"要从战略上调整国有经济布局。对关系国民经济命脉的重要行业和关键领域,国有经济必须占支配地位。在其他领域,可以通过资产重组和结构调整,以加强重点,提高国有资产的整体质量"。随着国有经济布局战略性调整的不断推进,国有经济逐步从制造业、纺织业等一般竞争性领域的退出,逐步向关系国家命脉的重要行业和关键领域集中,我国的产业组织结构日趋合理,基本形成了国有及国有控股企业、私营企业以及港澳台商和外商投资企业并存的格局。

首先,国有经济在规模方面有所下降,但对整体经济的控制力和影响力进一步增强。改革之初,我国基本上是单一公有制经济,公有制经济占国内生产总值的比重约为99%。其中,全民所有制工业企业数量占24.0%,工业总产

值中占 77.63%;集体所有制工业企业数量占 76.0%,工业总产值占 22.37%。① 从 1998 年国有及国有控股企业、私营企业以及港澳台商和外商投资企业与 2007 年各类企业不同指标之间的对比可以明显看出,国有经济在企业个数、工业产值、工业增加值、年平均从业人数四个方面均发生了显著下降(见图 4-19 和图 4-20),但是,工业产值和工业增加值仍然占据全部工业产值的较大比例(见图 4-20)。这个对比结果说明,国有及国有控股企业生产效率在 1978 年以来,有了显著改善。1998 年至 2007 年,国有及国有控股企业工业总产值和工业增加值均呈现不断上升的趋势(见图 4-21)。

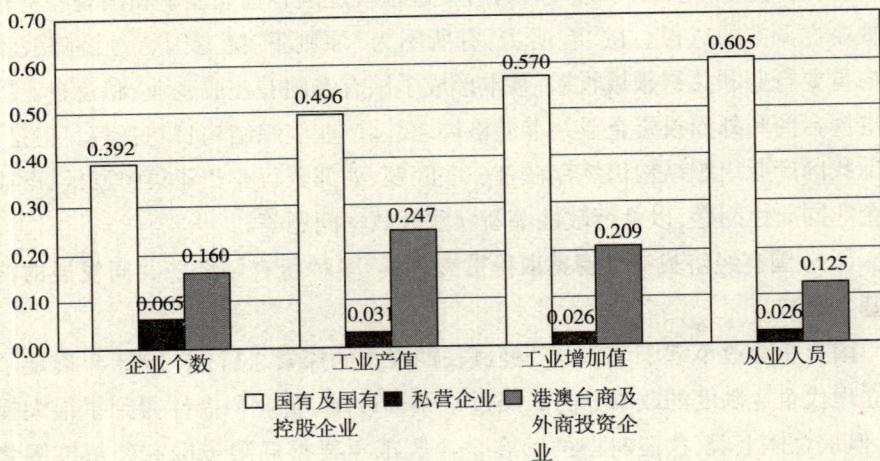

图 4-19 1998 年规模以上不同类型工业企业的数量、产值、增加值以及从业人员对比

数据来源:国家统计局编:《中国统计年鉴(2008)》,中国统计出版社 2008 年版。

同时,在关系国民经济命脉的基础性行业,国有经济仍然占据主导地位。2007 年,在石油天然气开采工业总产值中,国有及国有控股企业产值所占比重为 96.9%;电力和热力的生产和供应业占 90.8%;石油加工、炼焦及核燃料加工业占 75.5%;煤炭开采和洗选业占 63.3%;水的生产和供应业占 66.8%;在交通运输设备制造业占 49.8%;黑色金属冶炼及压延加工业占 42%;有色

---

① 国家统计局:《改革开放 30 年报告之三:经济结构在不断优化升级中实现了重大调整》(2008 年 11 月)。http://www.stats.gov.cn/was40/gjtjj_outline.jsp.

金属冶炼及压延加工业占 32.2%。

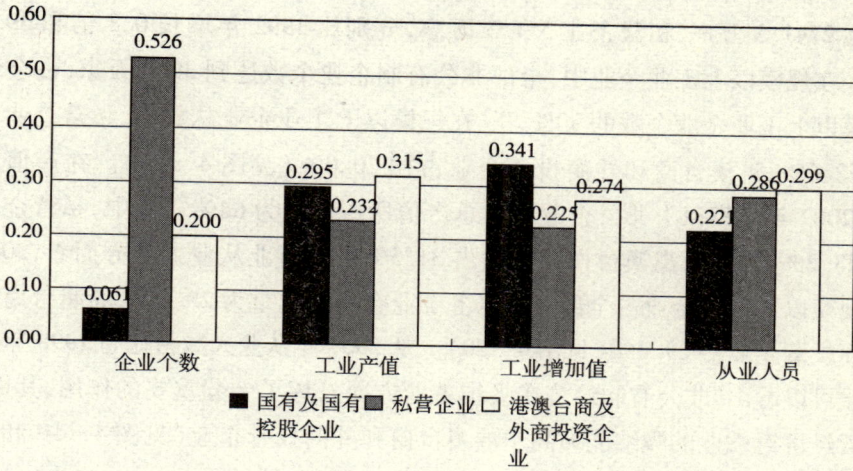

图 4-20　2007 年规模以上不同类型工业企业的数量、产值、增加值以及从业人员对比

数据来源：国家统计局编：《中国统计年鉴（2008）》，中国统计出版社 2008 年版。

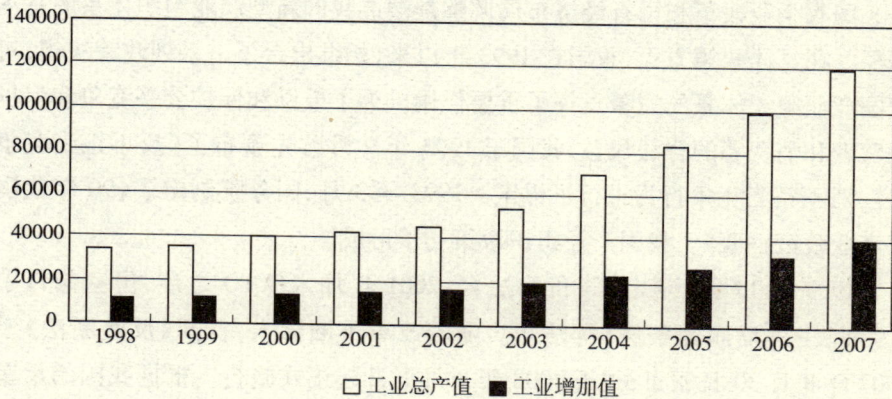

图 4-21　2007 年规模以上国有及国有控股工业企业产值、增加值变化趋势

数据来源：国家统计局编：《中国统计年鉴（2008）》，中国统计出版社 2008 年版。

　　其次，非公有制经济规模不断扩张，在促进经济增长和扩大就业方面的作用越来越大。"非公有制经济是我国社会主义市场经济的重要组成部分。"在国家的扶持、引导和促进下,非公有制经济从无到有获得了飞速发展,完善了我国产业组织体系,提高市场活力。"从数量看,2007 年全国登记的个体工商户为 2741.5 万户,私营企业 551.3 万家,分别比 1992 年增长 0.8 倍和 39.1 倍。在规模以上工业企业中,全部非公有制企业个数达到 30.3 万家,占全部规模以上工业企业个数的 90%。"①在规模以上工业企业总数中,私营企业占比 52.6%,港澳台商和外商投资企业占比 20.0%(见图 4 - 20)。在产值方面,2007 年规模以上非公企业工业总产值所占比重为 68%。其中,私营企业占 23.2%,外商及港澳台投资企业占 31.5%。从行业从业人数方面看,2007 年规模以上私营企业占全部规模以上工业企业的比重为 28.6%,港澳台商和外商投资企业占 29.9%(见图 4 - 20)。从 2007 年从业人数占比与 1998 年的对比可以看出,非公有制经济在吸纳就业方面发挥了十分重要的作用,其中,私营经济对就业的吸纳能力高于港澳台商和外商投资企业(见图 4 - 19 和图 4 - 20)。

(二)产业组织政策体系基本形成

改革开放以来,我国产业组织政策也取得重要进展。产业组织政策在鼓励和保护市场竞争、完善市场体系方面发挥了重大作用。

国有企业改革和国有经济布局调整是塑造我国新型产业组织体系的基本路径。在具体政策方面,我国在 1993 年以来,相继出台了一系列政策法规,对我国产业组织体系的完善发挥了重要作用。为了鼓励和保护公平竞争和保护经营者和消费者的合法权益,我国于 1993 年 9 月首先颁布了《反不正当竞争法》,对不正当竞争行为进行了界定。1994 年 3 月,国务院制定了《90 年代国家产业政策纲要》。我国产业组织政策初步形成。

1997 年 12 月,制定了《价格法》。2001 年加入 WTO 之后,国家修订了《专利法》、《反倾销条例》等法规。随着改革不断深入,首部《反垄断法》于2007 年 8 月 30 日颁布,并于 2008 年 8 月 1 日起正式施行。根据我国的反垄断法,国务院设立反垄断委员会,负责组织、协调和指导反垄断工作,垄断行为包括三类"经营者达成垄断协议、经营者滥用市场支配地位、具有或者可能具

---

① 国家统计局:《改革开放 30 年报告之三:经济结构在不断优化升级中实现了重大调整》(2008 年 11 月)。http://www.stats.gov.cn/was40/gjtjj_outline.jsp。

有排除、限制竞争效果的经营者集中",另一方面,"经营者可以通过公平竞争、自愿联合,依法实施集中,扩大经营规模,提高市场竞争能力。"2008 年 7 月,国务院批准了《国家工商行政管理总局主要职责内设机构和人员编制规定》,俗称"三定"方案,国家工商总局成立"反垄断与反不正当竞争执法局",负责查处垄断协议、滥用市场支配地位、滥用行政权力排除限制竞争方面的工作,国家发改委负责查处价格垄断行为,商务部负责审查经营者集中情况。反垄断执法部门初步建立。从政策体系及其执行机构的构建方面看,我国的产业组织政策体系基本形成。

（三）产业组织结构现存问题

目前,我国基本形成了不同所有制经济共同发展的局面。在国民经济体系中,非公经济不论是在数量方面还是在工业产值方面都具有十分重要的地位。然而,我国产业组织结构仍然存在着一些问题,限制了市场在资源配置中基础性作用的充分发挥。

第一,工业企业整体和部分行业产业集中度均较低,不同产业之间产业集中度差异较大。首先,我国工业总体产业集中度较低。从我国规模以上大中小型企业数量、产值和从业人数基本情况看,2007 年大型企业数量是 2910 个,占全部规模以上工业企业比重 0.86%,但工业总产值和从业人员数量占比却分别仅为 34.76% 和 23.15%（见图 4-22）。

然而,20 世纪 70 年代以来,美国 1977 年前 100 家工业企业销售收入集中度为 35.0%,日本 1976 年前 100 家集中度为 26.6%,前联邦德国 1973 年为 45.4%,英国 1977 年为 41.0%,韩国 1981 年为 46.2%,欧共体 1986 年为 29.5%[1]。根据美国统计局的《集中度:2002》,2002 年美国前 50 家大公司雇员、增加值和资本支出集中度分别是 12.1%、25.3% 和 19.9%,前 200 家大公司雇员集中度为 25.4%。[2] 这些指数都远高于我国同类指数。其次,部分具有规模经济效应的行业的产业集中度也较低。从分行业资料看,根据工业和信息化部的统计分析,2008 年,我国钢铁行业面临的困境之一正是"产业集中度低,市场竞争不规范。"粗钢生产企业 500 多家,平均规模不足 100 万吨,大

---

① 魏后凯:《中国制造业集中状况以及国际比较》,《中国工业经济》2002 年第 1 期。

② U.S. CENSUS BUREAU,Concentration Ratios:2002,Issued May 2006.

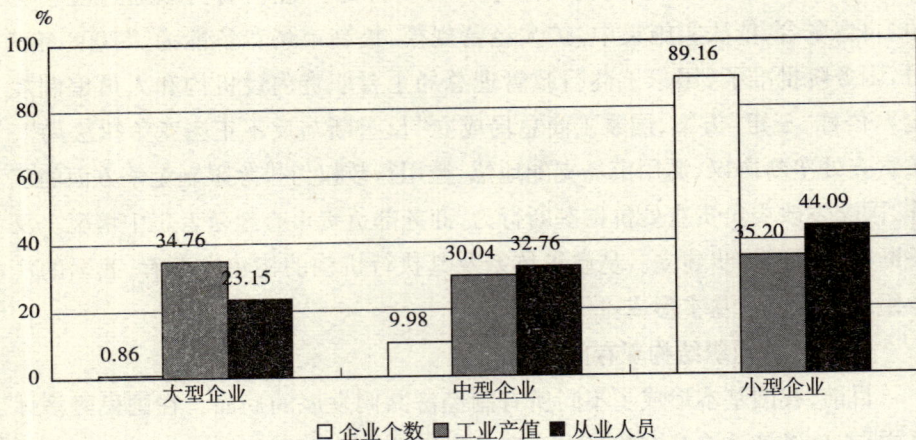

图4-22　2007年我国规模以上大中小型企业数量、产值和从业人数基本情况

数据来源:国家统计局编:《中国统计年鉴(2008)》,中国统计出版社2008年版。

型企业集团市场影响力不够,流通企业多达几十万家,一些企业市场行为不规范。相对而言,有色金属行业产业集中度比较高。2008年达到国家准入条件的7家铜冶炼企业年产电解铜占全国总产量的70%,16家年产10万吨以上的电解铝企业的产量占全国总产量的51%,铅年产量10万吨以上有7家,产量占全国总产量的31.5%,锌产量达到20万吨/年以上有4家,产量占全国总产量的30.5%。

　　第二,部分产业内企业同质性现象严重,存在引发过度竞争的隐患。我国部分行业,如轻工业、纺织行业和电子信息行业的企业大多集中在价值链的中间附加值较低的环节,企业的产品和服务存在同质性问题,表现在出口产品结构上就是我国的加工贸易在出口总额中占据较高比重。以电子信息产业为例,在我国2008年电子信息产品总出口额中,从贸易方式看,加工贸易出口额占出口总额的81.82%;从出口产品结构看,计算机、通信设备和家用电子电器产品是主体,占全部电子信息产品出口总额的73.5%。

　　第三,部分行业存在垄断现象,市场竞争缺乏活力。我国自然垄断行业形成具有特殊的历史国情,通过多年的国有企业改组和国有经济布局调整,国有资本逐渐向重点行业和关键领域集中,包括军工、电力电网、电信、石油化工、煤炭、民航、航运等行业。这些行业具有一定自然垄断性质,实行规模经营是必然选择。问题在于,自然垄断与行政垄断交织在一起,大规模经营实际上是"历史遗留"现象,而非企业在市场自由竞争的情况下自我积累和资本运作的结果。结果,规模经营反而导致经济效率低下,消费者权益无法得到有效保护。

二、优化产业组织体系的政策建议

在国有经济布局调整过程中,在相关政策法规的规范下,我国的产业组织体系得到了不断完善,对增进市场竞争活力,提高市场配置资源的效率起到了积极作用。进一步优化产业组织结构对于协调市场竞争和规模经济,促进产业升级具有十分重要的意义。"十二五"时期从以下五个方面进一步优化产业组织体系,提高产业竞争力。

(一)坚持分类指导,体现行业差异

如前所述,根据"十二五"时期不同产业竞争力的提高对提升我国经济发展贡献率或国家总体竞争力的差异性作用,可将国民经济各产业分为战略性产业、基础性产业、民生性产业和资源性产业。不同类别产业的竞争力提升的机理和方法有着较大的区别,在产业组织政策方面,应该体现出这样的区别。

由于"十二五"时期,我国仍然要继续推进重工业化进程,大多数传统资本密集型产业,如汽车、钢铁、船舶等属于战略性产业,对于这类产业应大力提高产业集中度,培育产业集群。对于基础性产业,比如装备制造业,同样要大力提高产业集中度,提高技术创新能力,加快产业深化创新。对于民生性产业,如轻工业和纺织业,应以中小企业为主,通过多种措施支持、鼓励和引导发展产业集群,创造和培育自主品牌。对于资源性产业,应推行大、中、小企业相结合的产业组织政策,发展资源基地型产业集群。

在产业组织重构过程中,支持和引导企业联合重组,运用资产集中手段,以及严格市场准入要求管理,淘汰落后产能等手段非常重要。

(二)鼓励和引导企业实施价值链环节差异化战略,推进产业深化创新,促进产业升级

我国某些产业虽然在出口成本上占有一定优势,然而在参与国际分工的过程中,却处于价值链中的劳动密集型加工制造环节,在全球价值链(GVC)

中所处的环节缺乏多样性。提升产业在全球价值链体系中的位置,是促进产业深化创新,提升产业竞争力的重要途径。产业政策是促进我国产业升级的重要推动力。首先,通过政策鼓励和引导相关产业的领先企业制定技术标准和实施知识产权战略,提高在国际标准制定领域的话语权。其次,通过加强对企业的研究开发投入支持力度,增强其对技术的吸收消化能力和自主创新能力。第三,通过规划和引导产业集群发展提升我国相关产业在全球价值链中的位置,提升产业竞争力。第四,完善体制机制,营造良好的创新环境,加强官产学研之间的协调配合。第五,加强人力资本投资和积累,为促进价值链提升储备人才。

(三)完善和加强反垄断法执法工作,维护市场公平竞争秩序

第一,建立反垄断法执法部门的协调机制。目前,我国反垄断法执法部门涉及三个,即国家工商总局、国家发改委和商务部。现实中,市场垄断往往是各种因素共同作用的结果,三家执法机构必须密切合作才能将反垄断工作落到实处。第二,处理好反垄断法与相关部门法的衔接问题。第三,建立反垄断执法工作的数据库支撑体系。反垄断法是一部技术性、操作性比较强的法律。我国2007年《反垄断法》确定的三类垄断行为涉及企业的定价行为、市场份额、市场集中度等。反垄断工作的顺利推进,需要根据各个行业的不同性质建立涉及这些指标的量化标准。

(四)淘汰落后产能,促进节能减排

淘汰落后过剩产能,促进节能减排,是优化产业组织,提高各产业长期竞争力的有力保证。第一,在产业组织重构过程中,支持和引导企业兼并重组是非常重要的手段。第二,在制定淘汰落后过剩产能的标准方面,应该根据不同行业的技术特性来确定,不能搞"一刀切"。例如在钢铁业方面,《钢铁产业调整与振兴规划》规定,作为调整和振兴钢铁产业的重点任务,"2010年年底前,淘汰300立方米及以下高炉产能5340万吨……2011年底前再淘汰400立方米及以下高炉……实施淘汰落后、建设钢铁大厂的地区和其他有条件的地区,要将淘汰落后产能标准提高到1000立方米以下高炉及相应的炼钢产能。"从技术条件看,用大容量高炉生产长材并不具有经济可行性,因为它的耗能量过大。将高炉大小作为淘汰落后产能的强制标准不太适合长材和管材生产企业。第三,通过财政金融手段来抑制落后产能的盈利能力,促使企业自觉主动

淘汰落后产能。仍以钢铁行业为例,目前钢铁行业出现了"先进产能赔钱,落后产能挣钱"的现象。这种现象不仅不利于淘汰落后产能,反而会鼓励落后产能的存在和扩展,抑制先进产能的发展。通过税收和融资成本控制等经济手段降低落后产能的获利能力,充分利用市场力量,是淘汰落后产能重要方法。第四,制定技术标准,通过市场准入管制,控制新增产能的技术水平和先进程度。市场准入方面的限制有助于从源头上控制落后产能建设,提高产业先进产能的比重,从长期的角度提高产业技术水平。第五,鼓励改进生产工艺流程,间接淘汰落后产能。从一定意义上讲,落后产能的存在是有其经济合理性的。对于国民经济发展仍然对其存在很大需求的部分落后产能而言,应该鼓励在现有的基础上实行工艺技术创新,提高产品质量。从技术特性来看,钢铁产品中的长材本身就需要利用所谓的"落后产能"来生产,对于这些落后产能来说,关键不在于通过停产实现淘汰,而在于通过改进工艺技术水平,提高产品质量。

(五)防止各级政府在推进产业调整进程中的本位主义倾向

从我国改革开放的进程看,产业组织体系的形成和完善过程就是国有经济战略性布局调整的过程。在这个过程中,国有经济退出了大部分一般竞争性行业,国有经济的控制力向增强对关系国计民生和国民经济命脉的行业的控制转变。在本轮国际金融危机中,我国经济受到了外需萎缩带来的巨大负面冲击,淘汰落后产能,推进行业结构调整成为部分企业摆脱危机的重要方法。然而,在危机背景下,部分行业的经济结构调整再次出现"国进民退"的现象。例如钢铁行业,连年亏损的山东钢铁反而要收购盈利的民营企业日照钢铁;航空业,民营航空公司已经全军覆没;高速公路基础设施建设方面,曾经在长三角地区公路建设中发挥巨大作用的民营资本基本上被集体清退。虽然非常时期这种做法也不无道理,但是从整个国家层面来看,从经济改革的方向和趋势来看,这种做法是应该受到限制的。此外,地方政府作为经济结构调整过程中的一个利益相关者,他们有很强的激励去干预当地市场结构调整,而政府出于自身利益的干预往往会导致效率低下。从长期看,这不利于国民经济整体效率的提升。因此,不论是从我国经济改革要求看,还是从吸引民间投资促进经济恢复发展方面看都要防止地方本位主义,限制"国进民退"的现象,还民营资本以公平的待遇。

第五章　推进产业深化创新，提高
我国产业竞争力案例研究

第一节　案例Ⅰ:纺织业

随着国内外经济形势的变化,我国纺织产业①发展面临着巨大的机遇和挑战。一方面是机遇。"十二五"期间我国经济将继续保持较高增长速度。2011 年,我国人均国内生产总值(GDP)将超过 4000 美元,居民消费结构将进一步优化,对高档纺织业产品的需求必将大大提高。另一方面是严峻的形势。包括研究开发投入过少、自主创新能力薄弱、产品档次低、产业分布不合理、出口市场过于集中等。按照科学发展观的基本要求,发展纺织业中小企业产业集群,加大对纺织产业研究开发投入的支持力度,增强自主创新能力,提高纺织业技术水平,是"十二五"期间推进我国纺织业的产业深化创新,提高纺织产业竞争力的必然选择。

一、我国纺织产业发展状况

目前,作为我国的传统支柱产业,纺织业已经基本形成了从上游纤维原料加工到服装、家用、产业用终端产品的较为完善的体系。近几年,我国纺织业取得了长足进步,部分产品如纱线、面料和服装的国际竞争力不断提高。然而,在纺织产业的技术水平,品牌建设以及纺织服装产品设计水平、档次质量等产业深化创新方面,我国与美国、意大利、德国等发达国家之间还存在较大差距。

---

①　如无特殊说明,本报告中的纺织产业的统计范围包括《国民经济行业分类与代码》(GB/T475—2002)中的纺织业(C17)和纺织服装、鞋、帽制造业(C18)。

(一)我国纺织产业发展及现状分析

1. 纺织产业规模不断扩大,纺织大国地位不断提升

我国是世界上最大的纺织品生产国和出口国。2000 年到 2007 年,我国纺织行业企业个数持续增长,全国纺织业规模以上企业个数、总产值、总资产以及吸纳的就业人数均保持增长态势(见表 5－1)。2007 年底,规模以上纺织业企业个数达到 42684 个,较 2006 年增长 11.1%,占全国规模以上工业企业个数的 12.7%;纺织工业总产值 2.63 万亿元,较 2006 年增长 22.6%,占全部规模以上工业企业工业总产值比重 6.5%;纺织业总资产快速增长,2007 年达到 1.83 万亿元,较 2000 年增长了 1.38 倍,近两年一直保持 16% 以上的增长速度。2003 年以来,规模以上纺织业企业个数占全部规模以上工业企业个数的比重和就业比重基本上趋于稳定,增加值率稳定增长(见图 5－1)。2007 年,纺织业规模以上企业从业人数 1040.45 万人,较 2006 年增长 4.8%,占全部规模以上工业企业从业人数的 13.2%。纺织业对国民就业发挥着巨大的作用。

表 5－1 2000—2007 年我国规模以上纺织业企业主要指标　　　单位:亿元

	2007	2006	2005	2003	2000
企业个数(个)	42684	38417	34434	24580	18032
总产值	26333.69	21474.9	17646.28	11151.22	7440.46
增加值	7179.03	5796.7	4660.05	2823.24	1864.86
资产	18293.81	15735.63	13546.74	10178.54	7675.79
从业人数(万人)	1040.45	993.00	937.02	788.35	213.53

数据来源:国家统计局编:《中国统计年鉴(2000—2007)》,中国统计出版社 2000—2007 年版。

从改革开放以来我国纺织产业主要产品产量的变化趋势看,化学纤维、纱和布的产量呈现出持续增长的趋势。这种趋势在 2000 年前后发生了显著改变,2000—2007 年,三种主要原材料的年产量增长幅度明显加快(见图 5－2)。2007 年,化学纤维、纱和布的产量分别是 2413.78 万吨、2068.17 万吨和 675.26 亿米,分别较 2000 年增长了 2.47 倍、2.15 倍和 1.43 倍,分别较 1978 年增长了 83.81 倍、7.68 倍和 5.12 倍。

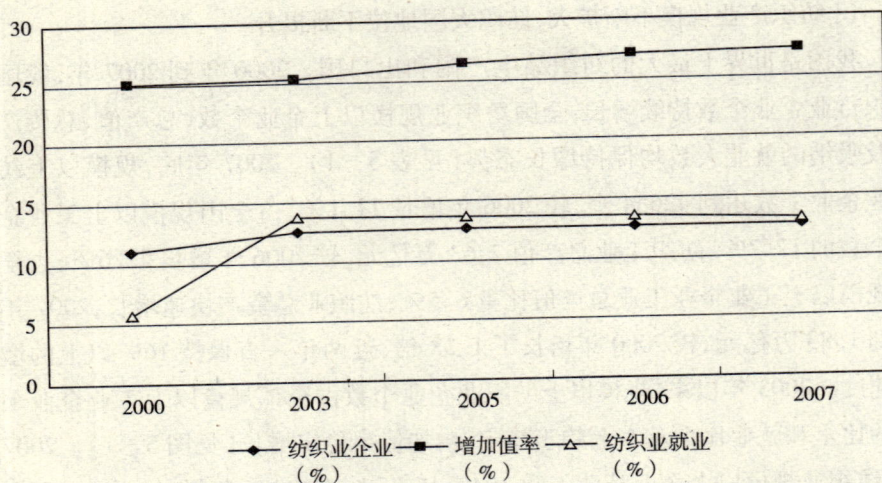

图5-1 2000—2007年我国规模以上纺织业企业个数和就业占
全国同类指标的比重和增加值率变化趋势

数据来源:根据国家统计局编:《中国统计年鉴(2000—2007)》,中国统计出版社2000—2007年版
整理。

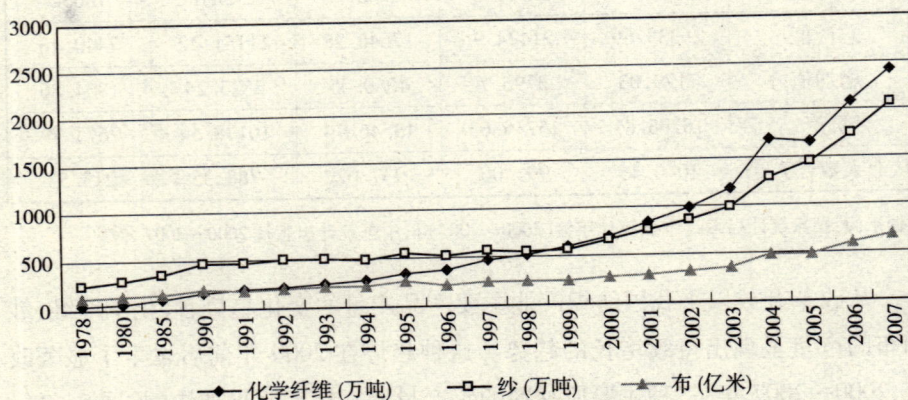

图5-2 1978—2007年我国纺织业主要产品产量变化趋势

数据来源:国家统计局编:《中国统计年鉴(1978—2007)》,中国统计出版社1978—2007年版。

　　纺织业是我国的传统优势产业,具有较强的国际竞争优势,纺织业出口呈现顺差态势(见图5-3)。从出口情况来看,2003—2007年,我国纺织业出口总额平均年增长率高达21.5%,在国际市场需求疲软的情况下,2008年纺织业出口总额较2007年增长了8.2%,达到1851亿美元。① 2007年,我国纺织品出口增长率15.0%,服装出口增长率20.8%,远高于9%和12%的世界平均水平。② 从纺织业出口结构来看,在纺织业出口中,一般贸易出口占据主导地位(见图5-4)。2007年和2008年一般贸易出口总额分别为1232亿美元和1278.9亿美元,分别占当年出口总额的72.0%和69.1%,加工贸易占比分别为22.6%和4.7%。

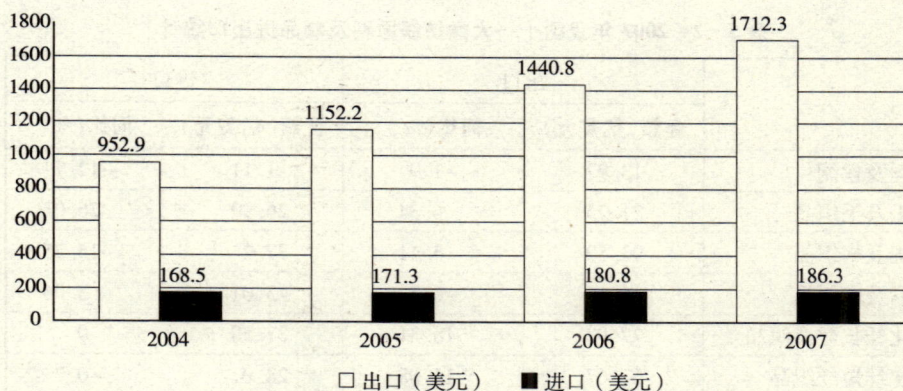

图5-3　2004—2007年我国纺织业进出口总额变化趋势

数据来源:商务部贸易统计数据。

　　从2007年11大类纺织品进出口情况看,针织类服装和梭织类服装是我国主要出口产品,针织布、毛及毛织品、化纤织品以及棉和棉织品是我国主要的进口产品(见表5-2)。从2007年的情况看,纺织业发展面临着原料供给不足的约束,部分原材料对进口的依赖性较大。

---

　　① 数据来自海关总署网站。
　　② 2007年,纺织品和服装世界平均增长率数据来自世界贸易组织(WTO)货物贸易统计(2008)。

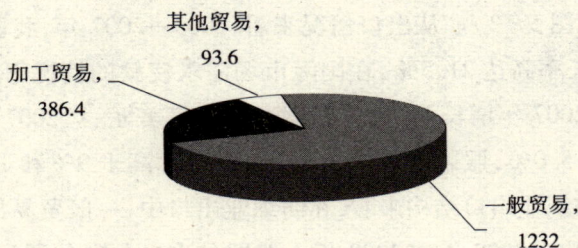

图 5-4　2007 年纺织业贸易方式比较　单位：亿美元

数据来源：商务部 2007 年贸易统计。

表 5-2　2007 年我国十一大类纺织原料及制品进出口统计

	出口		进口	
	金额（亿美元）	同比（%）	金额（亿美元）	同比（%）
丝及丝绸	13.97	-1.9	1.11	-12.7
毛及毛织品	21.25	6.34	26.99	26.03
棉及棉织品	93.59	5.41	77.2	-15.25
麻及麻织品	6.16	-6.76	5.01	3.06
化纤长丝及织品	77.93	18.31	37.58	0
化纤短纤织品	63.67	15.08	28.07	-0.7
絮、毡、无纺布	13.74	24.9	9	8.09
铺地织品	13.15	23.05	0.91	20.4
特种织物花边	46.92	39.36	7.69	-8.25
涂层布及工业用布	28.41	33.24	17.08	8.83
针织布	57.35	23.59	23.29	8.15
针织服装及附件	613.31	36.59	7.89	10.13
梭织服装及附件	473.21	8.23	10.22	17.72
其他纺织织物	135.55	12.23	1.72	25.17
总计	1658.21	20.08	253.76	-1.03

数据来源：中国纺织经济信息网。

2. 我国纺织业主要分布在东部沿海地区，区域集中度高，产业集中度低

我国纺织业生产力分布很不均衡，主要集中在东部沿海城市，呈现出较强

的集聚性。2008 年 1—11 月份,我国纺织业累计实现销售收入 1.86 万亿元,其中,前 5 个省(江苏、山东、浙江、广东和河南)实现销售收入占全国的比重为 77.8%,累计实现产品销售收入集中度(CR5)比上年同期(78.0%)下降了 0.22 个百分点。同时期,我国纺织业累计利润总额是 674.94 亿元,前 5 个省(山东、浙江、江苏、河南和河北)利润总额集中度(CR5)为 86.52%,较上年同期(83.95%)上升了 2.57 个百分点。① 生产力区域分布不均还表现在我国纺织品出口情况过于集中在沿海省份。2008 年我国 6 个纺织品主要出口省市累计出口 1484 亿美元,占全部纺织业出口总额的 80.2%(见表 5-3)。

表 5-3　2008 年我国纺织服装主要出口省市情况表

省市	出口额(亿美元)	同比(%)	所占比重(%)
浙江	422.4	18.7	22.8
广东	341.3	-18.7	18.4
江苏	292.0	15.3	15.8
上海	166.1	6.7	9.0
山东	155.3	12.6	8.4
新疆	107.1	109.7	5.8
合计	1484.2		80.3

数据来源:海关总署网站。

从产业集中度看,2008 年 1—11 月份,我国前 4 家纺织企业累计实现销售收入 996.22 亿元,产品销售集中度为 5.37%,较 2007 年同期降低 0.15 个百分点;前 8 家企业累计产品销售收入 1225.69 亿元,销售收入集中度为 6.60%,较 2007 年同期下降了 0.09 个百分点;前 10 家企业销售收入集中度 7.11%,较 2007 年同期下降 0.12 个百分点。同期,前 4 家企业累计利润总额 62.15 亿元,利润总额集中度为 9.21%,较 2007 年同期下降 0.99 个百分点;前 8 家企业利润总额累计 75.7 亿元,利润总额集中度为 11.22%,较上年同期减少了 0.99 个百分点;前 10 家累计利润集中度 11.71%,比 2007 年同期降低 0.76 个百分点(见表 5-4)。

---

① 中国经济信息网:《中国纺织业行业分析报告(2008 年 4 季度)》(2009 年 2 月)。

表 5-4　2008 年 1—11 月纺织企业集中度情况

	单位	产品销售收入	利润总额
第一名	亿元	686.34	49.42
第二名	亿元	141.42	8.39
第三名	亿元	89.35	1.05
第四名	亿元	79.1	3.3
第五名	亿元	78.04	8.97
第六名	亿元	51.78	2.23
第七名	亿元	50.15	1.18
第八名	亿元	49.5	1.18
第九名	亿元	47.25	2.31
第十名	亿元	47.07	1.04
全行业	亿元	18562.24	674.95
前 4 家集中度	%	5.37	9.21
CR4 同比增减	百分点	-0.15	-0.99
前 8 家集中度	%	6.6	11.22
CR8 同比增减	百分点	-0.09	-0.99
前 10 家集中度	%	7.11	11.71
CR10 同比增减	百分点	-0.12	-0.76

数据来源:中国经济信息网:《中国纺织业行业分析报告(2008 年 4 季度)》(2009 年 2 月)。

　　从产业集群发展情况看,我国纺织业已经形成了 117 个产业集群,它们的区域分布和行业分布呈现非均衡状态(见表 5-5)。从区域分布看,浙江、江苏、广东和山东四省拥有产业集群 100 个,占全部纺织业产业集群的 85.5%。从行业分布看,服装、针织、棉纺织和家纺四个行业拥有 91 个产业集群,占全部产业集群的 77.8%。从纺织业产业集群的组织结构看,我国纺织业产业集群主要是以中小企业为主的"卫星式"产业集群。这是由我国纺织产业集中度低的原因造成的。从国际经验看,纺织业产业集群也主要是以中小企业组成的产业集群为主。

表 5-5　中国纺织产业集群行业分布和区域分布

行业	数量	地区	数量
服装	47	浙江省	33
针织	16	江苏省	29
棉纺织	15	广东省	28
家纺	13	山东省	10
化纤	9	福建省	7
毛纺织	5	河北省	3
麻纺织	4	湖北省	2
丝绸	3	黑龙江省	1
非织造产品	2	辽宁省	1
印染	2	宁夏回族自治区	1
纺织机械	1	上海市	1
总计	117	新疆维吾尔自治区	1
		总计	117

数据来源:中国纺织经济信息网。

(二)我国纺织业产业竞争力基本评价

对纺织业产业竞争力的评价方法很多,从评价指标与产业竞争力之间的因果关系可以将这些评价方法分为两类。一类是从量的方面,通过以下显示性指标来衡量产业竞争力。典型的显示性指标包括市场占有率、贸易竞争指数和显示比较优势指数等。另一类是从质的方面入手,深入分析产业内部结构。从决定产业竞争力的因素上探索产业竞争力评价指标体系,其分析指标主要包括产量结构和质量、工艺技术水平、产业所处的价值链环节或产品附加值等。

第一,规模方面的显示性竞争力指标并不能充分证明纺织业产品在质量和档次方面的竞争优势。我国是世界纺织品生产大国,"纺织工业约30%的产品销往国际市场,国际市场占有率连续十余年位居全球首位。"[1]从量的方

面对我国产业竞争力进行评价的研究证明,由各种显示性指标反映的我国纺织产业是具有一定国际竞争力的。这方面的典型代表是上海财经大学产业经济研究中心 2007 年对我国纺织产业竞争力进行的研究。他们的研究结果是,就整体而言,"中国与世界主要国家(地区)相比,富有竞争力;其主要竞争压力源于中国香港、意大利等。"①然而,仅仅从量上进行评价是具有迷惑性的,它不区分产品的档次和质量,不考虑产业的技术工艺水平以及对品牌和销售渠道的控制力,难以得到我国纺织业的产业竞争力真实评价。

第二,纺织业进口价格指数上升快于出口价格指数,贸易条件存在恶化的趋势。从我国 2000 年以来进出口价格指数看(见表 5-6),2002 年以来,我国纺织品和服装的进出口价格指数均呈现上升趋势。其中有两个方面值得注意,一是服装出口价格指数上涨幅度大于纺织品,二是纺织品和服装的进口价格指数上升速度快于出口价格指数上升速度。与上年同期相比,2007 年 9 月,纺织品出口价格指数为 103.74%,低于进口价格指数的 105.42%;服装出口价格指数为 111.5%,远低于服装进口价格指数的 125.63%。相对而言,我国纺织行业贸易条件存在着下降的趋势。

表 5-6　我国纺织品进出口价格指数(%)

年度	出口		进口	
	纺织品	服装	纺织品	服装
2001	102.59	97.41	102.98	105.39
2002	90.27	93.61	96.48	101.84
2003	91.67	97.76	99.49	107.03
2004	97.09	101.33	103.62	125.56
2005	100.21	111.96	109.15	149.28
2006	102.93	114.57	104.18	110.04
2007.4	104.48	107.57	104.85	124.23
2007.5	104.57	107.77	104.91	123.72
2007.6	104.59	110.11	104.82	123.31

---

① 上海财经大学产业经济研究中心编:《2007 中国产业发展报告:国际化与产业竞争力》,上海财经大学出版社 2007 年版,第 252 页。

续表

年度	出口		进口	
	纺织品	服装	纺织品	服装
2007.7	103.38	110.23	104.81	124.81
2007.8	103.52	110.45	104.9	125.8
2007.9	103.74	111.5	105.42	125.63

注:2001—2005 年数据以 2000 年价格计算,2006—2007 年 9 月数据以上年同期价格计算。
数据来源:中国纺织工业协会统计中心,转引自中国纺织经济信息网。

第三,我国纺织业增加值率明显低于主要发达国家,甚至低于新兴市场经济体。从增加值率来看,近年来,随着纺织业不断壮大,纺织业增加值率有所增加。1995 年到 2005 年间,我国纺织品增加值率由 20% 增长到 26%,增加 6个百分点,除鞋类以外的服装增加值率由 24% 增长到 29%,增加 5 个百分点(见表 5-7)。总体上看,2005 年我国纺织业增加率与中国香港(2005 年)和意大利(2004 年)不相上下,但低于美国(2004 年)、日本(2004 年)、法国(2004 年)、墨西哥(2000 年)、德国(2004 年)、英国(2004 年)、泰国(2000年),高于印度(2004 年)。在规模以上工业企业中,2007 年,纺织业增加值率为 26.23%,服装行业增加值率是 29.8%,[1]与 2005 年相比,我国纺织业竞争力状况没有发生显著提高。从纺织行业增加值率来看,我国在世界上的地位还比较低。这一点,从表 5-7 也可以看出,以增加值占总产值的比重来衡量,我国纺织业在表中所列示的几个国家中也属于比较低的行列。2001 年,我国纺织业增加值率是 23.2%,仅比中国台北高 0.2 个百分点,比摩洛哥高 10.2个百分点,但低于其他几个国家。服装业的"处境"相对较好(见表 5-8)。

表 5-7 主要国家和地区纺织业产出增加值率(%)

		1995	2000	2004	2005
中国	纺织	20	—	—	26
	衣着(除鞋类)	24	—	—	29

---

① 国家统计局编:《中国统计年鉴(2008)》,中国统计出版社 2008 年版。

续表

		1995	2000	2004	2005
中国香港	纺织	25	—	—	24
	衣着(除鞋类)	28	—	—	27
意大利	精纺、织造和纺织制品	33	—	26	—
	其他纺织品	29	—	30	—
	编制和针织	27	—	27	—
	衣着(除毛皮服装)	32	—	25	—
美国	精纺、织造和纺织制品	40	—	39	—
	其他纺织品	44	—	44	—
	编制和针织	46	—	47	—
	衣着(除毛皮服装)	50	—	51	—
日本	精纺、织造和纺织制品	44	—	46	—
	其他纺织品	43	—	41	—
	编制和针织	41	—	45	—
	衣着(除毛皮服装)	53	—	52	—
法国	精纺、织造和纺织制品	29	—	23	—
	其他纺织品	33	—	31	—
	编制和针织	35	—	33	—
	衣着(除毛皮服装)	32	—	29	—
墨西哥	精纺、织造和纺织制品	36	39	—	—
	其他纺织品	32	34	—	—
	编制和针织	32	34	—	—
	衣着(除毛皮服装)	39	35	—	—
德国	精纺、织造和纺织制品	33	—	32	—
	其他纺织品	36	—	36	—
	编制和针织	38	—	37	—
	衣着(除毛皮服装)	27	—	26	—
英国	精纺、织造和纺织制品	37	—	36	—
	其他纺织品	37	—	39	—
	编制和针织	42	—	40	—
	衣着(除毛皮服装)	39	—	41	—

续表

		1995	2000	2004	2005
泰国	精纺、织造和纺织制品	23	16	—	—
	其他纺织品	30	31	—	—
	编制和针织	45	39	—	—
	衣着(除毛皮服装)	31	30	—	—
印度	精纺、织造和纺织制品	21	—	18	—
	其他纺织品	22	—	18	—
	编制和针织	18	—	18	—
	衣着(除毛皮服装)	25	—	22	—

注:"一"表示没有这些年份的数据。

数据来源:联合国工业发展组织(UNIDO)工业统计(Industrial Statistics)。

表5-8 以相关指标与总产值的比例衡量的主要国家 2001 年纺织产业成本结构(%)

	不熟练劳动力	熟练劳动力	资本	总增加值	中间投入	进口比例
服装业						
越南	9.0	1.2	3.8	14.0	86.0	40.4
韩国	15.0	2.9	4.7	22.6	77.4	15.9
摩洛哥	14.6	2.1	10.9	27.6	72.4	37.9
中国台北	20.8	3.5	6.0	30.3	69.7	10.9
印度	21.1	2.9	7.8	31.8	68.2	1.8
美国	21.0	5.8	5.8	32.6	67.4	13.8
中国	18.2	2.5	12.2	32.9	67.1	5.7
意大利	14.3	3.1	16.4	33.8	66.2	13.5
捷克共和国	21.1	3.2	9.9	34.1	65.9	28.9
法国	21.6	4.7	8.8	35.0	65.0	24.3
日本	21.9	4.0	11.2	37.1	62.9	7.8
加拿大	25.9	5.0	10.2	41.2	58.8	19.8
中国香港	22.6	7.9	12.9	43.4	56.6	13.0
纺织业						
摩洛哥	5.8	0.9	6.2	13.0	87.0	44.3
中国台北	10.4	3.3	8.3	22.0	78.0	10.2

续表

	不熟练劳动力	熟练劳动力	资本	总增加值	中间投入	进口比例
中国	9.7	1.6	12	23.2	76.8	8.1
中国香港	9	3.9	10.8	23.8	76.2	5.8
越南	10.2	1.6	12.4	24.3	75.7	34.3
法国	13.8	3.7	7.2	24.7	75.3	22
印度	17.8	2.8	6.7	27.3	72.7	4
意大利	11.8	3.2	12.6	27.6	72.4	35
捷克共和国	13	1.8	13.8	28.7	71.3	35.1
韩国	12	2.3	15.2	29.5	70.5	20
日本	17.6	6.6	7	31.2	68.8	11.2
美国	19.5	4.2	10.3	34	66	9.7
加拿大	22.7	3.1	10.3	36.1	63.9	24.2

数据来源:Hildegunn Kyvik Nordås,The Global Textile and Clothing Industry post the Agreement on Textiles and Clothing,World Trade Organization,DISCUSSION PAPER NO5.

第四,纺织业技术水平较低,自主创新能力薄弱,高技术、功能性纤维和复合材料开发滞后,高性能纺织机械装备主要依靠进口。产业竞争力的提升归根结底要依靠提高产业技术水平。一方面,我国纺织业研发投入水平低,不仅存在自主创新能力低的问题,而且对高新技术的吸收消化能力也不高。高新技术纤维和复合材料,包括高性能碳纤维、芳纶、聚苯硫醚、超高分子量聚乙烯、玄武岩纤维、聚酰亚胺、新型聚酯等的产业化水平较低,生物质纤维素纤维产出比重较低,难以满足国民经济发展的需要。另一方面,具有国际先进水平的纺织技术装备比重不到50%,制约了我国纺织业增加值率和盈利能力的提高。

总而言之,总量上的比较掩盖了我国纺织产业的技术经济特征。虽然我国纺织产业取得了飞速发展,但是从技术经济特征看,粗放的增长方式仍然是制约着我国纺织产业竞争力提高的主要因素。从技术工艺水平、品牌建设和销售渠道控制能力、自主创新能力等方面看,我国纺织业距离国际先进水平还有一段距离,纺织行业的加工制造特征仍然没有得到根本改变。要提高我国纺织产业竞争力,促进产业升级,必须通过大力推进纺织产业深化创新,优化纺织产业产品结构,提高自主创新能力。

(三)影响提高我国纺织业产业竞争力的因素分析

在低素质低成本的劳动力资源支持下,我国纺织业发展取得了显著成绩。但是在纺织业加速发展中,由于增长方式粗放带来的长期性问题和矛盾逐渐显现出来,目前这些问题已经成为制约我国纺织产业竞争力提升的重要因素。

第一,研发投入比例过低,自主创新能力薄弱。根据国家2004年工业普查结果显示,规模以上服装行业企业研发投入强度只达0.16%,纺织行业企业研发投入强度仅达0.3%,化纤行业研发投入强度仅在0.47%,远低于欧美发达国家5%以上的研究投入比例。而我国面料行业规模以上企业平均是0.3%,规模以下的企业绝大部分没有研发能力。[①] 研发投入不足导致企业对引进技术的消化吸收能力、自主创新能力都非常薄弱。在"十二五"期间低成本优势逐渐降低的情况下,这种粗放的增长方式是不可持续的。

第二,缺少自主品牌,对销售渠道的控制力不足。由于缺少拥有国际知名品牌的纺织企业,纺织业是"两头在外",出口主要以"贴牌加工"为主。在全球价值链分工中,我国纺织业处于附加值较低的加工制造环节。

第三,要素成本上升。2008年《劳动合同法》正式实施以来,工资水平出现了一定的上升,这给以加工制造为主的纺织业带来了巨大压力。此外,占纺织原料2/3的化学纤维的基础原料是石油、煤炭和天然气。由于能源资源紧缺而引致的价格高企,向下游传导的压力越来越大,对提高我国纺织业竞争力也构成了一定威胁。

第四,国内市场需求结构层次的提升。随着国民收入水平的不断提高,"十二五"期间,国内对高端纺织品需求必然随之增大。这是促进纺织业升级的内因,是基础力量。

第五,行业组织力量不足。我国纺织业企业规模普遍较小,行业组织性较差。2007年,纺织业规模以上企业42684家,平均固定资产仅为1560万元,单个企业人数平均118人。虽然纺织业存在一些行业组织,如中国纺织品商业协会等,但行业组织的力量有待提升。

第六,经济政策环境。在国内政策方面,国家政策倾向于提高加工制造环节的进入门槛,纺织业进一步发展面临着节能环保的压力。同时,一旦世界经

---

① 中国经济信息网,城市专版(08版),http://mayor.cei.gov.cn/。

济走出目前的低迷状态,出口退税也将不断减少。在国际方面,虽然随着欧盟2008 年初取消对我国纺织品的配额限制,我国纺织业进入"自由贸易"时代,但是,纺织品贸易摩擦存在着日益频繁的趋向,国际反倾销、反补贴、特保等措施仍然是影响我国纺织业发展的不利因素。

二、"十二五"时期提高纺织业产业竞争力的目标

纺织大国向纺织强国的转变是一个纺织业产业深化创新的过程。"十二五"期间,我国纺织业发展将面临新的机遇和挑战。通过推进产业深化创新实现产业升级势在必行。

(一)战略背景和意义

结合国际经验、"十二五"期间我国人均国内生产总值将会达到的水平,以及我国工业化的技术经济特征,"十二五"期间,我国将继续处于重工业化阶段,钢铁、汽车、机械制造等行业将成为推动经济发展的战略性产业,而作为国民经济的传统支柱产业,纺织业在"十二五"时期将成为重要的民生性产业,在解决就业等重大问题方面继续发挥重要作用。

改革开放以来,随着工业化的快速推进,我国城镇人口占全国总人口的比重稳定增加(见图5-5)。"十二五"期间,重化工业化势必进入加速发展的过程中,城镇人口也将加速增加。这也是解决农村富余人员就业问题的机遇和挑战。根据国家统计局的抽样调查,截至 2008 年 12 月 31 日,我国农民工总数是 22542 万人。其中,本乡镇以外就业的外出农民工数量为 14041 万人,占62.3%;本乡镇以内的本地农民工数量为 8501 万人,占 37.7%。① 按照 20 世纪 90 年代中期以来,我国城镇人口比重平均每年增加 1.3 个百分点计算,2015 年我国城镇化率将超过 55%,为 2011 年至 2015 年间新进入城镇的8000—9000 万人提供就业机会将是一个重大的民生问题。纺织业历来是吸纳劳动力的"大户",我国规模以上纺织业企业就业人数占全部规模以上工业企业就业比重近几年一直保持在 13% 以上,2007 年为 13.2%。"十二五"期间,为农村人口的转移提供就业机会的重担仍然是纺织业发展的重要任务之一。另一方面,2010 年我国人均 GDP 将超过 4000 美元。居民消费结构将进

---

① 国家统计局网站,2008 年末全国农民工总量为 22542 万人,2009 年 3 月 25 日。

入一个新的水平,对高档纺织服装的需求将大大增加。这意味着,一向以低端市场为主的国内纺织行业要么通过创新进入高端市场,要么在与国外高档纺织品的竞争中被淘汰。内需导向是我国纺织业升级发展的主要动力。我国已经走到要么加大研究开发投入,加强自主创新能力,促进纺织产业升级,要么坐以待毙的阶段。

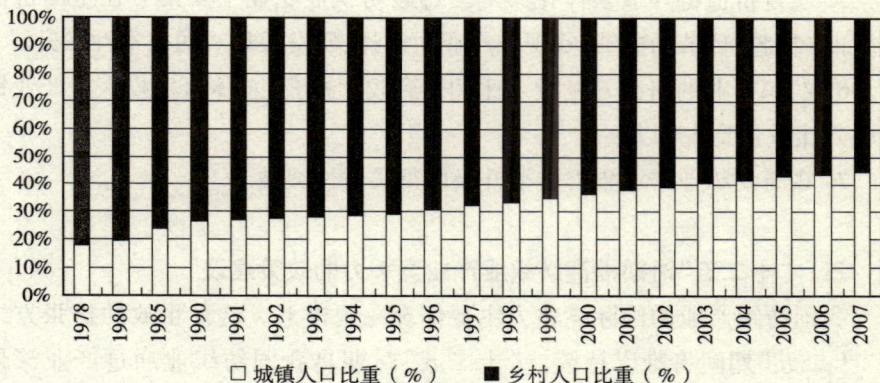

□ 城镇人口比重（%）　　■ 乡村人口比重（%）

图 5－5　1978—2007 年我国城镇乡村人口比重变化趋势

数据来源:国家统计局编:《中国统计年鉴(2008)》,中国统计出版社 2008 年版。

此外,我国纺织业发展所面临的国际形势存在着日趋恶化的隐患。随着劳动力成本的不断上升,加工制造的优势将逐渐降低。印度、巴基斯坦等国家和地区对我国低成本优势构成了巨大威胁。当今纺织产业国际竞争已经演变为创新和品牌之间的竞争,低成本的竞争优势很可能转瞬即逝,从 20 世纪 70年代以来,世界纺织业加工制造中心的转移就可以看到这一点。

（二）"十二五"时期提高纺织业产业竞争力的目标

1. 自主创新能力薄弱问题得到缓解,纺织机械制造水平和纺织业技术工艺水平得到较大提高。粗细联、细络联、高速织造设备,非织造成套设备、专用织造成套设备,高效、连续、短流程染整设备等纺织业技术装备自主化和国产化水平得到显著提高。

2. 高新技术纺织产品在纺织业产出中的比重,以及具有国际先进水平的纺织技术装备比重进一步提高,国产纺织机械市场占有率显著提高。

3. 纺织行业增加值率达到新水平,其中,纺织业产品增加值率达到32%

左右,服装业增加值率提高到35%左右,纺织业出口中高附加值产品的比重得到进一步提高。

4. 自主品牌建设取得较大突破,形成一批具有自主知识产权和一定国际知名度的企业品牌和产业集群品牌,具有自主品牌纺织品在出口中的比重得到进一步提升。

5. 实现价值链环节多样化布局。打破纺织业企业主要集中在生产价值链"加工制造"环节的枷锁,实现各产业向设计、研发等环节的根本性攀升。

6. 纺织行业的研究开发投入比例得到较大提升,总体研发投入占产业销售收入比重达到3%以上。

7. 现有纺织业产业集群转型升级取得实质性突破。

三、"十二五"时期提高纺织业产业竞争力的政策建议

我国纺织产业的国际竞争力主要体现在规模上。这种粗放的扩张方式在"十二五"期间将难以持续。"十二五"时期是我国纺织业通过产业深化创新提高产业竞争力的关键时期。按照科学发展观的要求,科学规划和合理引导发展纺织业中小企业产业集群,加大对纺织产业的技术消化吸收能力以及技术创新能力的财税金融支持力度,促进纺织产业深化创新,转变纺织产业发展方式,注重从质的方面提高纺织产业产品的设计水平和质量档次、培育民族品牌、提高对销售渠道的控制力等是提高纺织业产业竞争力的必然选择。具体而言,笔者建议从以下四个大的方面入手提高我国纺织产业竞争力。

(一)产业集群政策:促进纺织业产业集群升级

当前,我国纺织业产业集群面临着巨大挑战和机遇。产业集群升级的本质是产业集群的增长方式从粗放型向集约型的转变,具体体现在产业集群的产业链从价值链的低附加值的加工制造环节向高附加值的研发设计、品牌建设、销售渠道控制等环节延伸。

1. 完善产业集群的创新环境,搭建创新平台,培育纺织产业集群的网络化创新机制,提升整体创新能力

创新是产业集群升级的核心支撑要素。产业集群的优势之一就在于,由密切的分工协作关系所带来网络化创新机制,它是推进我国纺织业产业

集群升级的关键因素。第一,完善纺织产业集群创新网络的基础设施,包括区域交通设施、信息化基础设施等。第二,鼓励有条件的企业建设自己的研发中心,支持和引导科技力量入驻纺织业产业集群,壮大产业集群科研实力,通过组织纺织业产业集群委员会等方式完善产学研三方协调机制。第三,建立和完善政府、企业、科研力量等相互之间的沟通交流渠道,开发和积累社会资本,加强产业集群内的分工合作程度,充分发挥产业集群由于地理集中性带来的网络化优势。第四,建立健全完善科技中介服务体系,包括建立技术开发中心、科技孵化器、人才培训中心、标准制定机构、信息服务中心、融资服务体系等中介机构。第五,充分发挥政府在规划、引导、监督、协调和服务等方面的作用,加强知识产权保护,建立健全与创新活动激励相容的体制机制。

2. 建设纺织业产业集群品牌,推动区域品牌国际化,延长纺织产业价值链

我国纺织业产业集群主要是由中小企业组成的"卫星式"产业集群。单个企业能力有限,在开拓品牌方面不如产业集群整体的优势大。产业集群品牌有利于转变纺织业增长方式,提升纺织业价值链,实现由低端市场向高端市场的跨越。首先,在条件允许的情况下,重点培育具有研发和市场开拓能力的骨干企业,通过企业品牌与产业集群品牌之间的互动推动产业集群品牌建设。其次,加强知识产权的国际保护,鼓励商标境外注册,为产业集群品牌国际化营造有利环境。第三,支持和引导企业"走出去",通过参加国际展会、境外融资、跨国并购等方式提高知名度。总而言之,产业集群品牌的建立需要政府、企业、行业组织等方面的共同努力。

(二)刺激企业增加研发投入比例,突破零研发投入困境,促进产业深化创新

我国纺织业研发投入占销售收入的比例远低于发达国家的水平,甚至大多数企业没有任何研发投入。这是造成本次国际金融危机中我国纺织业困境的主要内因之一。虽然国家已经推出大量旨在支持产业深化创新的财税金融政策,但总体而言,基本局限于政府采购、财政担保与补贴、税收优惠、融资渠道多元化等方面。面对大量纺织业企业的"零研发投入困境",笔者建议,调整和优化纺织业财税政策结构,专门开设"创新税",对促进产业深化创新活

动,提高纺织业产业竞争力具有重要意义。

1. 开辟新的税种,开征"创新税"

拟开设的纺织业"创新税"实行先征后返,累进返还制度,退税比例与企业的研发投入占销售收入比例及相关产业深化创新行为挂钩。"十二五"期间,在国内外经济形势允许的情况下,可以降低甚至取消纺织业出口退税,通过设立"创新税"刺激企业进行研究开发活动,实现零研发投入困境突破。

2. 设立纺织业"消化吸收基金",提高消化吸收费用占技术引进费的比例

首先,在技术引进方面,鼓励纺织企业引进尚未被商业化的专利、技术许可证等,在此基础上进行消化吸收和再创新,快速形成自主知识产权。其次,技术引进要与自主研发相结合,强制性设定并提高企业消化吸收资金投入比例。第三,鉴于纺织业自主创新能力薄弱,在政府支持的同时,健全科研机构与企业之间的合作机制,促进企业消化吸收和再创新能力。

(三)构建纺织业公共技术开发平台

我国纺织业以中小企业为主,研发投入少,创新能力不足。同时,对于纺织业的一些共性技术来说,单个企业研究开发的外部性太大,企业对此类技术的研发投入缺乏热情。共性技术只能通过政府提供才能使全社会达到最优状态。第一,建立和完善产业深化创新基金,加大对共性技术开发的资金支持力度。第二,对于关键性的大型高价设备,由产业深化创新基金出资购买,然后以租用的方式向企业和科研机构提供,提高企业和科研机构的研发能力。第三,通过政府与企业或科研机构联合,费用分担、资源共享的方式,鼓励科研机构与企业共建一批开放式的实验室,进行共性技术开发。

(四)优化纺织业产业组织结构,适当提高产业集中度

我国纺织业是典型的外向型经济部门,大量处于价值链加工制造环节的中小企业通过贴牌生产方式融入全球价值链,企业同质性现象严重,行业集中度较低,存在着过度竞争的隐患。适当提高产业集中度对提高我国纺织业产业竞争力具有重要意义。一是鼓励纺织业通过兼并收购加快产业整合,以资产重组的方式淘汰落后产能,支持优势企业做大做强。二是鼓励纺织企业以直接投资的方式"走出去",通过跨国并购,形成跨国集团。三是鼓励企业进行品牌建设,提高经营管理水平,培育市场开拓能力。

第二节　案例Ⅱ:装备制造业

装备制造业是为国民经济发展提供技术设备的基础性和战略性产业,其发展水平反映了一国向科技、工艺、材料、加工制造等方面提供配套设备的能力,因此,它是相关行业产业,如汽车、钢铁、石化等,进行产业深化创新的基础。"十二五"期间,我国仍将处于重工业化阶段,因此,提高装备制造业产业竞争力对于国民经济可持续发展具有重要意义。按照科学发展观的要求,发展装备制造业产业集群,提高自主创新能力,是"十二五"期间提高装备制造业产业竞争力的必然选择,也是提升相关产业竞争力的必然要求。

一、我国装备制造产业发展状况

我国装备制造业经过近 60 年的发展,形成了独立完整、门类齐全、具有相当规模和一定水平的装备制造体系。目前,在发电设备、重型机械、中低档数控机床等部分领域,我国已经达到或接近国际先进水平,但是在大型石化通用设备、高级数控机床、关键零部件等方面与发达国家之间还存在较大差距。

(一)我国装备制造产业发展及现状分析

装备制造业早在改革开放之初就受到了国家的高度重视。1982 年 10月,国务院成立电子计算机和大规模集成电路领导小组。1983 年国务院作出《关于抓紧研制重大技术装备的决定》,指出,工艺方案的确定和技术装备的研制,是"前期工作中的前期工作"。1994 年,国家计委、机械工业部颁布《机械工业振兴纲要》,指出"机械工业实现振兴的最终目标是成为国民经济的支柱产业"。2006 年 6 月,国务院发布《关于加快振兴装备制造业的若干意见》。2008 年以来,国际金融危机给装备制造业带来了严峻挑战。2009 年 2 月,国务院审议并原则通过装备制造业调整和振兴规划。

我们以装备工业所属的 7 大行业(不含武器弹药制造业)来考察我国装备制造业的基本情况。从表 5-9 可以看出,随着国有企业改组和国有经济布局调整的推进,1995 年到 2007 年,我国装备制造业企业个数和从业人数出现了先降后升的过程(见图 5-6)。2007 年底,我国装备制造业规模以上企业个数为 107333 个,占全部规模以上工业企业总数的 31.9%。然而,装备制造业的总产值、增加值、总资产、固定资产和从业人数均呈现不断增加的势头（见图5-7和图5-8）。

表5-9 1995—2007年我国装备制造业及其所属7个行业的主要经济指标(亿元)

年份	企业个数	总产值	增加值	总资产	固定资产	从业人数(万人)
1995	131810	14627	3670	19798	4778	1774
2000	45134	26396	6625	32482	8824	1054
2005	83315	82644	20202	68507	16137	2046
2006	83315	82644	20202	68507	19017	2244
2007	107333	135153	33301	101441	22871	2503
金属制品业						
1995	30728	1651	384	1960	538	193
2000	8376	2540	609	2546	836	96
2005	13802	6557	1693	4769	1316	223
2006	13802	6557	1693	4769	1564	248
2007	18008	11447	3010	7494	1894	273
通用设备制造业						
1995	29631	2366	670	3643	916	405
2000	9338	3047	841	4788	1425	222
2005	19981	10610	2967	9886	2287	355
2006	19981	10610	2967	9886	2730	379
2007	26757	18416	5108	14868	3316	421
专用设备制造业						
1995	18701	1757	449	2599	641	304
2000	6406	2193	581	3255	945	163
2005	10260	6085	1682	6391	1553	220
2006	10260	6085	1682	6391	1837	235
2007	13409	10592	3067	9963	2215	257
交通运输设备制造业						
1995	19445	3303	805	4572	1053	370

续表

年份	企业个数	总产值	增加值	总资产	固定资产	从业人数(万人)
2000	6850	5365	1324	8130	2386	244
2005	11315	15715	3831	16108	3883	352
2006	11315	15715	3831	16108	4700	375
2007	14091	27147	6974	25190	5598	409
电气机械及器材制造业						
1995	19671	2594	604	3246	761	244
2000	7845	4835	1231	5260	1409	145
2005	15366	13901	3574	11063	2320	367
2006	15366	13901	3574	11063	2687	404
2007	19322	24019	6054	16412	3236	449
通信设备、计算机及其他电子设备制造业						
1995	7997	2530	635	3057	689	172
2000	4459	7550	1824	7519	1564	138
2005	8868	26994	5722	18063	4277	440
2006	8868	26994	5722	18063	4924	505
2007	11220	39224	7925	24376	5959	588
仪器仪表及文化、办公用机械制造业						
1995	5637	426	123	721	180	86
2000	1860	868	214	985	258	46
2005	3723	2781	733	2226	501	89
2006	3723	2781	733	2226	576	99
2007	4526	4308	1163	3138	653	107

注:1995年数据统计范围是"独立核算工业企业";2000年、2005年和2006年数据统计范围是"全部国有及规模以上非国有工业企业";2007年数据统计范围是"规模以上工业企业"。其中,规模以工业企业是指"主营业务收入在500万元以上的企业"。

数据来源:国家统计局编:《中国统计年鉴(1996、2001、2006—2008)》,中国统计出版社1996、2001、2006—2008年版。

2007年,我国装备制造业总产值和增加值分别是13.5万亿元和3.3万亿元,分别占全部规模以上工业企业总产值和增加值的33.4%和28.5%;总

万人

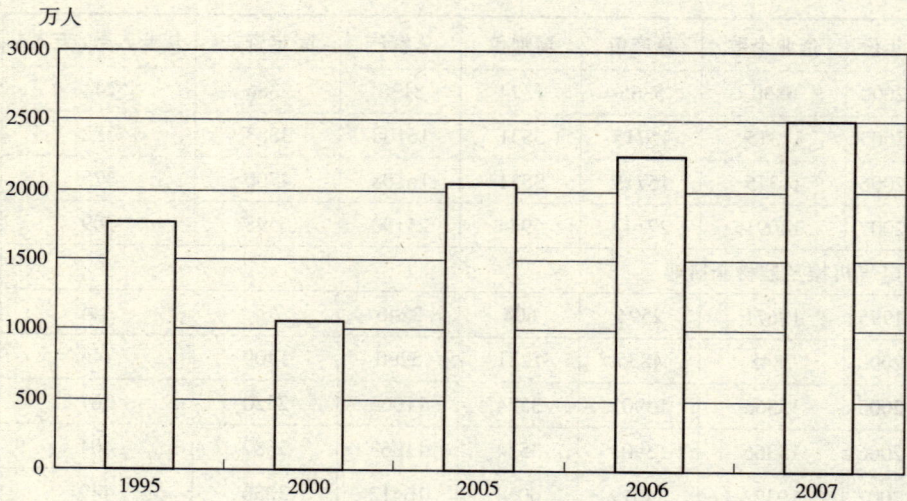

图 5 - 6   1995—2007 年我国装备制造业从业人数

数据来源:国家统计局编:《中国统计年鉴(1996、2001、2006—2008)》,中国统计出版社 1996、2001、2006—2008 年版。

资产和固定资产年均余额分别为 10.1 万亿元和 2.28 万亿元,占全部规模以上工业企业固定资产年均余额的 28.7% 和 18.5%;就业人数 2503 万人,占全部规模以上工业企业从业人数的 31.8%。

从机械及运输设备①进出口情况看,2004 年到 2007 年,我国一直处于顺差状态,顺差总额逐年增加(见图 5 - 9)。2007 年机械和运输设备出口 5771.9 亿美元,较去年同期增长 26.5%,占 2007 年出口总额的 47.1%;进口总额 4123.1 亿美元,较 2006 年增长 15.5%,占 2007 年全部进口总额的 43.2%;顺差总额达到 1646.8 亿美元。2004 年以来,机械和运输设备出口设备出口占我国出口总额的比例逐渐小幅增加,而进口占我国进口总额的比重则有升有降(见表 5 - 10)。2004 年到 2007 年,机械和运输设备贸易竞争指数

---

①　根据国际贸易标准分类(Standard International Trade Classification,SITC),机械及运输设备包括动力机械及设备、特种工业专用机械、金工机械、通用工业机械设备及零件、办公用机械及自动数据处理设备、电信及声音的录制及重放装置设备、电力机械、器具及其电气零件、陆路车辆(包括气垫式)、其他运输设备等十个小类。

亿元

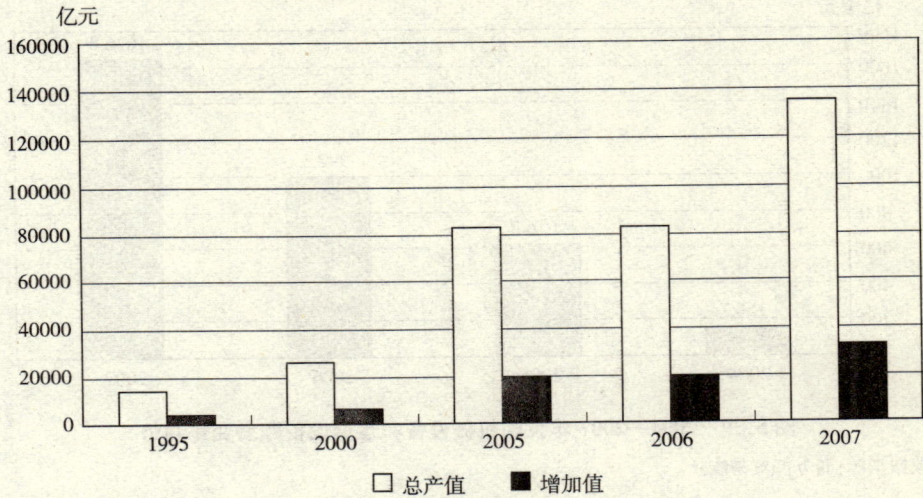

图 5－7 1995—2007 年我国装备制造业总产值和增加值

数据来源:国家统计局编:《中国统计年鉴(1996、2001、2006—2008)》,中国统计出版社 1996、2001、2006—2008 年版。

亿元

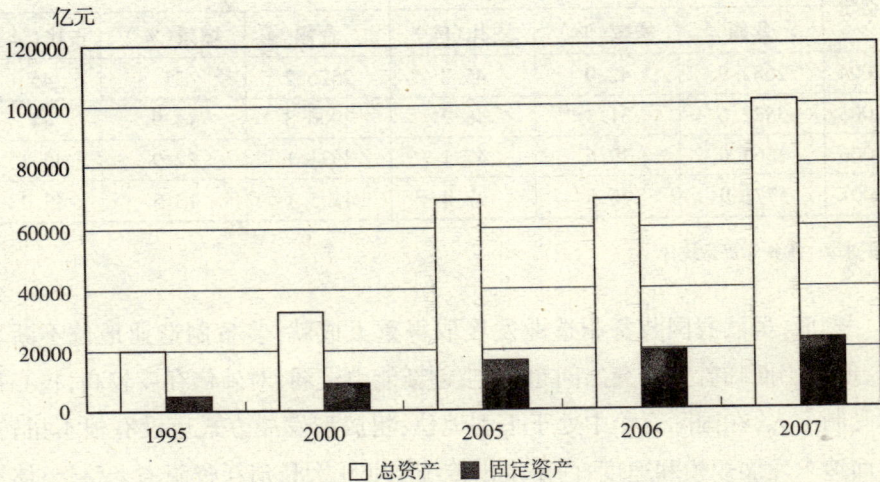

图 5－8 1995—2007 年我国装备制造业总资产和固定资产年均余额

数据来源:国家统计局编:《中国统计年鉴(1996、2001、2006—2008)》,中国统计出版社 1996、2001、2006—2008 年版。

亿美元

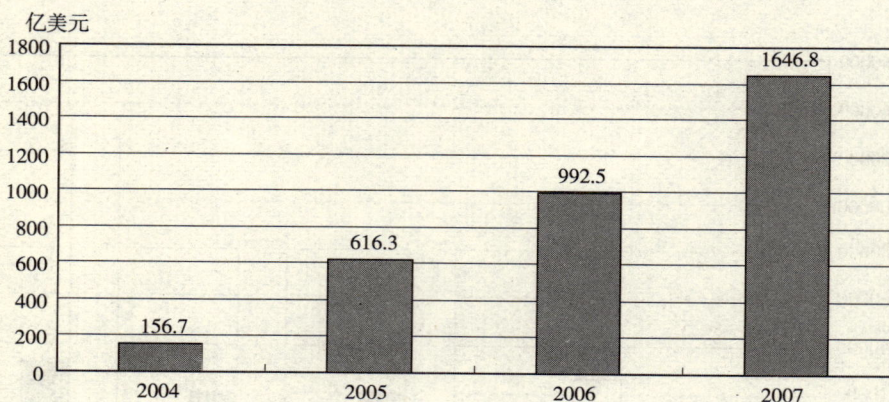

图 5-9 2004—2007 年我国机械设备和运输设备顺差变化趋势

数据来源:商务部贸易统计。

(TCI)逐年上升,由 2004 年的 0.03 上升到 2007 年的 0.166。

表 5-10 2004—2007 年机械及运输设备进出口情况(亿美元)

年份	出口			进口		
	金额	增减(%)	占比(%)	金额	增减(%)	占比(%)
2004	2682.9	42.9	45.2	2526.2	31	45
2005	3522.6	31.3	46.2	2906.3	14.9	44
2006	4563.6	29.6	47.1	3571.1	22.9	45.1
2007	5771.9	26.5	47.4	4125.1	15.5	43.2

数据来源:商务部贸易统计。

然而,虽然我国装备制造业发展取得重大成就,装备制造业地位不断巩固,但是仍面临着一些突出问题:自主创新能力较弱,对外依存度较高,核心技术受制于人,在国际竞争中处于不利地位;粗放型发展方式还没有根本扭转,片面追求发展规模和速度,尚未走出传统工业化大量消耗资源的老路,整体素质不高,产业集中度低,缺少具有国际竞争力的大企业;产业基础薄弱,基础制造装备、基础元器件、关键原材料发展滞后,高新技术与传统装备工业改造结合不够,装备制造业信息化程度不高,远不能适应我国工业化进程的需要。

(二)我国装备制造业产业竞争力基本评价

我国已经成为装备制造业大国,但距离装备制造业强国还有一段距离,装备制造业的整体竞争力水平与发达国家之间还有很大差距。主要体现在以下四个方面。

第一,研究开发投入比例较低,自主创新能力薄弱,核心关键技术落后、对外依赖性较高。对于装备制造业而言,研发投入少,创新能力低,技术水平落后,核心关键技术缺乏形成恶性循环。研发投入不足是我国装备制造业多年以来一直存在的问题。以 2007 年为例,装备制造业研究开发投入占总产值的比例仅为 0.91%,占增加值的比例也不足 4%(见表 5-11)。更为详细的资料可以参见下面对影响提高我国装备制造业竞争力的因素的分析。从分地区资料来看,情况也不容乐观。例如,"辽宁装备制造业只有近 5% 产品达到了国际先进水平,总体上约落后国际先进水平 20 年左右。"①

第二,装备制造业增长方式仍然是粗放型的,没有得到根本性转变,装备制造业整体素质不高。例如,辽宁省装备制造业尽管取得了长足发展,在全国具有举足轻重的地位,但仍存在着经济运行质量低、效益差的问题。

第三,装备制造业整体增加值率低。按装备制造业 7 个所属子行业综合统计,2007 年,我国装备制造业整体增加值率仅为 24.6%,低于我国第二产业整体增加值率平均水平。

第四,高新技术与传统装备工业改造结合不够,装备制造业信息化程度不高,无法适应我国推进新型工业化的进程。信息化是我国推进工业化进程所必不可少的组成部分,装备制造业是其他各行业产业深化发展的基础,为其他各行业提供基础性的基础装备。装备制造业信息化程度低严重制约了装备制造业自身的发展,从而难以适应走新型工业化道路的需要,限制了提升其他行业竞争力的潜力。

第五,我国装备制造业虽然取得了重大的进步,但是产业基础薄弱,基础装备和元器件、关键原材料发展滞后,部分基础设备对进口的依存度非常高,远不能适应我国工业化进程的需要。目前,我国进口的各种基础设备价值大致占我国进口总值的 50%,设备投资的 2/3 依赖进口,其中光纤制造设备的

---

① 参见 2005 年《辽宁省装备制造业规划》,辽宁省人民政府网站,www.ln.gov.cn。

100%,发电设备的 90%,集成电路芯片制造设备的 85%,石油化工设备的 80%,轿车工业设备、数控机床、纺织机械、胶印设备的 70% 来自于进口产品。①

(三)影响提高我国装备制造业产业竞争力的因素分析

长期粗放增长,使我国装备制造业发展过程中的结构性问题和矛盾逐渐显现,已经成为制约装备制造业产业升级和竞争力提升的主要因素。

第一,研发投入比例过低,自主创新能力薄弱。2007 年,我国装备制造业研究开发投入占总产值的比例仅为 0.91%(见表 5 - 11)。从分行业数据来看,2007 年,我国交通运输设备制造业的研究开发投入占总产值的比例最高,但也仅为 1.11%(见表 5 - 11)。从大中型企业研发活动分布情况看,2004 年和 2005 年,金属制品业从事自主创新的企业个数偏少,比例偏低(见表 5 - 12)。从区域分布看,部分省份装备制造业研发投入比例相对高一些,但并未达到发达国家的一般水平。例如,天津市装备制造业的技术开发费用占销售收入的比例仅 1.5% 左右,具有技术中心的企业只有 3%,而且技术创新,大多限于产品、工艺的延伸、改进和提高,缺少拥有自主知识产权的产品和技术。研发投入不足导致企业对引进技术的消化吸收能力、自主创新能力都非常薄弱,"引进—消化—吸收—创新"良性循环难以形成。装备制造业出口中加工制造比例相对较高。

表 5 - 11　2007 年我国装备制造业分行业研发投入情况以及研发强度

行业	R&D 经费（万元）	R&D 经费/总产值(%)	R&D 经费/增加值(%)
金属制品业	319334	0.28	1.06
通用设备制造业	1375979	0.75	2.69
专用设备制造业	1093874	1.03	3.57
交通运输设备制造业	3012684	1.11	4.32
电气机械及器材制造业	2138015	0.89	3.53

① 《我国装备制造业发展现状及市场分析》,国际工程信息网,http://www.ieichina.com/,2008 年 9 月 27 日。

续表

行业	R&D 经费（万元）	R&D 经费/总产值(%)	R&D 经费/增加值(%)
通信设备、计算机及其他电子设备制造业	4041328	1.03	5.10
仪器仪表及文化、办公用机械制造业	290926	0.68	2.50
总计	12272140	0.91	3.69

数据来源:国家统计局编:《中国统计年鉴(2008)》,中国统计出版社 2008 年版。

表 5－12　2004—2005 年我国装备制造业大中型企业自主创新活动行业分布状况

年份 行业	2005		2004	
	个数	比重(%)	个数	比重(%)
金属制品业	172	20.1	133	16.5
通用设备制造业	622	36.7	597	36.2
专用设备制造业	427	43.0	428	42.7
交通运输设备制造业	634	37.7	611	36.6
电气机械及器材制造业	641	35.2	596	33.8
通信设备、计算机及其他电子设备制造业	667	33.2	570	29.5
仪器仪表及文化、办公用机械制造业	155	38.0	150	38.5

数据来源:中国发展门户网。

　　第二,国内需求的规模和档次不断提升。"十二五"期间,我国仍将处于重化工业化阶段。重化工业化发展给装备制造业产品带来的更多国内需求,对装备制造业产品的技术水平提出了更高的要求。

　　第三,产业集中度低。我国装备制造业规模以上企业总产值占全部规模以上企业总产值的比重于 2005 年首次超过 30%,2007 年达到 31.9%,低于发达国家的平均水平,远低于美国的 41.9%、日本的 43.6%、德国的 46.4%。2007 年中国制造业 500 强中,装备制造业企业的数量、销售收入和利润分别占整个中国制造业 500 强总量的 21%、25.42% 和 24.59%。这些数值仍然低于美国、日本、德国的水平。① 我国通用设备制造业和专用设备制造业以中小型企业为主。2008 年,通用设备制造业总产值和销售额分别为 23135.54 亿元和 22505.32 亿元,其中大型企业产值和销售额分别为 3506.02 亿元和 3430.84 亿元,占比仅分别为 15.2% 和 15.2%;专用设备制造业大型企业的产值和销售额占行业的比重稍微高于通用设备制造业,但也仅为 20.6% 和 20.4%。②

第四,经济政策环境。20 世纪 80 年代以来,装备制造业一直受到国家的政策扶持,支持面覆盖技术开发等多个领域。随着重化工业化的不断推进,国家对装备制造业发展的支持力度将会不断增加。同时,由于各种因素的作用,国际社会对我国实行更加严格的高科技产品出口管制政策。2007 年 2 月,美国修订了《对华出口管制条例》,对我国出口产品的管制范围扩大到了半导体器材、导航设备等。美国是最重要的高技术设备出口国,其出口管制政策限制了我国通过技术引进来提高装备制造业产业竞争力的范围和程度。

二、"十二五"时期提高装备制造业产业竞争力的目标

我国装备制造业已经发展到资本密集型产业阶段,但总体上,仍然处于大而不强的状态。"十二五"期间,我国装备制造业发展将面临新的机遇和挑战,提高技术创新能力,促进产业深化创新,是实现装备制造业产业升级的必然选择。

(一)战略背景和意义

"十二五"期间,我国将继续处于重化工业化阶段,钢铁、汽车、石化等行业将成为推动我国经济发展的基础性和战略性产业。这些行业的发展需要大量的技术装备。作为"工业之母",装备制造业在"十二五"时期仍将是国民经济的基础性、战略性产业,为国民经济各部门提供技术设备,是其他相关部门产业竞争力提高的基础。

(二)提高装备制造业产业竞争力的目标

1. 自主创新能力得到较大提高。高档数控装置、电机及驱动装置、数控

---

① 参见《我国装备制造业发展现状及市场分析》,国际工程信息网,http://www.ieichina.com/,2008 年 9 月 27 日。

② 参见《中国机械设备制造行业 2008 年运行报告》,《财经界》2009 年第 8 期。

机床功能部件、关键部件等的核心技术开发取得突破;百万千瓦级核电设备、新能源发电设备、高速动车组、高档数控机床与基础制造装备等一批重大技术装备实现自主化。

2. 基础配套水平提高。大型铸锻件、基础部件、加工辅具和特种原材料等四大配套产品制造水平显著提高;通用零部件基本满足国内市场需求,关键自动化测控部件填补国内空白,特种原材料实现重点突破,基础件制造水平进一步提高。

3. 产学研一体化取得实质性进展。"以企业为主体、以市场为导向、产学研相结合"的技术开发平台建设取得实质性进展。

4. 装备制造业产业集中度得到较大提升,接近中等发达国家水平。

5. 装备制造行业的研究开发投入进一步增加,总体研发投入占产业销售收入达到 10% 以上。

三、"十二五"时期提高装备制造业产业竞争力的政策建议

"十二五"时期,是我国重化工业化加速推进时期,是提高装备制造业产业竞争力,促进装备制造业产业深化创新的关键时期。坚持以科学发展观为指导,科学规划和引导,发展以大型企业集团为主体的装备制造业产业集群,加大对装备制造业的技术消化吸收再创新能力的财税金融政策支持力度,促进装备制造业深化创新,转变装备制造业增长方式,走新型工业化道路,提高装备制造业产业竞争力。具体而言,笔者建议主要从以下四个方面入手,提高我国装备制造业产业竞争力。

(一)发展装备制造业产业集群,促进产业集群升级

技术创新对于装备制造业发展尤为重要。产业集群的网络化创新机制对于提高我国装备制造业的自主创新能力具有重要意义。通过发展装备制造业"轮轴式"产业集群,形成集聚优势,是提高我国装备制造业产业竞争力重要途径。

针对尚未形成产业集群的情况,鼓励以大型企业集团为核心建立"轮轴式"产业集群,以企业为主导建立研究开发中心。引导科研机构进入产业集群,建立健全中介服务机构体系,建立健全企业与科研机构之间的相互沟通交流的体制机制。除财税金融支持力外,政府通过提供基础设施和技术标准等

方式扶持产业集群发展。

对于已形成的产业集群,加大对企业研究开发的支持力度,提高企业自主创新能力。建立和完善政府、企业、科研力量等相互之间的沟通交流渠道,开发和积累社会资本,充分发挥产业集群由于地理集中性带来的网络化优势。建立健全完善科技中介服务体系,包括建立技术开发中心、科技孵化器、人才培训中心、标准制定机构、信息服务中心、融资服务体系等中介机构。充分发挥政府在规划、引导、监督、协调和服务等方面的作用,加强知识产权保护,建立健全与创新活动激励相容的体制机制。

(二)刺激企业增加研发投入比例,提高企业自主创新能力

我国装备制造业研发投入占销售收入的比例远低于发达国家的水平。现有的旨在支持产业深化创新的财税金融政策,基本上局限于政府采购、税收优惠、融资便利化等方面。调整和优化财税政策结构,开设"创新税",对促进产业深化创新活动,提高装备制造业产业竞争力具有重要意义。

(1)开辟新的税种,开征"创新税"。拟定的"创新税"实行先征后返,累进返还制度,退税比例与企业的研发投入占销售收入比例挂钩。

(2)引导企业设立"消化吸收基金",提高消化吸收费用占技术引进费的比例。首先,在技术引进方面,鼓励企业引进尚未被商业化的专利、技术许可证等,在此基础上进行消化吸收和再创新,快速形成自主知识产权。其次,技术引进要与自主研发相结合,设定企业配套资金投入比例。第三,在鼓励企业提高研究开发投入的同时,健全科研机构与企业之间的合作机制,提高企业消化吸收和再创新能力。

(3)通过政策法规,刺激对国产装备的需求,引导装备制造企业增加研发投入。装备制造业是基础性的中间投入品行业,缺乏市场是国内装备制造业研究开发投入比例偏低的重要原因。通过刺激国产装备的国内有效需求引导装备制造业企业增加研究开发投入。第一,围绕国家重大技术装备研发项目,制定并适时调整技术标准,鼓励科研机构、企业等相关各方参与标准的制定和修订,使技术标准成为引导技术创新,促进技术成果商业化的纽带。第二,建立健全使用国产首台(套)装备的风险补偿机制,为用户使用的国产首台(套)装备提供质量担保和风险规避机制,解决用户的后顾之忧。为了给首台(套)重大技术装备应用营造政策环境,国家政府已经于 2008 年 1 月出台《首台

(套)重大技术装备试验、示范项目管理办法》,对重大技术装备的概念和范围进行了界定。虽然这套管理办法区分了"实验项目"和"示范项目",但在政策处理上并未对这些重大技术装备是国产的还是从国外引进的进行差别性处理。笔者建议对技术装备的引进和使用自主生产的装备实行差别对待,对于能够自主生产的技术装备,应该鼓励使用国产装备,或者在相同条件下,对使用国产技术装备的给予更高的风险补偿。第三,改革现行的偏向技术装备引进的税收优惠政策,鼓励使用可以自主生产的国产装备。第四,通过政府采购,支持国产技术装备。第五,建立用户与制造企业之间的信息交流平台,鼓励供需双方联合开发。

(三)以需求为导向,完善装备制造业共性技术和关键技术开发平台

共性技术开发具有一定的外部性,通过市场难以实现社会最优状态。首先,建立健全以企业为主体、以市场为导向、产学研相结合的技术开发平台。其次,建议设立装备制造业产业深化创新基金,加大对装备制造业共性技术研发的资金支持力度,鼓励自主创新。第三,对于关键性的大型高价设备,由产业深化创新基金出资购买,然后以租用的方式向企业和科研机构提供,提高企业和科研机构的研发能力。第四,完善官产学研之间的协调合作机制,以费用分担、资源共享的方式,鼓励科研机构与企业联合组建科研中心,进行共性技术开发。

(四)提高装备制造业产业集中度,培育大型企业,提高产业深化创新能力

优化装备制造业产业组织结构,提高产业集中度对提高我国装备制造业产业竞争力具有重要意义。鼓励装备制造业通过并购、联合、重组等市场化途径加快产业整合,充分发挥市场对资源配置的基础性作用。支持优势企业做大做强,培育一批具有国际领先水平的跨国公司和大型企业集团,增强装备制造业的国际竞争力。鼓励中小企业与大型企业集团之间开展密切的分工合作,潜入大型企业集团的价值链,依托大型企业集团,采取"小而专、小而精"战略提高装备制造业整体竞争力。

第三节　案例Ⅲ:新能源业

新能源的突破性发展,引领新一轮全球产业结构重大演进将成为世界能源格局演变的基本趋势。我们应清醒地认识到,在这场新的全球战略博弈中,不进则退。"十二五"期间,我国重化工业化将加速推进,对能源的需求必将不断上升,同时,城市人口比重也将不断增加,传统能源无法满足我国工业化、城镇化的需求。按照科学发展观的要求,通过开发利用新能源,增加能源供应、保障能源安全、保护生态环境,是促进经济社会全面协调可持续发展的必然选择,是国民经济社会发展的一项重大战略任务,是提高我国在未来世界格局中地位的重要途径。

一、新能源产业发展状况

新能源是与传统能源相对应的,其各种存在形式都直接或间接来自于太阳或地球内部所产生的能源,包括太阳能、风能、生物质能、地热能、水能和海洋能以及由新能源衍生出来的生物燃料和氢所产生的能量。新能源与我国政府的官方政策法规文件中的"可再生能源"是一致的。我国能源生产和消费格局均以煤炭为主,但新能源的比重也在不断上升。

(一)世界新能源产业现状

由于石油等传统能源价格波动和全球气候变化,新能源产业在过去的几年中受到了世界各国的广泛关注。截至2004年,全球已经至少有48个国家制定了各种形式的新能源促进政策,其中包括14个发展中国家。2005年至少有32个国家和5个地区/省施行"强制上网法"(Feed-in Policy)或"固定电价政策",①其中半数以上从2002年开始施行,至少有32个地区/省建立了新能源配额制(renewable portfolio standards),其中一半建立于2003年。还有6个国家于2001年确立了国家新能源配额制,至少有30个国家提供了直接资金投入补贴、赠款或折扣优惠。美国大多数州以及其他至少32个国家为新能

---

① 强制上网法也称固定电价政策。"政府明确规定可再生能源电力的上网电价并强制要求电力公司必须全额收购可再生能源发电,而对生产多少可再生能源电量不做明确的要求。实际上,发电量的多少完全由市场调节,开发商根据市场需求和利润率的高低自主决定是否介入可再生能源的开发。政府授权专门的机构作为监管部门,监管部门根据各种可再生能源发电技术的实际发电成本或者根据电力平均价格确定电价,并做定期调整。由于有了电价和上网的保证,从而解决了可再生能源发电上网的障碍和由于可再生能源开发成本高于常规能源发电成本给新能源项目带来资金运行困难。"(参见中国资源综合利用协会可再生能源专业委员会网站)

源提供了多种形式的税收激励和减免制度,自1995年以来,超过5.4GW的风电装机受惠于美国联邦生产税减免制度。①

随后,这些新能源政策得到了不断的补充和修订,还有一些新的新能源政策相继出台。2005年欧盟部分国家对上网电价政策进行了修订,美国将生产税减免政策延长至2007年,其他还有一些国家提高了新能源发展目标。为了保障能源安全,我国政府也于2005年2月份通过了《可再生能源法》。截至2006年底,全球至少有665个国家和地区,包括37个发达国家或地区和转型国家以及23个发展中国家和地区,用于某种类型的新能源促进政策,最普遍的政策是强制上网法。截至2007年,至少37个国家或地区和9个州/省实施了强制上网法。另外,其他的新能源支持政策包括资本投资补贴和折扣、税收激励和退税限额制度、销售税与增值税减免、能源生产支付与税收限额、公众投资和融资支持、公开竞价等。近几年,许多发展中国家也纷纷强化了他们的新能源促进政策。

在新能源产业自身发展方面,近年来,也取得了巨大进展。2004年,全世界新能源(不包括大水电)领域投资约300亿美元,传统电力领域投资大约是1500亿美元,在大水电方面投资的200亿—250亿美元主要发生在发展中国家。2006年,新能源领域新增投资550亿美元,年投资量较2005年增加44.7%。

2004年,全球新能源总发电量160GW(不含大水电),占全球发电量的4%。其中发展中国家占44%,即70GW。2007年,全球新能源发电量(不含大水电)达到全世界核能发电量的1/4。

发展最快的新能源技术是并网光伏发电(Grid-connected solar PV capacity)。2000年到2004年,并网光伏发电装机量年增长率为60%,风能从2000年初的0.16GW增至2004年末的1.8GW,风能装机容量位居第二,年增长率为28%,生物质柴油年增长率是25%,太阳能热水器/供暖设备17%,离网光伏17%,地热取暖13%,乙醇燃料11%。其他可再生能源发电技术,如生物质能、地热能和小水电,相对比较成熟,增长率与传统能源相比相差不大,

---

① Eric Martinot:《2005全球可再生能源状况报告》,可再生能源发展中心、中国计量院鉴衡认证中心译。http://www.martinot.info/RE2005_Global_Status_Report_Chinese.pdf。

约为2%—4%。2005年和2006年,并网光伏发电年增长率分别为55.0%和64.5%,太阳能光伏产品较上年增长率分别为47.8%和47.1%,表现出快速增长的势头。其他新能源业也出现了不同程度的增长。

从新能源主要指标排名前五位国家来看,发达国家中的美国、德国、日本综合实力较强,发展中国家中的中国、巴西和印度在部分领域出现在前五名中(见表5-14)。表5-14排名情况表明,近几年来,我国在新能源领域的进展即使是在世界层面上也是不可忽视的。中国在太阳能热水器、水电方面位居世界前列。

表5-13 世界新能源发展主要指标

	2004	2005	2006	2007(估计)
新增新能源投资(年投资额/亿美元)	300	380	550	710
新能源发电装机容量(不包括大水电/GW)	160	182	207	240
新能源装机容量(包括大水电/GW)	895	930	970	1010
风力发电(装机容量/GW)	48	59	74	95
并网光伏系统(安装容量/GW)	2	3.1	5.1	7.8
太阳能光伏产品(年产量/MW)	1150	1700	2500	3800
太阳能热水器(安装容量/GWth)	77	88	105	128
乙醇(年产量/亿升)	305	330	390	46
生物柴油(年产量/亿升)	21	39	60	8
制定政策目标的国家(个)	45	49		66
实施固定电价政策的国家/州/省(个)	37	41		46
实施新能源配额制的国家/州/省(个)	38	38		44
颁布使用生物燃料强制政策的国家/州/省(个)	22	38		53

资料来源:《Renewables 2006 Global Status Report》;《Renewables 2007 Global Status Report》.

表5-14 2005—2006年世界新能源主要指标排名前五强

名次	1	2	3	4	5
2005年					
年产量/新增容量(2005)					
年投资额	德国/中国	美国	日本	西班牙	

续表

名次	1	2	3	4	5
风电	美国	德国	西班牙	印度	中国
太阳能光伏(并网发电)	德国	日本	美国	西班牙	法国
太阳能热水器	中国	土耳其	德国	印度	奥地利/希腊/日本/澳大利亚
乙醇产量	巴西/美国		中国	西班牙/印度	
生物柴油产量	德国	法国	意大利	美国	捷克
总容量(2005)					
新能源装机容量(不含大水电)	中国	德国	美国	西班牙	印度
大水电	美国	中国	巴西	加拿大	日本/俄罗斯
小水电	中国	日本	美国	意大利	巴西
风电	德国	西班牙	美国	印度	丹麦
生物质发电	美国	巴西	菲律宾	德国/瑞典/芬兰	
地热发电	美国	菲律宾	墨西哥	印尼/意大利	
太阳能光伏(并网发电)	德国	日本	美国	西班牙	荷兰
太阳能热水器	中国	土耳其	日本	德国	以色列
2006 年					
年产量/新增容量(2006)					
年投资额	德国	中国	美国	西班牙	日本
风电	美国	德国	印度	西班牙	中国
太阳能光伏(并网发电)	德国	日本	美国	西班牙	韩国
太阳能热水器	中国	德国	土耳其	印度	澳大利亚
乙醇产量	美国	巴西	中国	德国	西班牙
生物柴油产量	德国	美国	法国	意大利	捷克共和国
总容量(2006)					
新能源装机容量	中国	德国	美国	西班牙	印度
小水电	中国	西班牙	美国	意大利	巴西
风电	德国	西班牙/美国		印度	丹麦

续表

名次	1	2	3	4	5
生物质发电	美国	巴西	菲律宾	德国/苏丹/芬兰	
地热发电	美国	菲律宾	墨西哥	印度尼西亚/意大利	
太阳能光伏(并网发电)	德国	日本	美国	西班牙	荷兰/意大利
太阳能热水器	中国	土耳其	德国	日本	以色列

资料来源:《Renewables 2006 Global Status Report》;《Renewables 2007 Global Status Report》.

(二)我国新能源产业发展及现状分析

随着经济规模的扩大,我国已经成为一个能源生产和消费大国。在我国的能源生产和消费格局中,煤炭占据主导地位。2007 年,煤炭产量占全部能源生产量的 76.6%,煤炭消费量占全部能源消费量的 69.5%。从趋势来看,1980 年到 2007 年之间,我国新能源的生产量和消费量分别占全部能源产量和消费量的比重呈现上升态势(见表 5 - 15)。2001 年水电、核电和风电的产量和消费量同时超过 1 亿吨标准煤,2007 年,水电、核电和风电的产量和消费量分别达到 19306 万吨标准煤和 19288 万吨标准煤,占比分别为 8.2% 和 7.3%。

表 5 - 15　1980—2007 年我国能源生产和消费格局

	生产(%)				消费(%)			
	原煤	原油	天然气	水电、核电、风电	煤炭	石油	天然气	水电、核电、风电
1980	69.4	23.8	3.0	3.8	72.2	20.7	3.1	4.0
1985	72.8	20.9	2.0	4.3	75.8	17.1	2.2	4.9
1990	74.2	19.0	2.0	4.8	76.2	16.6	2.1	5.1
1995	75.3	16.6	1.9	6.2	74.6	17.5	1.8	6.1
2000	72.0	18.1	2.8	7.2	67.8	23.2	2.4	6.7
2005	76.5	12.6	3.2	7.7	69.1	21.0	2.8	7.1
2006	76.7	11.9	3.5	7.9	69.4	20.4	3.0	7.2
2007	76.6	11.3	3.9	8.2	69.5	19.7	3.5	7.3

数据来源:国家统计局编:《中国统计年鉴(2008)》,中国统计出版社 2008 年版。

1. 促进新能源开发利用政策发展迅速

随着国民经济快速发展,国家一方面制定各种政策鼓励提高能源利用效率、节约能源资源,另一方面加大了对开发利用新能源的支持力度。2005年2月28日,第十届全国人民代表大会常务委员会第十四次会议通过《可再生能源法》,从资源调查与发展规划、产业指导与技术支持、推广与应用、价格管理、经济激励等方面对可再生能源开发利用提供了法律依据。随后相继出台一系列政策文件,包括《可再生能源产业发展指导目录》(发改能源〔2005〕2517号)、《可再生能源发电价格和费用分摊管理试行办法》(发改价格〔2006〕7号)、《可再生能源发电有关管理规定》(发改能源〔2006〕13号)和《可再生能源发展专项资金管理暂行办法》(财建〔2006〕237号)等。

《国民经济和社会发展第十一个五年规划》中明确提出,加快开发利用新能源,对新能源发电实行优惠上网电价,适时开展新能源发电配额制。2007年8月,根据"十一五"规划,国家发改委印发了《可再生能源中长期发展规划》,研究制定了我国开发利用新能源的指导思想、主要任务、发展目标、重点领域和保障措施。2008年3月,国家发改委又颁布了《可再生能源发展"十一五"规划》,成为国家政府引导"十一五"时期新能源产业发展的主要依据。

2. 我国新能源产业现状

我国地大物博,地质特征多样,水能、风能、太阳能等储量都十分丰富。但是,由于这些资源区域分布不均衡,开发利用难度大,技术水平要求高,我国新能源利用现状并不十分乐观,利用率仍然较低。

在水电方面,我国水电装机容量逐年上升,但占总装机容量的比重呈轻微下降趋势。2003年水电装机比重为24.0%,2004年水电装机占23.79%,发电量占15.09%,2005年下降至22.9%。截至2005年末,我国水电装机容量达11652万千瓦,年发电量3952亿千瓦时。[①]

近几年,小水电在我国水电发电量的比重大约在1/3。2004年底,全国共建成4.2万多座小水电站,装机容量达3865.5万千瓦。2005年和2006年,中

---

① 中经网数据有限公司:《中国新能源行业分析报告(2006年1季度)》,中国经济信息网。

国小水电发电量在可再生能源发电中排名第一。①

在太阳能开发方面,我国的光伏发电于 2007 年达到 108 万千瓦,成为世界第三大光伏电池生产国和出口国。

在其他能源,包括风能、生物质能、地热能等方面,我国的储量非常丰富,不同地区也进行了不同程度的开发利用。

(三)我国新能源业产业竞争力基本评价

研究表明,我国在小水电和太阳能热水器方面居于领先地位。近几年,在新能源装机容量方面我国也走在各国的前列。然而,总体而言,我国新能源的技术水平较低,缺乏研发能力,设备制造业能力较弱,关键技术设备还要依赖进口,新能源产业整体技术水平和生产能力与国外先进水平之间还具有较大差距,产业竞争力亟待提高。例如,作为光伏电池的第三大出口国,我国光伏产业的显著特点是"两头在外",原材料需要进口,市场也主要依赖于国际市场,光伏产业还具有明显的加工制造性质。

(四)影响我国新能源业产业竞争力的因素分析

第一,R&D 投入低,技术开发能力弱。例如,大多数太阳能企业缺乏研发机构,R&D 投入比例低。大型风电设备基本要依赖进口,技术设备的自主研发和制造能力较低。

第二,产业集群化程度低。大量新能源企业分散在全国各地,难以形成地理上的集聚状态,产业集中度低。例如,并网型风能企业入网困难,影响了产业集群的建立和完善。

第三,资源储量丰富,发展潜力大。我国各类新能源资源丰富,在水能、风能、生物质能、太阳能等利用技术较为成熟、开发潜力较大。此外,地热能、海洋能等也有很好的发展前景。

第四,市场需求潜力巨大。随着国民收入水平的不断提高,我国能源消费量不断增加,人均生活能源消费量由 1983 年的 106.6 千克标准煤,1990 年的 139.2 千克标准煤增加到 2007 年 203.3 千克标准煤。"十二五"期间,我国仍将处于重化工业化阶段,对能源的消费需求必然会出现大幅度的增加,未来新能源市场需求潜力将是巨大的。

---

① 中经网数据有限公司:《中国新能源行业分析报告(2006 年 1 季度)》,中国经济信息网。

第五,经济政策环境。新能源开发是一项长期性的战略,我国制定了一系列与新能源相关的政策,对新能源给予了很高的重视。但是,国家支持政策体系还不够完整,支持力度不强,相关政策之间缺乏协调配合,配套财税金融政策有待进一步落实。

二、"十二五"时期提高新能源业产业竞争力的目标

随着国家《可再生能源中长期发展规划》以及《可再生能源发展"十一五"规划》的实施,我国新能源产业已经进入实质快速发展阶段,但总体上,新能源产业是新兴产业,产业规模小,集中度低,技术水平与国际先进技术存在相当大的差距。"十二五"期间,新能源产业作为新兴的具有战略性意义的产业,在政府加大扶持力度,引导产业技术提升下,积极加快技术创新,促进产业深化,进一步提升产业竞争力,力争在国际新能源产业分工中占据比较有利的地位。

(一)战略背景和意义

新能源产业是我国新兴的具有重要战略性意义的产业。新能源资源潜力大、环境污染低、可永续利用,是有利于人与自然和谐发展的重要能源。

从国内来看,开发利用可再生能源已成为我国缓解能源供需矛盾、减轻环境污染、调整能源结构、改善能源供给安全,转变经济增长方式和促进社会主义新农村建设的重要途径,对实现我国社会经济的持续、快速、健康发展具有重要意义。

从国际看,发达国家从环境保护和产业结构升级双角度积极发展新能源产业。如美国加大新能源技术、产业投入,积极开发利用新型能源,力图摆脱对石油的过度依赖。同时,新能源产业很可能成为驱动美国新一轮长期经济增长的发动机。发展新能源产业,积极跟踪先进技术,缩短与发达国家差距,将有利于在未来全球化的新能源市场中占据重要位置。

此外,新能源技术是世界新技术革命的重要内容,发展新能源产业会大大促进我国科学技术的进步。

(二)"十二五"时期提高新能源业产业竞争力的目标

鉴于新能源产业的新兴、战略性特征和国内新能源产业发展现状,"十二五"时期其产业竞争力目标可设定为:

1. 水电、风电、太阳能、核能、生物质能等重点领域的新技术、新工艺有大的突破,提高转换效率,力争在"十二五"期间转换效率实现重大提升,大幅降低新能源开发利用成本。

2. 扶持国内外新能源成熟技术产业化,加快发展水电、风电、太阳能、核能、生物质能,大力推广太阳能和地热能在建筑中的规模化应用,力争在"十二五"期间新能源在能源应用中比重达到15%。

3. 新能源产业重要关键技术实现自主化,成套设备的国产化程度显著改善,力争达到70%。

4. 实现产业化的新能源行业集中度得到较大提升。

5. 产业总体 R&D 投入占产业销售收入达到10%。

三、"十二五"时期提高新能源业产业竞争力的政策建议

"十二五"时期,是新能源产业快速发展阶段,也是促进产业深化创新的关键时期。坚持以科学发展观为指导,科学规划和引导,加大政府投入,建立促进新能源产业发展的长效机制,发展以龙头企业集团为主体的新能源产业集群,加大对新能源产业的技术消化吸收再创新能力的财税金融政策支持力度,提高新能源产业的竞争力。具体而言,笔者建议从以下四个大的方面入手提高我国新能源业产业竞争力。

(一)加强规划,全面发展新能源产业

新能源产业的新兴性既需要政府加大扶持力度,也给政府科学规划提供了有利条件,在利益阻力小的情况下,政府可以通过科学规划为长久发展打下较好的基础。

借鉴国际经验,高起点规划尚待形成的新能源行业,并且带动一批相关产业的发展。选择一批对国民经济和生态环境建设具有重大价值的关键技术进行研究开发,加强这些技术的试点示范和科技成果的转化工作,促进产业形成,尽快实现商品化生产和推广应用。对已经产业化的新能源行业,加大扶持的同时,注重培育市场,改善市场环境,尽快完善新能源产品质量标准和质量监测系统,规范产业发展。

(二)加大政府投入,建立多元渠道,配套财税金融政策,建立长效机制

新能源产业整体处于初创期和成长期,大部分行业属于高新技术产业,中

央和地方财政应加大财政资金支持力度,同时,继续通过优惠的价格政策和强制性的市场份额政策,以及政府特许权等措施,培育持续稳定增长的新能源市场。

对新能源产业实行税收优惠政策以及银行贷款倾斜政策,发挥科技银行作用;充分发挥各级各类风险投资机构、国内外各类经济主体的作用,使其以较大力度参与新能源产业的发展;积极鼓励企业开展资本经营,有效利用国内外资本市场的融资工具,逐步形成社会资本、企业资本、政府资本"三资"联动、相互促进、共同发展的局面,从而建立长效机制。

(三)发展新能源产业集群,建设完善产业共性技术和关键技术平台,促进产业集群升级

技术创新是新能源产业发展的核心。产业集群的网络化创新机制对于提高我国新能源产业的自主创新能力具有重要意义。针对尚未形成产业集群的情况,鼓励以龙头企业集团为核心建立"轮轴式"产业集群,以企业为主导建立研究开发中心。引导科研机构进入产业集群,建立健全中介服务机构体系,建立健全企业与科研机构之间相互沟通交流的体制机制。除财税金融支持外,政府通过提供基础设施和技术标准等方式扶持产业集群发展。

对于已形成的产业集群,加大对企业研究开发的支持力度,提高企业自主创新能力。建立健全以企业为主体、以市场为导向、产学研相结合的技术开发平台,加大对新能源产业的技术消化吸收再创新能力的财税金融政策支持力度,设立新能源产业产业深化创新基金,加大对新能源产业共性技术研发的资金支持力度,鼓励自主创新;完善官产学研之间的协调合作机制,以费用分担、资源共享的方式,鼓励科研机构与企业联合组建科研中心,进行共性技术开发。

(四)提高新能源产业集中度,培育大型企业,提高产业深化创新能力

目前,我国新能源产业准入标准低、产业集中度低,如太阳能光伏行业。鼓励新能源产业通过并购、联合、重组等市场化途径加快产业整合;鼓励中小企业与大型企业集团之间开展密切的分工合作,加入大型企业集团的价值链,依托大型企业集团,采取"小而专、小而精"战略提高产业整体竞争力。支持优势企业做大做强,积极鼓励优势企业"走出去",充分利用国际市场资源,形成国际品牌,提升国际竞争力。

第四节 案例 Ⅳ:物流业

物流业①是融合运输业、仓储业、货代业和信息业等的复合型服务产业,是我国第三产业的重要组成部分。物流业的发展既依赖于制造业等其他产业的发展,又为其他产业提升竞争力创造条件。"十二五"期间,随着我国经济的进一步增长,产业结构的进一步优化,现代物流业的需求持续增长,大力发展现代物流业,提升其产业竞争力具有重要意义。

一、我国物流产业发展状况
(一)我国物流产业发展及现状分析
我国物流业发展历经改革初期概念引入、20 世纪 80 年代缓慢起步、20 世纪 90 年代中后期以来加快推进,到"十一五"期间进入全方位快速发展的新时期。我国物流业总体规模持续快速增长,产业内各类企业快速成长,发展水平显著提高,发展的环境和条件不断改善,为"十二五"期间加快发展奠定了坚实基础。

1. 我国物流业总体规模持续快速增长

2008 年,全国社会物流总额达 89.9 万亿元,接近 2005 年的 1.9 倍,年均增长 17%;物流业实现增加值 2.0 万亿元,达到 2006 年的 1.4 倍,年均增长 12%,均高于同时期 GDP 年均增长速度。2008 年,物流业增加值占全部服务业增加值的比重为 16.5%,占 GDP 的比重为 6.6%。(见表 5-16)

---

① 从事社会物流活动涉及的相关行业:铁路运输业、道路运输业、水上运输业、航空运输业、管道运输业、装卸搬运和其他运输服务业、仓储业、邮政业、批发业、零售业(配送、流通加工、包装业务)、商务服务业(见国家发展和改革委员会、中国物流与采购联合会:《社会物流统计核算与报表制度》)。

表 5‒16　我国 2005—2008 年物流业主要宏观经济指标

年份	社会物流总额（亿元）	全国社会物流总费用（亿元）	物流费用与GDP的比率（%）	物流业增加值（亿元）	占全国服务业增加值比率(%)	物流相关行业固定资产投资（亿元）
2005	481000	33860	18.60%			
2006	596000	38414	18.30%	14120	17.10%	
2007	752283	45406	18.40%	16981	17.60%	14281
2008	898953	54542	18.10%	19965	16.50%	17508

数据来源:根据国家发展改革委、国家统计局、中国物流与采购联合会发布的 2006—2008 年《全国物流运行情况通报》整理。

2. 我国物流产业呈现多元化格局,各类企业快速成长,发展水平显著提高

国有企业、民营企业和外资、中外合资企业共同构成我国各具特色的物流企业群,产业呈现多元化格局。我国各类物流企业群体快速成长。据中国物流与采购联合会的最新统计显示,截至 2009 年 7 月,我国 A 级物流企业总数首次超过 500 家,企业资产规模快速扩张,经营模式不断创新发展。对参与有关评估的 31 家企业统计汇总显示,这些企业物流业务收入总额已由 2006 年的 110.82 亿元,增长到 2008 年的 171.14 亿元,两年内增长了 54.43%。据中国物流与采购联合会调查组数据显示,在《2006 年中国最具竞争力 50 强物流企业排序名单》中,有 14 家民营物流企业入选,占总数的 28%,其中,年主营业务收入超过 5 亿元的有 13 家,超过 10 亿元的有 8 家,超过 20 亿元的有 3 家。外资物流企业所占企业比例虽然很低,但市场份额不断增加,在快递、航运,以及制造业供应链物流等领域已占据重要地位,2007 年,外商在中国物流领域的投资项目达 6996 个,占外商同期中国投资项目个数的 18.5%。多种所有制、多种服务模式、多层次的物流企业群体的充分竞争,显著提高物流业发展水平。

3. 物流业固定资产投资继续较快增长,物流业基础条件进一步改善

2008 年物流业固定资产投资为 17580 亿,比上年同比增长 22%,是 2001 年的 4.37 倍,年均增长 20%。交通设施规模迅速扩大,为物流业发展提供了良好的设施条件。截至 2008 年底,全国铁路营业里程 8.0 万公里,高速公路

通车里程 6.03 万公里,港口泊位 3.64 万个,其中,沿海万吨级以上泊位 1167 个,拥有民用机场 160 个。据中国物流与采购联合会 2008 年《第二次全国物流园区(基地)调查报告》,目前我国物流园区(基地)约为 475 个。其中,已经运营的 122 个,占 25.7%;在建的 219 个,占 46.1%;规划中的 134 个,占 28.2%。东部、南部以及北部三大沿海经济区的物流园区占全国总量的 54.7%,围绕海港、空港、陆港、制造业园区和城市物流需求发展起来的物流功能集聚区正在形成。物流技术设备加快更新换代,物流信息化建设有了突破性进展。

4. 政府重视物流业发展,政策环境进一步改善

自从国家"十一五"规划纲要明确提出"大力发展现代物流业",中央和地方政府相继建立了推进现代物流业发展的综合协调机制,出台了支持现代物流业发展的规划和政策。2005 年国家发改委组建全国现代物流工作部际联席会议,积极开展工作。在 2008 年国务院机构改革中,新组建了交通运输部,原交通部、民航总局和国家邮政局职能归并其中,设立工业和信息化部,将对物流业发展产生积极影响。2008 年,商务部出台《关于加快流通领域现代物流发展的指导意见》,开展相关的试点工作。财政部设立专项资金,支持农村物流体系建设。国家税务总局批准 184 家企业纳入第四批物流企业税收改革试点。工业和信息化部提出了《全国性、区域性现代物流公共信息平台建设的指导意见》。交通运输部、铁道部加快物流通道建设。交通运输部发布了《快递市场管理办法》。国家邮政局制定相关的规划、政策、标准。各级地方政府制定规划、出台政策、加大资金投入,支持建立行业协会。2009 年 3 月国务院出台《物流业调整和振兴规划》,强调物流业在国民经济中的重要作用,物流业发展的政策环境进一步改善。

然而,从产业的国际竞争力看,我国物流业的总体水平仍然偏低,还存在一些突出问题。一是物流市场缺乏规范统一,规模化、网络化、集约化、专业化的现代物流服务体系尚未形成。二是衡量国民经济运行效率的指标——物流费用占 GDP 总值的比重,最近几年一直徘徊在 18% 左右,高出发达国家近十个百分点。国内物流效率不高,工业企业流动资金平均周转速度远远低于发达国家。三是产业集中度过低,传统物流行业内过度竞争明显,缺乏世界级物流企业。四是以第三方物流为代表的现代物流业所占比重过低,传统物流业

所占比重过高,物流业增长方式粗放。

(二)我国物流业产业竞争力基本评价

2007 年,世界银行发布了全球物流表现指数排行表,从海关手续、物流费用、基础设施质量、到货物跟踪能力、运送的及时性和国内物流业的竞争等方面对世界各国的供应链进行排名,中国得分是 3.32 分,排名第 30 位。(见表 5－17)笔者认为,该评价基本反映我国对外物流竞争力水平。

整体而言,我国物流业处于初级阶段,与发达国家存在比较大的差距。具体表现在:

1. 物流系统的运作效率偏低

社会物流总费用与 GDP 比率居高不下,2005 到 2008 年一直徘徊在 18% 左右,高出发达国家近十个百分点。保管费用增长较快,占总费用比重偏高。2008 年保管费占社会物流总费用的比重为 34.7%,比 2007 年上升 1.8 个百分点,其中库存费用上升明显。物流库存费用过高,反映物流周转速度不高。物流管理费用过高,近年来在社会物流总费用所占比重一直超过 12%,管理费用与 GDP 的比率约为 2.5%,而发达国家如美国与日本,通常只占 0.4%。

2. 物流技术水平较低,基础设施有待完善

物流技术主要是指信息化技术、运输、装卸、搬运技术、仓储技术、管理技术等。我国的物流业总体技术装备水平低,信息化水平较低,供应链管理技术有待提高。基础设施瓶颈制约突出,这集中体现在铁路运力偏紧、沿海水路运力偏紧与港口疏运能力的不足等方面。

3. 产业集中度较低,产业集群发展缓慢,以第三方物流为代表的现代物流业所占比重过低

我国物流企业数量众多,但规模相对而言都比较小。据中国物流与采购联合会重点企业物流统计数据显示,2008 年,前 50 名物流企业年主营业务收入共达 4718 亿元,仅占全国物流相关行业总收入的 13.3%。产业集中度低导致结构性供需矛盾。一方面,一些低层次的、单一的和低技术含量的物流服务供给过剩,高层次的和高技术含量的物流服务供给不足。物流产业集群发展缓慢,以物流产业园为例:目前我国物流园区(基地)约为 475 个,其中已经运营的 122 个,占 25.7%,闲置率高。同时,由于自办物流的比例过大,专业物流市场的有效需求不足,第三方物流发展缓慢,据估算,所占比重低

于20%。

4. 物流专业人才短缺,严重影响可持续竞争力

尽管物流业从业人员众多,但大都集中于传统物流业,附加值低。高附加值的供应链管理系统专业人才缺乏。相关物流金融、物流保险、物流仲裁、物流咨询、物流设计、物流规划人才全面紧缺,极大制约了物流业产业竞争力的提升。

表5-17 世界银行2007年全球物流表现指数排行表

国家	排名	分数	国家	排名	分数	国家	排名	分数
新加坡	1	4.19	以色列	11	3.91	中国台湾	21	3.64
荷兰	2	4.18	比利时	12	3.89	意大利	22	3.58
德国	3	4.1	丹麦	13	3.86	卢森堡	23	3.54
瑞典	4	4.08	美国	14	3.84	南非	24	3.53
澳大利亚	5	4.06	芬兰	15	3.82	韩国	25	3.52
日本	6	4.02	挪威	16	3.81	西班牙	26	3.52
瑞士	7	4.02	澳大利亚	17	3.79	马来西亚	27	3.48
中国香港	8	4	法国	18	3.76	葡萄牙	28	3.38
英国	9	3.99	新西兰	19	3.75	希腊	29	3.36
加拿大	10	3.92	阿联酋	20	3.73	中国	30	3.32

数据来源:The World Bank report(Connecting to Compete:Trade Logistics in the Global Eeonomy)。

(三)影响提高我国物流业产业竞争力的因素分析

在发挥比较优势的基础上,我国物流业发展取得了显著成绩。但是在物流业加速发展中,初级阶段的粗放增长方式带来的长期性问题和矛盾也逐渐显现出来,制约物流业产业竞争力的提升。

1. 市场需求状况

市场需求状况影响着产业国际竞争力的具体竞争层次和竞争方式,也决定了产业发展的增长幅度和空间。作为发展中国家,影响我国物流产业国际竞争力的因素主要是国内市场需求和市场需求规模。实证研究表明,物流业增长与GDP增长正相关。近年来我国社会物流总额持续以年均17%速度增长,高于同期GDP的增速。我国物流需求层次是以低端需求为主,高端需求

为辅。随着"十二五"期间经济社会的进一步发展,高端需求的比重会明显提升,形成促进现代物流业发展的有效动力。

2. 技术进步与创新

信息化时代,高新信息科技广泛地渗透于所有的传统产业和基础部门,成为决定这些部门发展和市场竞争的关键因素。我国物流企业信息化的总体水平较低,物流领域中现代信息技术应用和普及的程度还不高,发展也十分不平衡,具有很大的发展潜力。物流技术与物流经营模式自主创新能力直接影响产业竞争力。我国民营物流企业经营模式创新能力较强,国有物流企业技术实力较高,技术创新基础较好。

3. 产业集群与产业集中度

产业集群与产业集中度是产业专业化水平标志。发展物流产业集群,提高产业集中度,是通过规模经济提升产业竞争力的需要。我国物流业的低产业集中度与产业集群发展滞后,导致物流业增加值远远低于发达国家。

4. 制度环境与政府行为

政府的管理体制、对物流业的管制程度、经济发展战略及政策工具如财政政策、税收政策等,将会影响到物流企业的组织结构和发展战略。我国目前体制方面和政策方面还存在不少制约物流业发展的因素,如:规划滞后、有序统一市场有待建立、财税政策支持不够等。以税收政策为例,目前物流业中,仓储和配送环节的营业税率为5%以上,运输环节为3%,而仓储等环节的利润率已低于运输。重复纳税比较严重,很多物流企业将各个业务环节整合总包,但营业税按环节分别纳税,同时对总包商按总款纳税。随着国务院《物流业调整和振兴规划》的出台,物流业发展的制度环境进一步改善。

5. 相关产业的支持

物流产业涉及的行业众多,包括工业、农业和其他对物流活动需求量比较大的行业,还有如物流软件行业、物流装备制造行业、物流信息服务行业等为物流提供相关服务和技术设备的行业。这些产业构成物流产业的上、下游及辅助产业。

随着相关产业的国际竞争力强劲,将会对物流产业国际竞争力产生"提升效应"。伴随相关产业的产业集群迅速发展,形成规模经济优势,将极大地提高对物流的需求,从而促进物流业产业竞争力提升。

二、"十二五"时期提高物流业产业竞争力的目标

物流业作为一种年轻的服务产业,是国民经济的重要组成部分,也是衡量一个国家现代化水平与综合国力的重要标志之一。"十二五"期间,随着我国工业化进入中后期,城市化进程加快,对外经济交流的进一步扩大,物流业发展前景广阔。积极推进我国物流业现代化,促进产业深化创新,提升物流业产业竞争力是必然选择。

(一)战略背景和意义

物流业作为基础性产业,它的发展,一方面为吸纳就业,扩大内需发挥积极作用;另一方面,作为中国现代服务业的重要组成部分,物流业的发展可以有效地促进产业结构的优化升级。

同时,作为社会流通环节的主要产业,物流业的发展有利于降低经济运行成本,从而促进经济运行质量的提高;有利于推动流通网络的组建,促进各个产业的优化升级,进而推动经济增长方式的转变。

值得指出的是,物流业的迅速发展可以有效调节和平衡市场供需,促进市场机制的完善,有利于社会主义市场经济的发展。

"十二五"期间,物流业将进入加速发展的快车道。提升物流业产业竞争力,对促进国民经济又好又快发展具有重要意义。

(二)提高物流业产业竞争力的目标

1. 物流整体运行效率显著提高,全社会物流总费用与 GDP 的比率比目前水平明显下降,达到15%左右。

2. 发展物流产业集群,提升物流业集中度,配送中心、物流中心和物流园区有较大发展,培育一批具有国际竞争力的大型综合物流企业集团。

3. 初步建立起现代物流服务体系。

4. 积极发展第三方物流,其比重达到30%。

5. 提高物流业信息化、标准化水平,促进供应链与物流一体化发展。

6. 总体 R&D 投入占产业销售收入达到3%。

三、"十二五"时期提高物流业产业竞争力的政策建议

"十二五"时期是物流业加速发展阶段。为切实提高物流业的产业竞争力,需坚持以科学发展观为指导,科学规划和引导,改善物流业发展的制度环境,完

善物流市场体系与物流管理体制;发展以龙头企业集团为主体的物流业产业集群,提高产业集中度;推进物流公共信息平台的建设,加强供应链与物流一体化建设。具体而言,笔者建议从以下三个方面入手提高我国物流业产业竞争力。

(一)大力完善促进现代物流业发展的政策体系

适当增加安排物流产业发展引导资金,并纳入国家预算,明确把现代物流业特别是具有自主创新的新型业态作为扶持发展的重点。税收政策方面,改革所得税政策,改进税前可列支范围与标准,进而调整服务业的税收待遇;调整营业税,改进征税方式,对于服务外包采取增值征税的方式,在税率设计上采取激励性政策,逐渐拉开生产性服务业与消费性服务业间税率的差异。金融政策方面,增加对现代物流业的信贷支持,鼓励符合条件的服务企业通过发行股票、企业债券等多渠道筹措资金,引导产业投资机构和信用担保机构优先支持现代物流企业运用新技术,发展新业态。科技政策方面,鼓励采用计算机、网络技术等现代科学技术手段改变简单提供运输和仓储服务的方式,运用连锁、配送、代理等现代流通方式不断拓展和延伸物流服务领域,逐步向现代物流企业转化。

(二)推动物流业与相关产业融合,促进物流产业集聚,提高物流产业集中度,培育大型综合物流企业集团,塑造品牌

"十二五"期间,制造业将面临产业转移和结构升级的要求,会越来越注重物流服务的配套和物流功能的整合。积极鼓励物流业与制造业的融合,降低制造业成本,提高物流社会化程度。

在各主体功能区以配送中心、物流中心和物流产业园为空间,提升物流产业聚集度,打造产业集群,发挥规模效应。加强市场准入管理,构筑合理的进入壁垒,限制新的小规模物流企业无序发展。鼓励物流业通过并购、联合、重组等市场化途径加快产业整合;鼓励中小物流企业与大型企业集团之间开展密切的分工合作,加入大型企业集团的价值链,依托大型企业集团,采取"小而专、小而精"战略提高产业整体竞争力。支持优势企业做大做强,积极鼓励优势企业"走出去",开拓国际物流网络与渠道,进入国际产业供应链体系,形成国际品牌,提升国际竞争力。

(三)加快标准体系建设,推进物流公共信息平台的建设,加强供应链与物流一体化建设,提升物流业标准化、信息化水平

加快建立物流行业信息标准化体系。加快物流装备网络系统、物流信息网络系统、物流节点网络系统、物流企业网络系统与物流人才网络系统的建设。集中力量对现代物流关键技术进行研究开发,降低关键技术普遍使用的整体成本,以及对现代物流核心技术进行研究和开发,形成具备自主知识产权的产品,加强信息安全和产业安全的建设。结合国家公共信息平台建设,拓展信息平台信息资源范围,以配送中心、物流中心、物流产业园为主要依托实体,建设公共信息平台建设,提高企业的数据连接性和供应链可视化,提高政府、行业和企业的协作水平。

参 考 文 献

[1][美]迈克尔·波特:《国家竞争优势》,李明轩、邱如美译,华夏出版社 2002 年版。

[2]金碚等:《竞争力经济学》,广东经济出版社 2003 年版。

[3]倪健民:《国家能源安全报告》,人民出版社 2005 年版。

[4]于立宏:《能源资源替代战略研究》,中国时代经济出版社 2008 年版。

[5]崔民选:《中国能源发展报告(2008)》,社会科学文献出版社 2008 年版。

[6]张晓强:《中国高技术产业发展年鉴(2008)》,北京理工大学出版社 2008 年版。

[7]中国企业联合会、中国企业家协会:《2008 中国 500 强企业发展报告》,企业管理出版社 2008 年版。

[8]杨万东:《中国重化工业化问题讨论综述》,《经济理论与经济管理》2005 年第 1 期。

[9]陈建安等:《日本产业结构调整与政府的经济政策》,上海财经大学出版社 2002 年版。

[10]杨治:《产业经济学导论》,中国人民大学出版社 1985 年版。

[11]金碚:《产业组织经济学》,经济管理出版社 1999 年版。

[12]吕永波等:《系统工程》,北方交通大学出版社 2003 年版。

[13]课题组:《中国产业集群发展报告》,机械工业出版社 2009 年版。

[14][美]麦克尔德·托佐斯:《美国制造——如何从渐次衰落到重振雄风》,惠永正等译,科学技术文献出版社 1998 年版。

[15][日]吉川弘之主编:《日本制造——日本制造业变革的方针》,王慧炯等译校,上海远东出版社 1998 年版。

[16][日]斋滕优:《技术开发论》,关保儒译,科学技术文献出版社 1996 年版。

[17][美]乔治·泰奇:《研究与开发政策的经济学》,苏竣、柏杰译,清华大学出版社 2002 年版。

[18][美]马克·波拉特:《信息经济论》,李必祥等译,湖南人民出版社 1987 年版。

[19][英]约翰·伊特韦尔等编,陈岱孙主编译:《新帕尔格雷夫经济学大词典》,经济科学出版社 1996 年版。

[20][美]保罗·克鲁格曼:《克鲁格曼国际贸易新理论》,黄胜强译,中国社会科学出版社 2001 年版。

[21][美]乔治·恩德勒:《国际经济伦理》,锐博慧网公司译,北京大学出版社 2003 年版。

[22]刘伟:《工业化进程中的产业结构研究》,中国人民大学出版社 1995 年版。

[23]郭克莎:《结构优化与经济发展》,广东经济出版社 2001 年版。

[24]郭克莎:《工业增长质量研究》,经济管理出版社 1998 年版。

[25]郭克莎:《差距与赶超——中国工业与世界先进水平的比较研究》,中国城市出版社 2001 年版。

[26][英]罗伊·哈罗德:《动态经济学》,黄范章译,商务印书馆 1981 年版。

[27][美]西蒙·库兹涅茨:《各国的经济增长》,常勋等译,商务印书馆 1999 年版。

[28]戴伯勋、沈宏达:《现代产业经济学》,经济管理出版社 2001 年版。

[29]史东辉:《后工业国工业化引论》,上海财经大学出版社 1999 年版。

[30]祝合良:《开放条件下的中国工业化——大国的经验比较与中国的现实选择》,经济管理出版社 2002 年版。

[31]杨治:《产业政策与结构优化》,新华出版社 1999 年版。

[32]于立:《产业经济学理论与实践问题研究》,经济管理出版社 2000 年版。

[33]龚仰军:《产业结构研究》,上海财经大学出版社 2002 年版。

[34]陈建安:《产业结构调整与政府的经济政策》,上海财经大学出版社2002 年版。

[35]蒋选:《面向新世纪的我国产业结构政策》,中国计划出版社2003 年版。

[36]史清琪:《中国产业技术创新能力研究》,中国轻工业出版社2000 年版。

[37]周冯琦:《中国产业结构调整的关键因素》,上海人民出版社2003 年版。

[38]郭万达:《中国制造——"世界工厂"正转向中国》,江苏人民出版社2003 年版。

[39]朱高峰:《全球化时代的中国制造》,社会科学文献出版社2003 年版。

[40]张培刚:《发展经济学教程》,经济科学出版社2001 年版。

[41]张金昌:《国际竞争力评价的理论与方法》,经济科学出版社2002 年版。

[42]刘平洋:《中国产业国际竞争力分析》,经济管理出版社2003 年版。

[43]殷醒民:《制造业结构的转型与经济发展》,复旦大学出版社1999 年版。

[44]金碚:《中国工业国际竞争力——理论、方法与实证研究》,经济管理出版社1997 年版。

[45]丁敬平等:《美国的工业技术发展与技术出口控制》,经济管理出版社1997 年版。

[46]王永生:《技术进步及其组织——日本的经验与中国的实践》,中国发展出版社1999 年版。

[47]厉无畏:《中国产业发展前沿问题》,上海人民出版社2003 年版。

[48]黄烨菁:《经济发展的全球观》,上海远东出版社2003 年版。

[49]孟宪忠:《中国经济发展与社会发展战略》,吉林大学出版社1996 年版。

[50]张汉林:《强国之路——经济全球化与中国的战略及政策选择》,对外经济贸易大学出版社2001 年版。

[51][苏]A.门德尔逊:《经济危机和周期的理论与历史》,本社翻译组译,上海三联书店1976年版。

[52]李悦、李平:《产业经济学》,东北财经大学出版社2002年版。

[53]上海财经大学产业经济研究中心:《2007中国产业发展报告:国际化与产业竞争力》,上海财经大学出版社2007年版。

[54]钱纳里等:《工业化和经济增长的比较研究》,上海三联书店1995年版。

[55][美]詹姆斯·A.道等编著:《发展经济学的革命》,黄祖辉、蒋文华译,上海三联书店2000年版。

[56][美]约瑟夫·熊彼特:《经济发展理论》,何畏等译,商务印书馆1990年版。

[57][美]罗斯托:《经济增长的阶段》,郭熙保、王松茂译,中国社会科学出版社2001年版。

[58][英]阿瑟·刘易斯:《经济增长理论》,周师铭、沈杰、沈伯根译,商务印书馆1996年版。

[59]史丹:《中国装备工业的技术进步》,经济科学出版社2001年版。

[60]陈春宝:《中国高技术产业发展与外贸竞争力》,东北财经大学出版社1998年版。

[61]国家统计局编:《中国科技统计年鉴(2008)》,中国统计出版社2008年版。

[62]国家统计局编:《中国统计年鉴(1996—2008)》,中国统计出版社1996—2008年版。

[63]强永昌:《产业内贸易论——国际贸易最新理论》,复旦大学出版社2002年版。

[64]韩康:《21世纪:全球经济战略的较量》,经济科学出版社2003年版。

[65][英]马歇尔:《经济学原理》,陈良璧译,商务印书馆1965年版。

[66][美]保罗·克鲁格曼:《地理与贸易》,张兆杰译,北京大学出出版社2000年版。

[67]张金昌:《国际竞争力评价的理论和方法》,经济科学出版社2002年版。

[68]国务院:《国家中长期科学和技术发展规划纲要(2006—2020 年)》(2005 年)。

[69]《欧盟集群监测(European Cluster Observatory)产业集群政策国家报告(德国)》(2007 年)。

[70]《当前国家重点鼓励发展的产业、产品和技术目录》(1997 年)。

[71]《关于国民经济和社会发展"九五"计划和 2010 年远景目标建议》。

[72]《淘汰落后生产能力、工艺和产品的目录(第一批)》。

[73]顾强、王缉慈:《国家经贸委行业规划司〈新型工业化研究报告之六〉:产业集群、工业园区发展与新型工业化(2003)》。

[74]国家统计局:《改革开放 30 年报告之三:经济结构在不断优化升级中实现了重大调整(2008)》。

[75]李江涛:《双重标准工业化阶段理论批判》,《财经研究》2004 年第1 期。

[76]魏后凯:《中国制造业集中状况以及国际比较》,《中国工业经济》2002 年第 2 期。

[77]李江涛:《我国产业衰退迹象的成因》,《新华文摘》2004 年第 1 期。

[78]单洪清:《关于发展重化工业问题》,《当代石油石化》2004 年第12 期。

[79]夏建忠:《物流企业集群形成机理初探》,《China storage & transport magazine》2007 年第 7 期。

[80]王成亮、张晓燕:《现代物流业发展的动力机制和形成机理研究》,《中国集体经济》2007 年第 4 期。

[81]李创:《产业国际竞争力理论模型研究》,《当代经济管理》2006 年第4 期。

[82]李莉等:《现代物流产业国际竞争力生成模型的构建研究》,《物流技术》2007 年第 8 期。

[83]曾德明等:《技术标准引致的产业创新集群效应分析》,《科研管理》2008 年第 3 期。

[84]任洪斌:《企业国际竞争力模型探析》,《经济管理》2007 年第 2 期。

[85]李江涛:《产业深化理论——一个新产业理论框架》,中央党校博士

学位论文全文数据库。

　　[86]秦薇薇:《物流产业集中度问题研究》,北京交通大学中国优秀硕士学位论文全文数库。

　　[87]李江涛:《"世界工厂"的理论框架应修改》,《经济参考报》2003 年 9 月 3 日。

　　[88]李江涛:《"衰退悖论"与产业深化》,《中国经济时报》2003 年 10 月 23 日。

　　[89]《国家将出台五类产业政策》,《中国冶金报》2000 年 12 月 5 日。

　　[90]《2006 年全国重点企业物流统计调查报告》,中国物流网。

　　[91]《2008 年全国重点企业物流统计调查报告》,中国物流网。

　　[92]Michael E Porter. The Competitive Advantage of Nations [M]. London: The Macmillan Press Ltd,1990.

　　[93]Robert Merton Solow. Growth theory: an exposition [M]. New York: Oxford University Press, 1970.

　　[94]Heckscher E. The effect of foreign trade on the distribution of income [M]. Ekonomisk Tidskriff, 1919.

　　[95]Bertil Ohlin. Interregional and International Trade [M]. Cambridge, Harvard Mass: University Press, 1933.

　　[96]Porter M. E. Clusters and New Economics of Competition [M]. Harvard Business Review, 1998.

　　[97] Cho D, Sung D S. A dynamic approach to international competitiveness: the ease of Korea [J]. Journal of Far Eastern Business,1994.

　　[98]Donald N Thompson. Porter on Canadian competitiveness [J]. Business Quarterly,1992(3).

　　[99]Zsidisin GA. A grounded definition of supply risk [J]. Journal of Purchasing& Supply Management, 2003(9).

　　[100]Kim D, Marion B. Domestic Market Structure and Performance in Global Markets: Theory and Empirical Evidence from US Food Manufacturing Industry [J]. Review of International Organization, 1997(12).

　　[101] EUROPEAN COMMISSION, DIRECTORATE-GENERAL

ENTERPRISE AND INDUSTRY REPORT. Innovation Clusters in Europe: A statistical analysis and overview of current policy support[J]. Europe Innova / PRO INNO Europe paper 2007, NO. 5.

[102] Hartwell, R. M. The Industrial Revolution and Economic Growth, London, Methuen, 1971.

[103] Robinson, R. D. The International Transfer of Technology: Theory, Issues, and Practice, Cambridge, Mass, Ballinger, 1988.

[104] Syrquin, M. Structural Transformation and the New Growth Theory, in L. L. Pasinetti and R. M. Solow(eds), Economic Growth and the Structure of Long-term Development, The Macmillan Press, 1994.

[105] Hoekman, Bernard and Holmes, Peter. Competition Policy, Developing Countries and the WTO, The World Economy, 1999, Vol. 22.

[106] Jones. R&D Based Model of Economic Growth, Journal of Political Economy[J]. 1983, Vol. 103.

[107] Coase, R. The Nature of the Firm[J]. Economica , 1937, vol. 4.

[108] Krugman, Paul. Increasing Returns and Economic Geography [J]. The Journal of Political Economy, 1991, Vol. 99, No. 3.

[109] UNCTAD, PROMOTING AND SUSTAINING SMEs CLUSTERS AND NETWORKS FOR DEVELOPMENTTRADE AND DEVELOPMENT BOARD. Commission on Enterprise, Business Facilitation and Development Expert Meeting on Clustering and Networking for SME Development. Geneva, 1998.

[110] Ana Colovic-Lamotte and Emiko Tayanagi. What Direction Should the Cluster Policy Take, Top-Down Implementation or Bottom-Up Emergence?: The Case of Japan, Paper presented at the Conference on Clusters, Industrial Districts and Firms: the Challenge of Globalization. Conference in honour of Professor Sebastiano Brusco Modena, Italy. 2003.

[111] Yoshiaki Tsukamoto: Present State and Issues of the Industrial Cluster Policy of Japan, 2005. 6. 21.

[112] 全美州长协会(National Governors Association, NGA)报告, Cluster-Based Strategies for Growing State Economics, 2007. 2. 23.

［113］Dong-Ho Shin, Industrial Cluster Policies of the Korean Government in the 2000s: Retrospect and Prospect, Prepared for the Conference of the 2nd Cluster Day Seoul, Korea June 7–8, 2007.

［114］Sam Ock Par, Regional Innovation and Cluster Policies in Korea, For Korea-France Workshop on Science & Technology, September 20, 2007. U. S. CENSUS BUREAU. Concentration Ratios: 2002, Issued May 2006.

附录 I

附录 I－1:2004—2008 年人均 GDP 数据及 1978—2008 年人均 GDP 几何增长率

年份	人均国内生产总值(元)	年均汇率(元/美元)	人均国内生产总值(美元)
1978 年	381	1.5	254
2004 年	12336	8.2768	1490.38
2005 年	14053	8.1917	1715.517
2005 年	16165	7.9718	2027.773
2007 年	18934	7.604	2490.005
2008 年	22698	6.948	3266.839

数据来源:根据国家统计局编:《中国统计年鉴(2008)》(中国统计出版社 2008 年版)相关数据计算。

假设我国人均 GDP 几何增长率为 r,以 1978 年为基期,2008 年为终期,得:

$$254(1+r)^{30} = 3266.8 \Rightarrow r = 8.9\%$$

进而,以 8.9% 为我国人均 GDP 增长率,以 2008 年人均 GDP 数据为基础,计算出 2011—2015 年人均 GDP 如下(单位:美元):

	2008	2011	2012	2013	2014	2015
人均 GDP	3266.8	4219	4594.4	5003.4	5448.6	5933.6

附录 I－2:我国东、中、西部地区人均 GDP,单位:美元

	西部人均 GDP(美元)	中部人均 GDP(美元)	东部人均 GDP(美元)
2004	930.8	1108.6	2440.7
2005	1139.6	1356	2841.4

续表

	西部人均 GDP(美元)	中部人均 GDP(美元)	东部人均 GDP(美元)
2006	1370.3	1604	3371.4
2007	1734.1	2023.6	4455.2

数据来源:根据国家统计局编:《中国统计年鉴(2005—2008)》(中国统计出版社 2005—2008 年版)相关数据计算。

附录 I - 3:1990—2007 年我国城镇居民平均每人消费支出构成

平均每人消费性支出构成 (人均消费性支出＝100)	1990 年	1995 年	2000 年	2006 年	2007 年
食　品	54.25	50.09	39.44	35.78	36.29
衣　着	13.36	13.55	10.01	10.37	10.42
居　住	6.98	8.02	11.31	10.40	9.83
家庭设备用品及服务	10.14	7.44	7.49	5.73	6.02
医疗保健	2.01	3.11	6.36	7.14	6.99
交通通信	1.20	5.18	8.54	13.19	13.58
教育文化娱乐服务	11.12	9.36	13.40	13.83	13.29
杂项商品与服务	0.94	3.25	3.44	3.56	3.58

数据来源:根据国家统计局编:《中国统计年鉴(2008)》(中国统计出版社 2008 年版)相关数据整理。

附录 I - 4:部分单位国内生产总值能耗　　单位:标准油吨/万美元

国家和地区	1990	2000	2001	2002	2003	2004
世　界	3.95	3.12	3.16	3.1	2.85	2.65
高收入国家	2.43	2.05	2.07	2.01	1.8	1.66
中等收入国家	10.89	7.09	7.07	7.2	6.82	6.18
低收入国家	13.02	11.92	11.86	11.5	10.32	9.31
中　国	24.43	9.37	8.46	8.34	8.42	8.33
印　度	11.41	11.13	10.87	10.51	9.12	8.23
日　本	1.48	1.14	1.27	1.34	1.22	1.16
美　国	3.35	2.36	2.24	2.2	2.09	1.99
巴　西	2.9	2.88	3.38	3.78	3.51	3.09
法　国	1.83	1.94	1.99	1.83	1.51	1.34

续表

国家和地区	1990	2000	2001	2002	2003	2004
德 国	2.09	1.81	1.87	1.71	1.42	1.27
俄罗斯联邦		23.64	20.26	17.88	14.83	10.84
英 国	2.14	1.61	1.63	1.45	1.29	1.1

数据来源:国家统计局网站。

附录Ⅰ－5:按行业分规模以上工业企业主要经济效益指标(2007年)

行业	工业增加值率(%)	工业成本费用利润率(%)
全国总计	28.89	7.43
按行业分		
煤炭开采和洗选业	51.04	12.49
石油和天然气开采业	77.72	77.79
黑色金属矿采选业	43.59	21.25
有色金属矿采选业	42.53	24.39
非金属矿采选业	37.88	9.68
其他采矿业	29.78	4.72
农副食品加工业	26.53	5.64
食品制造业	30.66	7.39
饮料制造业	37.06	10.33
烟草制品业	77.29	38.83
纺织业	26.23	4.46
纺织服装、鞋、帽制造业	29.8	5.2
皮革、毛皮、羽毛(绒)及其制品业	28.73	5.51
木材加工及木、竹、藤、棕、	29.27	6.23
家具制造业	26.67	4.97
造纸及纸制品业	27.56	6.71
印刷业和记录媒介的复制	32.68	8.36
文教体育用品制造业	26.42	3.82
石油加工、炼焦及核燃料加工业	17.35	1.25
化学原料及化学制品制造业	27.39	7.53
医药制造业	35.94	10.93

续表

行业	工业增加值率(%)	工业成本费用利润率(%)
化学纤维制造业	19.64	4.26
橡胶制品业	27.7	5.62
塑料制品业	26.32	5.47
非金属矿物制品业	31.17	7.56
黑色金属冶炼及压延加工业	26.73	6.42
有色金属冶炼及压延加工业	24.83	7.15
金属制品业	26.3	5.12
通用设备制造业	27.73	7.14
专用设备制造业	28.96	8.22
交通运输设备制造业	25.69	6.84
电气机械及器材制造业	25.2	5.66
通信设备、计算机及其他 电子设备制造业	20.2	3.86
仪器仪表及文化、办公用 机械制造业	27	7.12
工艺品及其他制造业	27.09	5.45
废弃资源和废旧材料回收加工业	23.81	3.88
电力、热力的生产和供应业	33.36	8.16
燃气生产和供应业	31.02	6.97
水的生产和供应业	45.91	4.19

数据来源:国家统计局编:《中国统计年鉴(2008)》,中国统计出版社 2008 年版。

附录Ⅱ:"十一五"规划纲要关于"提高我国产业竞争力"的论述

第一篇　指导原则和发展目标

第二章　全面贯彻落实科学发展观

指导原则

——必须提高自主创新能力。要深入实施科教兴国战略和人才强国战略,把增强自主创新能力作为科学技术发展的战略基点和调整产业结构、转变增长方式的中心环节,大力提高原始创新能力、集成创新能力和引进消化吸收再创新能力。

政策导向

——立足优化产业结构推动发展,把调整经济结构作为主线,促使经济增长由主要依靠工业带动和数量扩张带动向三次产业协同带动和结构优化升级带动转变。

——立足增强自主创新能力推动发展,把增强自主创新能力作为国家战略,促使经济增长由主要依靠资金和物质要素投入带动向主要依靠科技进步和人力资本带动转变。

第三章　经济社会发展的主要目标

——产业结构优化升级。产业、产品和企业组织结构更趋合理,服务业增加值占国内生产总值比重和就业人员占全社会就业人员比重分别提高3个和4个百分点。自主创新能力增强,研究与试验发展经费支出占国内生产总值比重增加到2%,形成一批拥有自主知识产权和知名品牌、国际竞争力较强的优势企业。

第三篇　推进工业结构优化升级

按照走新型工业化道路要求,坚持以市场为导向、企业为主体,把增强自主创新能力作为中心环节,继续发挥劳动密集型产业的竞争优势,调整优化产品结构、企业组织结构和产业布局,提升整体技术水平和综合竞争力,促进工业由大变强。

第十章　加快发展高技术产业

按照产业集聚、规模发展和扩大国际合作的要求,加快促进高技术产业从加工装配为主向自主研发制造延伸,推进自主创新成果产业化,引导形成一批具有核心竞争力的先导产业、一批集聚效应突出的产业基地、一批跨国高技术企业和一批具有自主知识产权的知名品牌。

第一节　提升电子信息制造业

根据数字化、网络化、智能化总体趋势,大力发展集成电路、软件和新型元器件等核心产业,重点培育光电通信、无线通信、高性能计算及网络设备等信息产业群,建设软件、微电子、光电子等产业基地,推动形成光电子产业链。开发信息产业关键技术,增强创新能力和竞争力,延伸产业链。

第二节　培育生物产业

发挥我国特有的生物资源优势和技术优势,面向健康、农业、环保、能源和材料等领域的重大需求,重点发展生物医药、生物农业、生物能源、生物制造。实施生物产业专项工程,努力实现生物产业关键技术和重要产品研制的新突破。健全市场准入制度,保护特有生物资源,保障生物安全。

第三节　推进航空航天产业

坚持远近结合、军民结合、自主开发与国际合作结合,发展新支线飞机、大型飞机、直升机和先进发动机、机载设备,扩大转包生产,推进产业化;推进航天产业由试验应用型向业务服务型转变,发展通信、导航、遥感等卫星及其应用,形成空间、地面与终端产品制造、运营服务的航天产业链。

专栏5　高技术产业工程重大专项

集成电路和软件　建设集成电路研发中心,实现90纳米及以下集成电路工艺技术产业化。发展基础软件、中间件、大型关键应用软件和集成系统。

新一代网络　建设下一代互联网示范工程、覆盖全国的数字电视网和具有自主知识产权的移动通信示范网。实现新一代网络关键技术、关键设备和关键软件产业化,建成新一代信息网络基础设施。实施数字音视频产品产业化专项。

先进计算　突破千万亿次高性能计算机系统技术,建设基于网格的先进计算平台,实现万亿次高性能计算机产业化。

生物医药　建设一批重大疾病防治疫苗和基因工程药物产业化示范工程,完善现代中药体系,提高新药创制能力。

民用飞机　发展干线、支线、通用飞机和直升机。开发先进发动机。

卫星应用　研制新型气象、海洋、资源、通信等卫星,开发无毒无污染大推力运载火箭。建设对地观测和导航定位卫星系统、民用卫星地面系统设施及应用示范工程。

新材料　建设信息、生物、航空航天等行业急需的各类高性能新型材料产业化示范工程。

第四节　发展新材料产业

围绕信息、生物、航空航天、重大装备、新能源等产业发展的需求,重点发展特种功能材料、高性能结构材料、纳米材料、复合材料、环保节能材料等产业群,建立和完善新材料创新体系。

第十一章　振兴装备制造业

第一节　振兴重大技术装备

努力突破核心技术,提高重大技术装备研发设计、核心元器件配套、加工制造和系统集成的整体水平。加强组织协调,强化政策支持,依托重点工程,完善技术标准,在高档数控机床与基础制造装备、高效清洁发电与输变电等领域研制一批对国家经济安全、技术进步、产业升级有重大影响和带动作用的重大技术装备,引导形成一批集研发设计制造于一体、竞争力强的企业。

第二节 提升汽车工业水平

增强汽车工业自主创新能力,加快发展拥有自主知识产权的汽车发动机、汽车电子、关键总成及零部件。发挥骨干企业作用,提高自主品牌乘用车市场占有率。鼓励开发使用节能环保和新型燃料汽车。引导企业在竞争中兼并重组,形成若干产能百万辆的企业。

第三节 壮大船舶工业实力

加强船舶自主设计能力、船用装备配套能力和大型造船设施建设,优化散货船、油船、集装箱船三大主力船型,重点发展高技术、高附加值的新型船舶和海洋工程装备。在环渤海、长江口和珠江口等区域建设造船基地,引导其他地区造船企业合理布局和集聚发展。

专栏6 装备制造业振兴的重点

大型高效清洁发电装备 百万千瓦级核电机组、超超临界火电机组、燃气—蒸汽联合循环机组、整体煤气化燃气—蒸汽联合循环机组、大型循环流化床锅炉、大型水电机组及抽水蓄能机组、大型空冷机组、大功率风力发电机组等。

超高压输变电设备 掌握±500千伏直流和750千伏交流输变电关键设备制造技术,开发1000千伏特高压交流和±800千伏直流输变电成套设备。

大型乙烯成套设备 推进百万吨级大型乙烯成套设备和对二甲苯、对苯二甲酸成套设备的国产化。

大型煤化工成套设备 煤炭液化和气化、煤制烯烃等设备。

大型冶金设备 大型薄板冷热连轧成套设备及涂镀层加工成套设备等。

煤矿综合采掘设备 大型煤炭井下综合采掘、运输提升和洗选设备以及大型露天矿设备。

大型船舶装备 大型海洋石油工程设备、30 万吨矿石和原油运输船、万标箱以上集装箱船、液化天然气运输船等大型、高技术、高附加值船舶及大功率柴油机等配套装备。

轨道交通装备 掌握时速 200 公里及以上高速铁路列车、新型地铁车辆等装备核心技术,实现产业化。

环保及资源综合利用装备 大气污染治理、城市及工业污水处理、固体废物处理等大型环保设备,海水利用、报废汽车处理等资源综合利用设备。

数控机床 提高大型、精密、高速数控装备和数控系统及功能部件的水平。

第十二章 优化发展能源工业

坚持节约优先、立足国内、煤为基础、多元发展,优化生产和消费结构,构筑稳定、经济、清洁、安全的能源供应体系。

第一节 有序发展煤炭

加强煤炭资源勘探,统筹规划,合理开发,提高回采率,减少煤炭开采对生态环境的影响。建设大型煤炭基地,鼓励煤炭企业联合重组,引导形成若干产能亿吨级的企业。鼓励有优势的煤炭企业实行煤电联营或煤电运一体化经营。调整改造重组中小煤矿,依法关闭不具备安全生产条件、破坏资源和环境的煤矿。

加强煤矿瓦斯综合治理,加快煤层气开发利用。加强煤炭清洁生产和利用,鼓励发展煤炭洗选及低热值煤、煤矸石发电等综合利用,开发推广高效洁净燃烧、烟气脱硫等技术。发展煤化工,开发煤基液体燃料,有序推进煤炭液化示范工程建设,促进煤炭深度加工转化。

第二节 积极发展电力

以大型高效环保机组为重点优化发展火电。建设大型超超临界电站和大型空冷电站。推进洁净煤发电,建设单机 60 万千瓦级循环流化床电站,启动整体煤气化燃气—蒸汽联合循环电站工程。鼓励发展坑口电站,建设大型煤电基地。适度发展天然气发电。加快淘汰落后的小火电机组。

在保护生态基础上有序开发水电。统筹做好移民安置、环境治理、防洪和航运。建设金沙江、雅砻江、澜沧江、黄河上游等水电基地和溪洛渡、向家坝等大型水电站。适当建设抽水蓄能电站。

积极推进核电建设。重点建设百万千瓦级核电站，逐步实现先进压水堆核电站的设计、制造、建设和运营自主化。加强核燃料资源勘查、开采、加工工艺改造以及核电关键技术开发和核电人才培养。

加强电网建设。建设西电东送三大输电通道和跨区域输变电工程，扩大西电东送规模，继续推进西电东送、南北互济、全国联网。加强区域、省级电网建设，同步发展输配电网络，加强城乡电网建设和改造，完善城乡配电网络，扩大供电范围，确保供电安全。

第三节　加快发展石油天然气

加大石油天然气资源勘探力度。加强油气资源调查评价，扩大勘探范围，重点开拓海域、主要油气盆地和陆地油气新区，开展煤层气、油页岩、油砂、天然气水合物等非常规油气资源调查勘探。推进油气勘探开发主体多元化。

实行油气并举，稳定增加原油产量，提高天然气产量。加强老油田稳产改造，延缓老油田产量递减。加快深海海域和塔里木、准噶尔、鄂尔多斯、柴达木、四川盆地等地区的油气资源开发。坚持平等合作、互利共赢，扩大境外油气资源合作开发。在沿海地区适度建设进口液化天然气项目。扩建和新建国家石油储备基地。

加快油气干线管网和配套设施的规划建设，逐步完善全国油气管线网络。建成西油东送、北油南运成品油管道。适时建设第二条西气东输管道及陆路进口油气管道。

第四节　大力发展可再生能源

实行优惠的财税、投资政策和强制性市场份额政策，鼓励生产与消费可再生能源，提高在一次能源消费中的比重。大力开发风能，建成30个10万千瓦级以上的大型风电项目，在内蒙古、河北、江苏、甘肃等地区形成百万千瓦风电基地。加快开发生物质能，支持发展秸秆、垃圾焚烧和垃圾填埋气发电，建设一批秸秆和林木质电站，扩大生物质固体成型燃料、燃料乙醇和生物柴油生产能力。并网风电装机、生物质发电装机分别达到500万千瓦和550万千瓦。积极开发利用太阳能、地热能和海洋能。

第十三章 调整原材料工业结构和布局

按照控制总量、淘汰落后、加快重组、提升水平的原则,加快调整原材料工业结构和布局,降低消耗,减少污染,提高产品档次、技术含量和产业集中度。

第一节 优化发展冶金工业

坚持内需主导,着力解决产能过剩问题,严格控制新增钢铁生产能力,加速淘汰落后工艺、装备和产品,提高钢铁产品档次和质量。推进钢铁工业发展循环经济,发挥钢铁企业产品制造、能源转换和废物消纳处理功能。鼓励企业跨地区集团化重组,形成若干具有国际竞争力的企业。结合首钢等城市钢铁企业搬迁和淘汰落后生产能力,建设曹妃甸等钢铁基地。积极利用低品位铁矿资源。

控制电解铝总量,适度发展氧化铝,鼓励发展铝深加工和新型合金材料,提高铝工业资源综合利用水平。加大铜铅锌锰矿资源勘查力度,增加后备资源,稳定矿山生产。控制铜铅锌冶炼建设规模,发展深加工产品和新型合金材料。加强稀土和钨锡锑资源保护,推动稀土在高技术产业的应用。

第二节 调整化学工业布局

按照基地化、大型化、一体化方向,调整石化工业布局。在油品消费集中区域以扩建为主适度扩大炼油生产能力,在无炼油工业的油品消费集中区域合理布局新项目,在生产能力相对过剩区域控制炼油规模。关停并转小型低效炼油装置。合理布局大型乙烯项目,形成若干炼化一体化基地,防止一哄而上。

调整化肥、农药、农膜工业布局和结构。在能源产地和粮棉主产区建设百万吨级尿素基地,建设云南、贵州、湖北磷复肥基地和青海、新疆钾肥基地。控制农药总量,提高农药质量,发展高效、低毒、低残留农药。发展和推广可降解农膜。

优化发展基础化工原料,积极发展精细化工,淘汰高污染化工企业。

提高药品自主开发能力,巩固传统化学原料药,开发特色原料药。加强中药资源普查、保护、开发和可持续利用,建设中药资源基地,大力发展中药产业。

第三节 促进建材建筑业健康发展

以节约能源资源、保护生态环境和提高产品质量档次为重点,促进建材工业结构调整和产业升级。在有条件的地区发展日产 5000 吨及以上的新型干法水泥,逐步淘汰立窑等落后生产能力。提高玻璃等建筑材料质量及加工深度。大力发展节能环保的新型建筑材料、保温材料以及绿色装饰装修材料。

推进建筑业技术进步,完善工程建设标准体系和质量安全监管机制,发展建筑标准件,推进施工机械化,提高建筑质量。

第十四章　提升轻纺工业水平

着力打造自主品牌,提高质量,增加品种,满足多样化需求,扩大高端市场份额,巩固和提高轻纺工业竞争力。

第一节　鼓励轻工业提高制造水平

运用信息、生物、环保等新技术改造轻工业。调整造纸工业原料结构,降低水资源消耗和污染物排放,淘汰落后草浆生产线,在有条件的地区实施林纸一体化工程。大力发展食品工业,提高精深加工水平,保障食品安全。鼓励家用电器、塑料制品和皮革及其他轻工行业开发新产品,提高技术含量和质量。

第二节　鼓励纺织工业增加附加值

提高纺织工业技术含量和自主品牌比重。发展高技术、高性能、差别化、绿色环保纤维和再生纤维,扩大产业用纺织品、丝绸和非棉天然纤维开发利用。推进纺织工业梯度转移。

第十五章　积极推进信息化

坚持以信息化带动工业化,以工业化促进信息化,提高经济社会信息化水平。

第一节　加快制造业信息化

以信息化改造制造业,推进生产设备数字化、生产过程智能化和企业管理信息化,促进制造业研发设计、生产制造、物流库存和市场营销变革。提高机电装备信息化水平,实现精准、高效生产。推广集散控制、现场总线控制、敏捷制造等技术,强化生产过程的在线监测、预警和控制。

第二节　深度开发信息资源

加快国家基础信息库建设,促进基础信息共享。优化信息资源结构。加强生产、流通、科技、人口、资源、生态环境等领域的信息采集,加强信息资源深度开发、及时处理、传播共享和有效利用。

第三节　完善信息基础设施

积极推进"三网融合"。建设和完善宽带通信网,加快发展宽带用户接入网,稳步推进新一代移动通信网络建设。建设集有线、地面、卫星传输于一体的数字电视网络。构建下一代互联网,加快商业化应用。制定和完善网络标准,促进互联互通和资源共享。

第四节　强化信息安全保障

积极防御、综合防范,提高信息安全保障能力。强化安全监控、应急响应、密钥管理、网络信任等信息安全基础设施建设。加强基础信息网络和国家重要信息系统的安全防护。推进信息安全产品产业化。发展咨询、测评、灾备等专业化信息安全服务。健全安全等级保护、风险评估和安全准入制度。

第四篇　加快发展服务业

坚持市场化、产业化、社会化方向,拓宽领域、扩大规模、优化结构、增强功能、规范市场,提高服务业的比重和水平。

第十六章　拓展生产性服务业

大力发展主要面向生产者的服务业,细化深化专业化分工,降低社会交易成本,提高资源配置效率。

第一节　优先发展交通运输业

统筹规划、合理布局交通基础设施,做好各种运输方式相互衔接,发挥组合效率和整体优势,建设便捷、通畅、高效、安全的综合运输体系。

加快发展铁路运输。重点建设客运专线、城际轨道交通、煤运通道,初步形成快速客运和煤炭运输网络。扩展西部地区路网,强化中部地区路网,完善东部地区路网。加强集装箱运输系统和主要客货枢纽建设。建设铁路新线1.7万公里,其中客运专线7000公里。

进一步完善公路网络。重点建设国家高速公路网,基本形成国家高速公路网骨架。继续完善国道、省道干线公路网络,打通省际间通道,发挥路网整体效率。公路总里程达到230万公里,其中高速公路6.5万公里。

积极发展水路运输。完善沿海沿江港口布局,重点建设集装箱、煤炭、进口油气和铁矿石中转运输系统,扩大港口吞吐能力。改善出海口航道,提高内河通航条件,建设长江黄金水道和长江三角洲、珠江三角洲高等级航道网。推进江海联运。

优化民用机场布局。扩充大型机场,完善中型机场,增加小型机场,提高中西部地区和东北地区机场密度。完善航线网络。建设现代化空中交通管理系统。

专栏7 交通基础设施重点工程

铁路 建设北京至上海、北京至广州至深圳、哈尔滨至大连、郑州至西安、上海至宁波至深圳、南京至武汉至成都等客运专线,北京至天津、上海至南京、上海至杭州、南京至杭州、广州至珠海等城际轨道交通,向塘至湄州湾、兰州至重庆、太原至中卫(银川)铁路和青藏铁路延伸线,大同至秦皇岛、朔州至黄骅铁路扩能改造。

公路 建设北京至上海、北京至福州、北京至香港(澳门)、北京至昆明、北京至哈尔滨、沈阳至海口、包头至茂名、青岛至银川、南京至洛阳、上海至西安、上海至重庆、上海至昆明、福州至银川、广州至昆明等高速公路。

港口 建设大连、唐山、天津、青岛、上海、宁波—舟山、福州、厦门、深圳、广州、湛江及防城等沿海港口的煤炭、进口油气、进口铁矿石中转运输系统和集装箱运输系统。适时建设华东、华南地区煤炭中转储存基地。

水运 建设长江口深水航道治理三期工程、珠江口出海航道工程,长江水系、珠江水系和京杭运河航道整治工程,加快重庆、武汉、南京等内河港口建设。

机场 扩建北京、上海、广州、杭州、成都、深圳、西安、乌鲁木齐、郑州、武汉等机场,迁建昆明、合肥等机场,在中西部地区和东北地区新建支线机场。

优化运输资源配置。强化枢纽衔接和集疏运配套,促进运输一体化。开发应用高速重载、大型专业化运载、新一代航行系统等高新技术,推广集装箱多式联运和快递服务。应用信息技术提升运输管理水平,推广智能交通运输体系。发展货运代理、客货营销等运输中介服务。建设上海、天津、大连等国

际航运中心。

第二节　大力发展现代物流业

推广现代物流管理技术,促进企业内部物流社会化,实现企业物资采购、生产组织、产品销售和再生资源回收的系列化运作。培育专业化物流企业,积极发展第三方物流。建立物流标准化体系,加强物流新技术开发利用,推进物流信息化。加强物流基础设施整合,建设大型物流枢纽,发展区域性物流中心。

第三节　有序发展金融服务业

健全金融体系,完善服务功能,创新服务品种,提高服务质量。规范发展多种所有制形式的中小银行以及证券公司、财务公司、融资租赁公司、基金管理公司等非银行金融机构。鼓励金融创新,稳步发展综合类金融服务,支持发展网上金融服务。积极发展面向中小企业的融资和小额信贷。完善支付结算体系,提高支付清算效率。健全金融市场的登记、托管、交易、清算系统。发展境外金融服务和外汇风险管理、综合理财等,为企业跨境经营提供便利服务和外汇避险工具。

拓宽保险服务领域,发展养老、医疗保险,发挥商业保险在健全社会保障体系中的重要作用。发展农业保险、责任保险,建立国家支持的农业和巨灾再保险体系。拓宽保险资金运用渠道。发展网上保险等新的服务方式。

第四节　积极发展信息服务业

改善邮政和电信基础业务,发展增值业务,开发新兴业务,促进普遍服务。调整电信业务结构,发展互联网产业。

积极发展电子商务。建立健全电子商务基础设施、法律环境、信用和安全认证体系,建设安全、便捷的在线支付服务平台。发展企业间电子商务,推广面向中小企业、重点行业和区域的第三方电子商务交易与服务。

推进电子政务。整合网络资源,建设统一的电子政务网络,构建政务信息网络平台、数据交换中心、数字认证中心,推动部门间信息共享和业务协同。开发基础数据资源和办公资源,完善重点业务系统。健全政府与企业、公众互动的门户网站体系,依法开放政务信息,促进办事程序规范。培育公益性信息服务机构,开发利用公益性信息资源。

加强测绘基础设施建设,丰富和开发利用基础地理信息资源,发展地理信息产业。鼓励教育、文化、出版、广播影视等领域的数字内容产业发展,丰富中文数字内容资源,发展动漫产业。

第五节 规范发展商务服务业

拓展和规范律师、公证、法律援助、司法鉴定、经济仲裁等法律服务。发展项目策划、财务顾问、并购重组、上市等投资与资产管理服务。规范发展会计、审计、税务、资产评估、校准、检测、验货等经济鉴证类服务。支持发展市场调查、工程咨询、管理咨询、资信服务等咨询服务。鼓励发展专业化的工业设计。推动广告业发展。合理规划展馆布局,发展会展业。

第十七章 丰富消费性服务业

适应居民消费结构升级趋势,继续发展主要面向消费者的服务业,扩大短缺服务产品供给,满足多样化的服务需求。

第一节 提升商贸服务业

鼓励发展所有制形式和经营业态多样化、诚信便民的零售、餐饮等商贸服务。积极发展连锁经营、特许经营、物流配送等现代流通方式和组织形式。按照优化城市功能、疏解交通的要求,合理调整城市商业网点结构和布局。

第二节 发展房地产业

调整住房供应结构,重点发展普通商品住房和经济适用住房,严格控制大户型高档商品房。按照保障供给、稳定房价的原则,加强对房地产一、二级市场和租赁市场的调控,促进住房梯次消费。完善房地产开发融资方式,加强资本金管理,规范发展住房消费信贷和保险。规范物业管理行为,提高市场化程度。

第三节 大力发展旅游业

全面发展国内旅游,积极发展入境旅游,规范发展出境旅游。合理开发和保护旅游资源,改善基础设施,推进重点旅游区、旅游线路建设,规范旅游市场秩序。继续发展观光旅游,开发休闲度假以及科普、农业、工业、海洋等专题旅游,完善自助游服务体系。继续推进红色旅游。加快旅游企业整合重组。鼓励开发特色旅游商品。

第四节 加强市政公用事业

优先发展公共交通,完善城市路网结构和公共交通场站,有条件的大城市和城市群地区要把轨道交通作为优先领域,超前规划,适时建设。积极发展出租车业。加强城市供排水、中水管网改造和建设,增强安全供水能力,扩大再生水使用范围。合理规划建设和改造城市集中供热、燃气设施。

第五节　加快发展社区服务业

围绕便民服务,重点发展社区卫生、家政服务、社区保安、养老托幼、食品配送、修理服务和废旧物品回收等。理顺社区管理体制,推进社区服务规范化和网络化建设。

第六节　发展体育事业和体育产业

加强城乡基层和各类学校体育设施建设,开展全民健身活动,提高全民特别是青少年的身体素质。保护发展民族民间体育。深化体育改革,鼓励社会力量兴办体育事业和投资体育产业。规范发展体育健身、竞赛表演、体育彩票、体育用品,以及多种形式的体育组织和经营实体。提高竞技运动水平,办好北京奥运会和广州亚运会。

第十八章　促进服务业发展的政策

打破垄断,放宽准入领域,建立公开、平等、规范的行业准入制度。鼓励社会资金投入服务业,提高非公有制经济比重。公共服务以外的领域,要按照营利性与非营利性分开的原则加快产业化改组。营利性事业单位要改制为企业,并尽快建立现代企业制度。继续推进政府机关和事业单位后勤服务社会化改革。采取积极的财税、土地、价格等政策,支持服务业关键领域、薄弱环节、新兴产业和新型业态的发展。健全服务业标准体系,推进服务业标准化。大城市要把发展服务业放在优先位置,有条件的要逐步形成服务经济为主的产业结构。

第七篇　实施科教兴国战略和人才强国战略

把科技进步和创新作为经济社会发展的重要推动力,把发展教育和培养德才兼备的高素质人才摆在更加突出的战略位置,深化体制改革,加大投入,加快科技教育发展,努力建设创新型国家和人力资本强国。

第二十七章　加快科学技术创新和跨越

实施国家中长期科学和技术发展规划,按照自主创新、重点跨越、支撑发展、引领未来的方针,加快建设国家创新体系,不断增强企业创新能力,加强科技与经济、教育的紧密结合,全面提高科技整体实力和产业技术水平。

第一节 大力推进自主创新

加强基础研究、前沿技术研究和社会公益性技术研究,在信息、生命、空间、海洋、纳米及新材料等领域超前部署,集中优势力量,加大投入力度,力争取得重要突破。适应国家重大战略需求,启动一批重大科技专项,在能源、资源、环境、农业、信息、健康等领域加强关键技术攻关,实现核心技术集成创新与跨越。实施重大产业技术开发专项,促进引进技术消化吸收再创新。

专栏14 重大科技专项与重大科技基础设施

核心电子器件、高端通用芯片及基础软件 开发高端电子通用器件和高可信网络化基础软件,信息安全所需芯片和器件等关键技术。

极大规模集成电路制造技术及成套工艺 开发60纳米至45纳米高速、低功耗芯片和新型硅基集成电路的制造工艺技术,核心集成电路装备技术。

新一代宽带无线移动通信 开发新一代宽带无线移动通信网络、终端与应用技术。

高档数控机床与基础制造技术 开发高档数控机床与基础制造成套技术,研究数字化与智能化控制单元。

大型油气田及煤层气开发 开发特殊地质条件下油气资源工业化开采成套技术。

大型先进压水堆及高温气冷堆核电站 开发百万千瓦级大型先进压水堆核电设计技术和20万千瓦级模块式高温气冷堆商业化技术。

水体污染控制与治理 研究典型流域水污染控制、湖泊富营养化防治和水环境生态修复等关键技术。

转基因生物新品种培育 开发功能基因克隆与验证、规模化转基因操作等核心技术,建立和完善优异种质创新、新品种培育和规模化制种三大技术平台。

重大新药创制　研制一批具有自主知识产权和市场竞争力的新药,建立具有国际先进水平的研发平台。

艾滋病和病毒性肝炎等重大传染病防治　构建艾滋病、病毒性肝炎等重大传染病的有效防控技术体系,研制高效特异性诊断试剂、疫苗和药物及检测技术。

大型飞机　开发大型飞机设计与制造成套技术。

高分辨率对地观测系统　开发基于卫星、飞机和平流层飞艇的高分辨率先进观测技术,建立对地观测数据中心及重点应用系统。

载人航天与探月工程　突破航天员出舱活动以及空间飞行器交会对接重大技术,建立具有一定应用规模的短期有人照料、长期在轨自主飞行的空间实验室。开发月球探测关键技术,建立月球探测工程系统。

重大科技基础设施　建设散裂中子源、强磁场装置、大型天文望远镜、海洋科学综合考察船、航空遥感系统、结冰风洞、大陆构造环境监测网络、重大工程材料服役安全研究评价设施、蛋白质科学研究设施、子午工程、地下资源与地震预测极低频电磁探测网、农业生物安全研究设施等。

坚持哲学社会科学与自然科学并重,繁荣和发展哲学社会科学。实施马克思主义理论研究和建设工程,构建哲学社会科学创新体系,积极推动理论创新,进一步发挥对经济社会发展的重要促进作用。促进自然科学与哲学社会科学的结合。

第二节　加强自主创新能力建设

建设科技支撑体系,全面提升科技自主创新能力。建设国家重大科技基础设施,实施知识创新工程,整合研究实验体系,建设若干世界一流水平的科研机构和研究型大学,构筑高水平科学研究和人才培养基地。实施重大科学工程,加强国家重点实验室建设,构建国家科技基础条件平台,促进科技资源共享。建设一批产业技术研发试验设施,提高产业技术创新能力。加强科普能力建设,实施全民科学素质行动计划。

第三节　强化企业技术创新主体地位

加快建立以企业为主体、市场为导向、产学研相结合的技术创新体系,形成自主创新的基本体制架构。加强国家工程实验室、国家工程中心和企业技术中心建设,建立企业自主创新的基础支撑平台。发展技术咨询、技术转让等技术创新中介服务,形成社会化服务体系。实行支持自主创新的财税、金融和政府采购政策,引导企业增加研发投入。发挥各类企业特别是中小企业的创新活力,鼓励技术革新和发明创造。

第四节　加大知识产权保护力度

加强公民知识产权意识,健全知识产权保护体系,建立知识产权预警机制,依法严厉打击侵犯知识产权行为。加强计量基础研究,完善国家标准体系,及时淘汰落后标准。优先采用具有自主知识产权的技术标准,积极参与制定国际标准。发展专利、商标、版权转让与代理、无形资产评估等知识产权服务。

第五节　深化科技体制改革

整合科技资源,合理配置基础研究、前沿技术研究和社会公益性研究力量,促进科研机构、大学、企业间科研人员的合理流动与合作,构建科技资源共享机制。深化技术开发类院所企业化转制改革和社会公益类科研机构改革,完善现代科研院所制度,形成开放合作的研究开发体系。完善科技管理体制和运行机制,改革科技评审评估和成果评价奖励等制度。建立多元化、多渠道的科技投入体系,保证科技经费的增长幅度明显高于财政经常性收入的增长幅度,逐步提高国家财政性科技投入占国内生产总值的比例。

第十四篇　建立健全规划实施机制

第四十六章　建立分类指导的实施机制

本规划提出的农业、工业、服务业等的发展方向,利用外资、对外贸易等的发展重点,是对市场主体的导向,主要依靠市场主体的自主行为实施。各级政府要维护公平竞争,严禁地方分割和部门保护,不得直接干预企业经营活动,不得干预市场机制正常运行。

本规划确定的保持经济平稳较快发展、转变经济增长方式、调整优化经济结构、增强自主创新能力、建设社会主义新农村、促进区域协调发展、促进城镇化健康发展、建设资源节约型和环境友好型社会等重点任务,主要通过完善市场机制和利益导向机制努力实现。政府要通过体制机制创新和完善政策,为激发市场主体的积极性、创造性营造良好的制度和政策环境。国有企事业单位要发挥带头和示范作用。

第四十七章　调整和完善经济政策

充分发挥税收的调节作用,完善和制定鼓励资源节约型和环境友好型社会建设、促进就业和再就业、促进科技发展和增强自主创新能力、促进文化体制改革,以及振兴装备制造业和其他产业健康发展的税收政策。

加强和改进产业政策工作,增强对国内产业发展、对外贸易和利用外资的统筹,加强信贷、土地、环保、安全、科技等政策和产业政策的配合,采用经济手段促进产业发展。加强对高技术产业和装备制造业薄弱环节的扶持,重点支持研究开发,培育核心竞争力。按照适度偏紧原则调控高耗能产业规模,控制生产能力盲目扩张。按照引导产业集群发展、减少资源跨区域大规模调动的原则优化产业布局,促进主要使用海路进口资源的产业在沿海地区布局,主要使用国内资源和陆路进口资源的产业在中西部重点开发区域布局。实施品牌战略,支持拥有自主知识产权和知名品牌、竞争力强的大企业发展成为跨国公司。实施中小企业成长工程。依法淘汰落后工艺技术,关闭破坏资源、污染环境和不具备安全生产条件的企业。

专栏18　中央政府投资支持的重点领域

自主创新　知识创新工程,重大科学工程及科技基础设施,高技术产业化,重大技术装备自主研发及国产化,资源节约技术研发和推广等的示范。

基础设施　国家铁路、国家高速公路、重要港口和航道、枢纽机场和重要支线机场、空管设施,南水北调、大江大河治理等重大水利工程,信息化和信息安全基础设施,战略物资储备,可再生能源,城市供水管网、燃气和集中供热设施,城镇污水和垃圾处理设施等。

附录Ⅲ:"十二五"规划纲要关于"提高我国产业竞争力"的论述

第一篇 转变方式 开创科学发展新局面

第二章 指导思想

——坚持把经济结构战略性调整作为加快转变经济发展方式的主攻方向。构建扩大内需长效机制,促进经济增长向依靠消费、投资、出口协调拉动转变。加强农业基础地位,提升制造业核心竞争力,发展战略性新兴产业,加快发展服务业,促进经济增长向依靠第一、第二、第三产业协同带动转变。统筹城乡发展,积极稳妥推进城镇化,加快推进社会主义新农村建设,促进区域良性互动、协调发展。

——坚持把科技进步和创新作为加快转变经济发展方式的重要支撑。深入实施科教兴国战略和人才强国战略,充分发挥科技第一生产力和人才第一资源作用,提高教育现代化水平,增强自主创新能力,壮大创新人才队伍,推动发展向主要依靠科技进步、劳动者素质提高、管理创新转变,加快建设创新型国家。

第三章 主要目标

——结构调整取得重大进展。居民消费率上升。农业基础进一步巩固,工业结构继续优化,战略性新兴产业发展取得突破,服务业增加值占国内生产总值比重提高4个百分点。城镇化率提高4个百分点,城乡区域发展的协调性进一步增强。

——科技教育水平明显提升。九年义务教育质量显著提高,九年义务教育巩固率达到93%,高中阶段教育毛入学率提高到87%。研究与试验发展经费支出占国内生产总值比重达到2.2%,每万人口发明专利拥有量提高到

3.3 件。

第四章　政策导向

——依靠科技创新推动产业升级。面向国内国际两个市场,发挥科技创新对产业结构优化升级的驱动作用,加快国家创新体系建设,强化企业在技术创新中的主体地位,引导资金、人才、技术等创新资源向企业聚集,推进产学研战略联盟,提升产业核心竞争力,推动三次产业在更高水平上协同发展。

第三篇　转型升级　提高产业核心竞争力

坚持走中国特色新型工业化道路,适应市场需求变化,根据科技进步新趋势,发挥我国产业在全球经济中的比较优势,发展结构优化、技术先进、清洁安全、附加值高、吸纳就业能力强的现代产业体系。

第九章　改造提升制造业

优化结构、改善品种质量、增强产业配套能力、淘汰落后产能,发展先进装备制造业,调整优化原材料工业,改造提升消费品工业,促进制造业由大变强。

第一节　推进重点产业结构调整

装备制造行业要提高基础工艺、基础材料、基础元器件研发和系统集成水平,加强重大技术成套装备研发和产业化,推动装备产品智能化。船舶行业要适应国际造船新标准,建立现代造船模式,发展高技术高附加值船舶和配套设备。汽车行业要强化整车研发能力,实现关键零部件技术自主化,提高节能、环保和安全技术水平。冶金和建材行业要立足国内需求,严格控制总量扩张,优化品种结构,在产品研发、资源综合利用和节能减排等方面取得新进展。石化行业要积极探索原料多元化发展新途径,重点发展高端石化产品,加快化肥原料调整,推动油品质量升级。轻纺行业要强化环保和质量安全,加强企业品牌建设,提升工艺技术装备水平。包装行业要加快发展先进包装装备、包装新材料和高端包装制品。电子信息行业要提高研发水平,增强基础电子自主发展能力,引导向产业链高端延伸。建筑业要推广绿色建筑、绿色施工,着力用先进建造、材料、信息技术优化结构和服务模式。加大淘汰落后产能力度,压缩和疏导过剩产能。

第二节　优化产业布局

按照区域主体功能定位,综合考虑能源资源、环境容量、市场空间等因素,优化重点产业生产力布局。主要依托国内能源和矿产资源的重大项目,优先在中西部资源地布局;主要利用进口资源的重大项目,优先在沿海沿边地区布局。有序推进城市钢铁、有色、化工企业环保搬迁。优化原油加工能力布局,促进上下游一体化发展。引导生产要素集聚,依托国家重点工程,打造一批具有国际竞争能力的先进制造业基地。以产业链条为纽带,以产业园区为载体,发展一批专业特色鲜明、品牌形象突出、服务平台完备的现代产业集群。

第三节　加强企业技术改造

制定支持企业技术改造的政策,加快应用新技术、新材料、新工艺、新装备改造提升传统产业,提高市场竞争能力。支持企业提高装备水平、优化生产流程,加快淘汰落后工艺技术和设备,提高能源资源综合利用水平。鼓励企业增强新产品开发能力,提高产品技术含量和附加值,加快产品升级换代。推动研发设计、生产流通、企业管理等环节信息化改造升级,推行先进质量管理,促进企业管理创新。推动一批产业技术创新服务平台建设。

第四节　引导企业兼并重组

坚持市场化运作,发挥企业主体作用,完善配套政策,消除制度障碍,以汽车、钢铁、水泥、机械制造、电解铝、稀土、电子信息、医药等行业为重点,推动优势企业实施强强联合、跨地区兼并重组,提高产业集中度。推动自主品牌建设,提升品牌价值和效应,加快发展拥有国际知名品牌和核心竞争力的大型企业。

第五节　促进中小企业发展

大力发展中小企业,完善中小企业政策法规体系。促进中小企业加快转变发展方式,强化质量诚信建设,提高产品质量和竞争能力。推动中小企业调整结构,提升专业化分工协作水平。引导中小企业集群发展,提高创新能力和管理水平。创造良好环境,激发中小企业发展活力。建立健全中小企业金融服务和信用担保体系,提高中小企业贷款规模和比重,拓宽直接融资渠道。落实和完善税收等优惠政策,减轻中小企业社会负担。

第十章　培育发展战略性新兴产业

以重大技术突破和重大发展需求为基础,促进新兴科技与新兴产业深度融合,在继续做强做大高技术产业基础上,把战略性新兴产业培育发展成为先导性、支柱性产业。

第一节　推动重点领域跨越发展

大力发展节能环保、新一代信息技术、生物、高端装备制造、新能源、新材料、新能源汽车等战略性新兴产业。节能环保产业重点发展高效节能、先进环保、资源循环利用关键技术装备、产品和服务。新一代信息技术产业重点发展新一代移动通信、下一代互联网、三网融合、物联网、云计算、集成电路、新型显示、高端软件、高端服务器和信息服务。生物产业重点发展生物医药、生物医学工程产品、生物农业、生物制造。高端装备制造产业重点发展航空装备、卫星及应用、轨道交通装备、智能制造装备。新能源产业重点发展新一代核能、太阳能热利用和光伏光热发电、风电技术装备、智能电网、生物质能。新材料产业重点发展新型功能材料、先进结构材料、高性能纤维及其复合材料、共性基础材料。新能源汽车产业重点发展插电式混合动力汽车、纯电动汽车和燃料电池汽车技术。战略性新兴产业增加值占国内生产总值比重达到8%左右。

第二节　实施产业创新发展工程

以掌握产业核心关键技术、加速产业规模化发展为目标,发挥国家重大科技专项引领支撑作用,依托优势企业、产业集聚区和重大项目,统筹技术开发、工程化、标准制定、应用示范等环节,支持商业模式创新和市场拓展,组织实施若干重大产业创新发展工程,培育一批战略性新兴产业骨干企业和示范基地。

第三节　加强政策支持和引导

设立战略性新兴产业发展专项资金和产业投资基金,扩大政府新兴产业创业投资规模,发挥多层次资本市场融资功能,带动社会资金投向处于创业早中期阶段的创新型企业。综合运用风险补偿等财政优惠政策,鼓励金融机构加大信贷支持力度。完善鼓励创新、引导投资和消费的税收支持政策。加快建立有利于战略性新兴产业发展的行业标准和重要产品技术标准体系。支持新产品应用的配套基础设施建设,为培育和拓展市场需求创造良好环境。

第十一章　推动能源生产和利用方式变革

坚持节约优先、立足国内、多元发展、保护环境,加强国际互利合作,调整优化能源结构,构建安全、稳定、经济、清洁的现代能源产业体系。

第一节　推进能源多元清洁发展

发展安全高效煤矿,推进煤炭资源整合和煤矿企业兼并重组,发展大型煤炭企业集团。有序开展煤制天然气、煤制液体燃料和煤基多联产研发示范,稳步推进产业化发展。加大石油、天然气资源勘探开发力度,稳定国内石油产量,促进天然气产量快速增长,推进煤层气、页岩气等非常规油气资源开发利用。发展清洁高效、大容量燃煤机组,优先发展大中城市、工业园区热电联产机组,以及大型坑口燃煤电站和煤矸石等综合利用电站。在做好生态保护和移民安置的前提下积极发展水电,重点推进西南地区大型水电站建设,因地制宜开发中小河流水能资源,科学规划建设抽水蓄能电站。在确保安全的基础上高效发展核电。加强并网配套工程建设,有效发展风电。积极发展太阳能、生物质能、地热能等其他新能源。促进分布式能源系统的推广应用。

第二节　优化能源开发布局

统筹规划全国能源开发布局和建设重点,建设山西、鄂尔多斯盆地、内蒙古东部地区、西南地区和新疆五大国家综合能源基地,重点在东部沿海和中部部分地区发展核电。提高能源就地加工转化水平,减少一次能源大规模长距离输送压力。合理规划建设能源储备设施,完善石油储备体系,加强天然气和煤炭储备与调峰应急能力建设。

第三节　加强能源输送通道建设

加快西北、东北、西南和海上进口油气战略通道建设,完善国内油气主干管网。统筹天然气进口管道、液化天然气接收站、跨区域骨干输气网和配气管网建设,初步形成天然气、煤层气、煤制气协调发展的供气格局。适应大规模跨区输电和新能源发电并网的要求,加快现代电网体系建设,进一步扩大西电东送规模,完善区域主干电网,发展特高压等大容量、高效率、远距离先进输电技术,依托信息、控制和储能等先进技术,推进智能电网建设,切实加强城乡电网建设与改造,增强电网优化配置电力能力和供电可靠性。

第十二章　构建综合交通运输体系

按照适度超前原则,统筹各种运输方式发展,基本建成国家快速铁路网和高速公路网,初步形成网络设施配套衔接、技术装备先进适用、运输服务安全高效的综合交通运输体系。

第一节　完善区际交通网络

加快铁路客运专线、区际干线、煤运通道建设,发展高速铁路,形成快速客运网,强化重载货运网。完善国家公路网规划,加快国家高速公路网剩余路段、瓶颈路段建设,加强国省干线公路改扩建。大力推进长江等内河高等级航道建设,推动内河运输船舶标准化和港口规模化发展。完善煤炭、石油、铁矿石、集装箱等运输系统,提升沿海地区港口群现代化水平。完善以国际枢纽机场和干线机场为骨干、支线机场为补充的航空网络,积极推动通用航空发展,改革空域管理体制,提高空域资源配置使用效率。

第二节　建设城际快速网络

适应城市群发展需要,以轨道交通和高速公路为骨干,以国省干线公路为补充,推进城市群内多层次城际快速交通网络建设。建成京津冀、长江三角洲、珠江三角洲三大城市群城际交通网络,推进重点开发区域城市群的城际干线建设。

第三节　优先发展公共交通

实施公共交通优先发展战略,大力发展城市公共交通系统,提高公共交通出行分担比率。科学制定城市轨道交通技术路线,规范建设标准,有序推进轻轨、地铁、有轨电车等城市轨道交通网络建设。积极发展地面快速公交系统,提高线网密度和站点覆盖率。规范发展城市出租车业,合理引导私人机动车出行,倡导非机动方式出行。优化换乘中心功能和布局,提高出行效率。统筹城乡公共交通一体化发展。

第四节　提高运输服务水平

按照客运零距离换乘、货运无缝化衔接的要求,加强铁路、公路、港口、机场、城市公共交通的有机衔接,加快综合交通枢纽建设。推广先进装备技术应用,提高交通运输信息化水平。优化运输组织,创新服务方式,推进客票一体联程、货物多式联运。大力发展节能环保的运输工具和运输方式。积极发展公路甩挂运输。加强安全管理,保障运输安全。

第十三章　全面提高信息化水平

加快建设宽带、融合、安全、泛在的下一代国家信息基础设施,推动信息化和工业化深度融合,推进经济社会各领域信息化。

第一节　构建下一代信息基础设施

统筹布局新一代移动通信网、下一代互联网、数字广播电视网、卫星通信等设施建设,形成超高速、大容量、高智能国家干线传输网络。引导建设宽带无线城市,推进城市光纤入户,加快农村地区宽带网络建设,全面提高宽带普及率和接入带宽。推动物联网关键技术研发和在重点领域的应用示范。加强云计算服务平台建设。以广电和电信业务双向进入为重点,建立健全法律法规和标准,实现电信网、广电网、互联网三网融合,促进网络互联互通和业务融合。

第二节　加快经济社会信息化

推动经济社会各领域信息化。积极发展电子商务,完善面向中小企业的电子商务服务,推动面向全社会的信用服务、网上支付、物流配送等支撑体系建设。大力推进国家电子政务建设,推动重要政务信息系统互联互通、信息共享和业务协同,建设和完善网络行政审批、信息公开、网上信访、电子监察和审计体系。加强市场监管、社会保障、医疗卫生等重要信息系统建设,完善地理、人口、法人、金融、税收、统计等基础信息资源体系,强化信息资源的整合,规范采集和发布,加强社会化综合开发利用。

第三节　加强网络与信息安全保障

健全网络与信息安全法律法规,完善信息安全标准体系和认证认可体系,实施信息安全等级保护、风险评估等制度。加快推进安全可控关键软硬件应用试点示范和推广,加强信息网络监测、管控能力建设,确保基础信息网络和重点信息系统安全。推进信息安全保密基础设施建设,构建信息安全保密防护体系。加强互联网管理,确保国家网络与信息安全。

第十四章　推进海洋经济发展

坚持陆海统筹,制定和实施海洋发展战略,提高海洋开发、控制、综合管理能力。

第一节　优化海洋产业结构

科学规划海洋经济发展,合理开发利用海洋资源,积极发展海洋油气、海洋运输、海洋渔业、滨海旅游等产业,培育壮大海洋生物医药、海水综合利用、海洋工程装备制造等新兴产业。加强海洋基础性、前瞻性、关键性技术研发,提高海洋科技水平,增强海洋开发利用能力。深化港口岸线资源整合和优化港口布局。制定实施海洋主体功能区规划,优化海洋经济空间布局。推进山东、浙江、广东等海洋经济发展试点。

第二节　加强海洋综合管理

加强统筹协调,完善海洋管理体制。强化海域和海岛管理,健全海域使用权市场机制,推进海岛保护利用,扶持边远海岛发展。统筹海洋环境保护与陆源污染防治,加强海洋生态系统保护和修复。控制近海资源过度开发,加强围填海管理,严格规范无居民海岛利用活动。完善海洋防灾减灾体系,增强海上突发事件应急处置能力。加强海洋综合调查与测绘工作,积极开展极地、大洋科学考察。完善涉海法律法规和政策,加大海洋执法力度,维护海洋资源开发秩序。加强双边多边海洋事务磋商,积极参与国际海洋事务,保障海上运输通道安全,维护我国海洋权益。

第四篇　营造环境推动服务业大发展

把推动服务业大发展作为产业结构优化升级的战略重点,营造有利于服务业发展的政策和体制环境,拓展新领域,发展新业态,培育新热点,推进服务业规模化、品牌化、网络化经营,不断提高服务业比重和水平。

第十五章　加快发展生产性服务业

深化专业化分工,加快服务产品和服务模式创新,促进生产性服务业与先进制造业融合,推动生产性服务业加速发展。

第一节　有序拓展金融服务业

服务实体经济,防范系统性风险,有序发展和创新金融组织、产品和服务,全面提升金融服务水平。发挥大型金融机构的综合性服务功能,积极发展中小金融机构,围绕促进小型微型企业发展、推动科技创新、发展绿色经济、支持企业跨境经营,以及发展网上交易等新型服务业态,创新金融产品和服务模式。更好地发挥信用融资、证券、信托、理财、租赁、担保、网商银行等各类金融服务的资产配置和融资服务功能。加强金融基础设施建设,进一步健全金融市场的登记、托管、交易、清算系统。拓宽保险服务领域,积极发展责任保险、信用保险,探索发展巨灾保险,创新保险营销服务方式,规范发展保险中介市场,推进再保险市场建设,建立健全保险服务体系。

第二节　大力发展现代物流业

加快建立社会化、专业化、信息化的现代物流服务体系,大力发展第三方物流,优先整合和利用现有物流资源,加强物流基础设施的建设和衔接,提高物流效率,降低物流成本。推动农产品、大宗矿产品、重要工业品等重点领域物流发展。优化物流业发展的区域布局,支持物流园区等物流功能集聚区有序发展。推广现代物流管理,提高物流智能化和标准化水平。

第三节　培育壮大高技术服务业

以高技术的延伸服务和支持科技创新的专业化服务为重点,大力发展高技术服务业。加快发展研发设计业,促进工业设计从外观设计向高端综合设计服务转变。加强信息服务,提升软件开发应用水平,发展信息系统集成服务、互联网增值服务、信息安全服务和数字内容服务,发展地理信息产业。积极发展检验检测、知识产权和科技成果转化等科技支撑服务。培育发展一批高技术服务骨干企业和知名品牌。

第四节　规范提升商务服务业

大力发展会计、审计、税务、工程咨询、认证认可、信用评估、经纪代理、管理咨询、市场调查等专业服务。积极发展律师、公证、司法鉴定、经济仲裁等法律服务。加快发展项目策划、并购重组、财务顾问等企业管理服务。规范发展人事代理、人才推荐、人员培训、劳务派遣等人力资源服务。促进广告、会展业健康发展。

第十六章　大力发展生活性服务业

面向城乡居民生活,丰富服务产品类型,扩大服务供给,提高服务质量,满足多样化需求。

第一节　优化发展商贸服务业

优化城市综合超市、购物中心、批发市场等商业网点结构和布局,支持便利店、中小超市、社区菜店等社区商业发展。鼓励和支持连锁经营、物流配送、电子商务等现代流通方式向农村延伸,完善农村服务网点,支持大型超市与农村合作组织对接,改造升级农产品批发市场和农贸市场。引导住宿和餐饮业健康规范发展。支持发展具有国际竞争力的大型商贸流通企业。

第二节　积极发展旅游业

全面发展国内旅游,积极发展入境旅游,有序发展出境旅游。坚持旅游资源保护和开发并重,加强旅游基础设施建设,推进重点旅游区、旅游线路建设。推动旅游业特色化发展和旅游产品多样化发展,全面推动生态旅游,深度开发文化旅游,大力发展红色旅游。完善旅游服务体系,加强行业自律和诚信建设,提高旅游服务质量。

第三节　鼓励发展家庭服务业

以家庭为服务对象,以社区为重要依托,重点发展家政服务、养老服务和病患陪护等服务,鼓励发展残疾人居家服务,积极发展社区日间照料中心和专业化养老服务机构,因地制宜发展家庭用品配送、家庭教育等特色服务,形成多层次、多形式的家庭服务市场和经营机构。加快建设家庭服务业公益性信息服务平台。加强市场监管,规范家庭服务业市场秩序。

第四节　全面发展体育事业和体育产业

大力发展公共体育事业,加强公共体育设施建设,广泛开展全民健身运动,提升广大群众特别是青少年的体育健身意识和健康水平。继续实施农民体育健身工程。优化竞技体育项目结构,提高竞技体育综合实力。发展健身休闲体育,开发体育竞赛和表演市场,发展体育用品、体育中介和场馆运营等服务,促进体育事业和体育产业协调发展。

第十七章　营造有利于服务业发展的环境

以开放促改革,以竞争促发展,推动服务业制度创新,完善服务业政策体系,优化服务业发展环境。

第一节　加快推进服务领域改革

建立公平、规范、透明的市场准入标准,打破部门分割、地区封锁和行业垄断,扩大服务业开放领域,鼓励和引导各类资本投向服务业,大力发展多种所有制服务企业,建立统一、开放、竞争、有序的服务业市场。深化机关事业单位后勤服务社会化改革。探索适合新型服务业态发展的市场管理办法。推进国家服务业综合改革试点,探索有利于服务业加快发展的体制机制和有效途径。

第二节　完善服务业政策

实行鼓励类服务业用电、用水、用气、用热与工业同价。扩大服务业用地供给,工业企业退出的土地优先用于发展服务业。结合增值税改革,完善生产性服务业税收制度。拓宽服务业企业融资渠道,支持符合条件的服务业企业上市融资和发行债券。扩大政府采购服务产品范围。建立健全服务业标准体系。支持服务业企业品牌和网络建设。优化服务业发展布局,推动特大城市形成以服务经济为主的产业结构。

第七篇　创新驱动　实施科教兴国战略和人才强国战略

全面落实国家中长期科技、教育、人才规划纲要,大力提高科技创新能力,加快教育改革发展,发挥人才资源优势,推进创新型国家建设。

第二十七章　增强科技创新能力

坚持自主创新、重点跨越、支撑发展、引领未来的方针,加快建设国家创新体系,着力提高企业创新能力,促进科技成果向现实生产力转化,推动经济发展更多依靠科技创新驱动。

第一节　推进重大科学技术突破

把握科技发展趋势,超前部署基础研究和前沿技术研究,推动重大科学发现和新学科产生,在物质科学、生命科学、空间科学、地球科学、纳米科技等领域抢占未来科技竞争制高点。促进科技进步与产业升级、民生改善紧密结合,面向经济社会发展重大需求,在现代农业、装备制造、生态环保、能源资源、信息网络、新型材料、公共安全和健康等领域取得新突破。加快实施国家重大科技专项,增强共性、核心技术突破能力。

第二节　加快建立以企业为主体的技术创新体系

深化科技体制改革,促进全社会科技资源高效配置和综合集成。重点引导和支持创新要素向企业集聚,加大政府科技资源对企业的支持力度,加快建立以企业为主体、市场为导向、产学研相结合的技术创新体系,使企业真正成为研究开发投入、技术创新活动、创新成果应用的主体。增强科研院所和高校创新动力,鼓励大型企业加大研发投入,激发中小企业创新活力,推动建立企业、科研院所和高校共同参与的创新战略联盟,发挥企业家和科技领军人才在科技创新中的重要作用。加强军民科技资源集成融合,鼓励发展科技中介服务,提高服务企业能力。发挥国家创新型城市、自主创新示范区、高新区的集聚辐射带动作用,加快形成若干区域创新中心,把北京中关村逐步建设成为具有全球影响力的科技创新中心。

第三节　加强科技基础设施建设

围绕增强原始创新、集成创新和引进消化吸收再创新能力,强化基础性、前沿性技术和共性技术研究平台建设,建设和完善国家重大科技基础设施,加强相互配套、开放共享和高效利用。在重点学科和战略高技术领域新建若干国家科学中心、国家(重点)实验室,构建国家科技基础条件平台。在关键产业技术领域建设一批国家工程实验室,优化国家工程中心建设布局。加强企业技术中心建设,支持面向企业的技术开发平台和技术创新服务平台建设。

深入实施全民科学素质行动计划,加强科普基础设施建设,强化面向公众的科学普及。

第四节　强化科技创新支持政策

强化支持企业创新和科研成果产业化的财税金融政策。保持财政科技经费投入稳定增长,加大政府对基础研究投入,深化科研经费管理制度改革。全面落实企业研发费用加计扣除等促进技术进步的税收激励政策。实施知识产权质押等鼓励创新的金融政策。建立健全技术产权交易市场。实施知识产权战略,完善知识产权法律制度,加强知识产权的创造、运用、保护和管理,加大知识产权执法力度。鼓励采用和推广具有自主知识产权的技术标准。完善科技成果评价奖励制度,加强科研诚信建设。

第十篇　传承创新　推动文化大发展大繁荣

坚持社会主义先进文化前进方向,弘扬中华文化,建设和谐文化,发展文化事业和文化产业,满足人民群众不断增长的精神文化需求,充分发挥文化引导社会、教育人民、推动发展的功能,增强民族凝聚力和创造力。

第四十四章　繁荣发展文化事业和文化产业

坚持一手抓公益性文化事业、一手抓经营性文化产业,始终把社会效益放在首位,实现经济效益和社会效益有机统一。

第二节　加快发展文化产业

推动文化产业成为国民经济支柱性产业,增强文化产业整体实力和竞争力。实施重大文化产业项目带动战略,加强文化产业基地和区域性特色文化产业群建设。推进文化产业结构调整,大力发展文化创意、影视制作、出版发行、印刷复制、演艺娱乐、数字内容和动漫等重点文化产业,培育骨干企业,扶持中小企业,鼓励文化企业跨地域、跨行业、跨所有制经营和重组,提高文化产业规模化、集约化、专业化水平。推进文化产业转型升级,推进文化科技创新,研发制定文化产业技术标准,提高技术装备水平,改造提升传统产业,培育发展新兴文化产业。加快中西部地区中小城市影院建设。鼓励和支持非公有制经济以多种形式进入文化产业领域,逐步形成以公有制为主体、多种所有制共同发展的产业格局。构建以优秀民族文化为主体、吸收外来有益文化的对外开放格局,积极开拓国际文化市场,创新文化"走出去"模式,增强中华文化国际竞争力和影响力,提升国家软实力。

第十六篇　强化实施　实现宏伟发展蓝图

第六十一章　完善规划实施和评估机制

第一节　明确规划实施责任

本规划提出的预期性指标和产业发展、结构调整等任务,主要依靠市场主体的自主行为实现。各级政府要通过完善市场机制和利益导向机制,创造良好的政策环境、体制环境和法治环境,打破市场分割和行业垄断,激发市场主体的积极性和创造性,引导市场主体行为与国家战略意图相一致。

第二节　强化政策统筹协调

围绕规划提出的目标和任务,加强经济社会发展政策的统筹协调,注重政策目标与政策工具、短期政策与长期政策的衔接配合。按照公共财政服从和服务于公共政策的原则,优化财政支出结构和政府投资结构,逐步增加中央政府投资规模,建立与规划任务相匹配的中央政府投资规模形成机制,重点投向民生和社会事业、农业农村、科技创新、生态环保、资源节约等领域,更多投向中西部地区和老少边穷地区。

第三节　实行综合评价考核

加快制定并完善有利于推动科学发展、加快转变经济发展方式的绩效评价考核体系和具体考核办法,弱化对经济增长速度的评价考核,强化对结构优化、民生改善、资源节约、环境保护、基本公共服务和社会管理等目标任务完成情况的综合评价考核,考核结果作为各级政府领导班子调整和领导干部选拔任用、奖励惩戒的重要依据。

第四节　加强规划监测评估

完善监测评估制度,加强监测评估能力建设,加强服务业、节能减排、气候变化、劳动就业、收入分配、房地产等方面统计工作,强化对规划实施情况跟踪分析。国务院有关部门要加强对规划相关领域实施情况的评估,接受全国人民代表大会及其常务委员会的监督检查。规划主管部门要对约束性指标和主要预期性指标完成情况进行评估,并向国务院提交规划实施年度进展情况报告,以适当方式向社会公布。在规划实施的中期阶段,由国务院组织开展全面评估,并将中期评估报告提交全国人民代表大会常务委员会审议。需要对本规划进行调整时,国务院要提出调整方案,报全国人民代表大会常务委员会批准。

第六十二章　加强规划协调管理

推进规划体制改革,加快规划法制建设,以国民经济和社会发展总体规划为统领,以主体功能区规划为基础,以专项规划、国土规划和土地利用规划、区域规划、城市规划为支撑,形成各类规划定位清晰、功能互补、统一衔接的规划体系,完善科学化、民主化、规范化的编制程序,健全责任明确、分类实施、有效监督的实施机制。